宋論

〔清〕王夫之著

中華書局

圖書在版編目(CIP)數據

宋論/(清)王夫之著;舒士彦點校. —北京:中華書局,1964.4(2025.7重印)
ISBN 978-7-101-01352-8

Ⅰ.宋… Ⅱ.①王…②舒… Ⅲ.古代史-史評-中國-宋代 Ⅳ.K244.07

中國版本圖書館CIP數據核字(98)第09853號

封面設計:周　玉
責任印製:韓馨雨

宋　論

〔清〕王夫之 著
舒士彦 點校

*

中 華 書 局 出 版 發 行
(北京市豐臺區太平橋西里38號　100073)
http://www.zhbc.com.cn
E-mail:zhbc@zhbc.com.cn
河北品睿印刷有限公司印刷

*

850×1168毫米 1/32・8½印張・2插頁・180千字
1964年4月第1版　2025年7月第18次印刷
印數:34651-35650冊　定價:32.00元

ISBN 978-7-101-01352-8

目錄

點校例言

王船山讀通鑑論與宋論，爲船山遺書史類中之兩種。遺書舊刻祇有零種單行，不成部帙，其板早絕。清道光時，船山裔孫名世全者，始謀彙刻各種，新化鄧氏實主其事，然亦祇經類十八種，板復旋毁。至同治初，湘鄉曾氏重刻於金陵，則於遺書搜訪較備，經史子集四類皆有。由劉毓崧張文虎等參與校讎。惟書中凡觸及當時忌諱者，或加改竄，或留空格。而史論兩種，因誦習者衆，流傳頗廣，坊間多有翻刻，石印排印，不一而足，要皆自金陵刻本出。今茲校點，卽用金陵刻本爲底本。二十年前，馬宗霍先生嘗先後獲見衡陽劉氏、邵陽曾氏所藏船山遺書抄本若干種，史論兩種適在其內。因借抄本就刻本對讎，則空格之字皆全，改竄之跡亦顯。比逡寫爲校記，初未示人，士彥此次承中華書局之約，從事整理，實得力於此校記。遇刻本有空格而抄本不空者，卽據以補之；遇刻本有改竄，而審其文義抄本確勝於刻本者，卽據以訂之。略舉數例，如：

讀通鑑論卷三漢武帝第十五論末段，刻本有云「冀州堯、舜之餘民，□爲□□，卽奉□□歸一統，而□□□□□□□□，以亂天下，非天也，人喪之也，將孰□焉以廓風沙霾曀之宇，使□□若□□哉！」空格相間，計十有八。抄本作「冀州堯、舜之餘民，化爲禽俗，卽奉冠帶歸一統，而黨邪醜正，與宮奄比，以亂天下，非天也，人喪之也，將孰俟焉以廓風沙霾曀之宇，使清明若南國哉！」一字不缺。卷七後漢安帝第三論刻本篇首空四格，抄本作「母后臨朝」四字。

宋論卷七哲宗第三論中段，刻本有云「□□□□□，帝一日不得□□。」空格凡七。抄本上五空格作「后一日不亡」五字，下二空格作「親政」二字。卷十四理宗第六論結處，刻本空十八格。抄本作「虔劉已亟，更投命於異類，有王者起，其尙念之哉！」十九字。

凡若此等，皆所當補者也。又如：

讀通鑑論卷十八陳宣帝第二論篇末小注引崇禎時童謠，刻本作「殺了王洽，敵人容易殺。殺了李邦華，走破敵人韃。」抄本兩「敵人」皆作「韃子」。卷二十唐太宗第十七論首段刻本有云「邊外之法，嚴於中國，中國安能不爲邊外屈。」抄本兩「邊外」皆作「夷狄」。

宋論卷一太祖第八論首段刻本有云「其視瀛、莫、河朔之曠野千里可恣騎兵之馳突者奚若？」抄本「騎兵」作「胡騎」。卷八徽宗第一論首段刻本有云「舉國而授之它人，無足怪者。」抄本「它人」作「非類」。

凡若此等，皆所當訂者也。今於當補者，去其空格，照抄本所有者錄入，於校記中說明之。（惟讀通鑑論卷四漢元帝第一論篇中空格十三，卷八後漢靈帝第十六論篇末空格二十二，抄本亦缺。茲仍留其空格，以待異時發現原稿本或其他抄本不缺者補之。）當訂者，則於原有之字外加圓括弧，排爲六號字，校改之字外加方括弧，以示區別，並附校記說明。若非依抄本，而別據他書，及以意校改者亦同。

尙有宋論卷四仁宗第十四論，刻本錯簡，前後互混，詞氣隔閡，殆不可通，使不得抄本校之，竟無以下讀。今全依抄本改正。

至若刻本抄本雖文有同異，而義可兩通者，或抄本字句偶多於刻本，而於通篇大義無出入，可有可無者，則仍刻本之舊。惟宋論卷三眞宗第六論後段刻本有云「於是而八口無宿舂，而民多窮瘠。」抄本「窮瘠」作「捐瘠」。案「捐瘠」二字連文，見漢書食貨志上，彼注云：「孟康曰，肉腐爲瘠。捐，骨不埋者。或曰，捐，謂民有飢相棄捐者。或謂貧乞者爲捐。師古曰，瘠，瘦病也，言無相棄捐而瘦病者耳。」據此，是船山正用漢書成語，則「窮瘠」義雖可說，不若作「捐瘠」之爲有本。又卷十四理宗第八論刻本有云「賈似道之罪不可勝誅，非但其納款拖雷而背之以召寇也。」劉氏校勘記謂「拖雷當作忽必烈」。案以宋史、元史及各書考之，則劉校是也。刻本仍誤，今亦據以改正。

其有抄刻兩本均同，而尋檢資治通鑑原文略有出入者，此由臨文之際，引用通鑑，或節取之，或隱括之，故與原書未能盡符，斯蓋前人引書恆例，不足爲異。惟讀通鑑論卷七後漢安帝第二論篇首引延平之詔有云「不媿於天，不畏於人。」案通鑑本作「不畏於天，不愧於人。」與後漢書孝殤帝紀合。詔文蓋用詩小雅何人斯篇語，則論中「媿」「畏」二字當互易。疑此傳寫偶疏，未必原稿如是也。

金陵刻本於清帝諸名，俱爲避諱，借用他字替代，每字外加方框，以示區別。如「玄」作「元」，「曄」作「煜」，「胤」作「允」，「禛」作「正」，「弘」作「宏」，「曆」作「厤」，「顒」作「禺」，「琰」作「琰」，「旻」作「旻」，「寧」作「甯」，「淳」作「湻」等皆是。今仍復其本字。惟後魏拓拔氏獻文帝名弘，孝文帝名宏，父子相承，書中涉及孝文帝者頗多，皆稱拓拔宏，則「宏」字是其本名，刻本亦於「宏」外加方框作「宏」，與避諱字無殊，非也。如讀通鑑論卷十五宋明帝第六論首段刻本有云：

「故宏年甫二十，急欲樹宏於大位。」此卽敍後魏獻文帝授位於孝文帝事，上「宏」字指獻文，本是「弘」字之諱，外加方框可也；下「宏」字指孝文，又加方框，則父子名混矣。故今改回本字，遇後魏二帝之名，特爲分別。太平洋書店船山遺書鉛印本，凡「宏」字均改作「弘」，殊誤。

讀通鑑論刻本分卷三十，抄本分卷二十，案王敔先子薑齋公行述稱「末年作讀通鑑論三十卷、宋論十五卷」。則知刻本所據者爲定本，抄本所據者非定本也。惟抄本漢景帝時多一論，漢宣帝時多一論，後漢明帝時多一論，順帝時多一論，靈帝時多一論，共五篇，皆刻本所無，宜若可補。但抄本後漢明帝第七論（自「史有溢詞流俗羨焉」起，至「謀國者失其道也」止。）篇末有注云：「此同宣帝論，去其一可耳。」則知今刻本宣帝少一論，蓋據此注而去之。以此推之，疑抄本多出之五篇，或定本已先删去，亦未可知，不必金陵刻本所佚。但爲便於讀者參考計，此五篇未刊稿，仍分別插入各卷相當處，並加注說明。

兩書刻本抄本皆僅有卷第，而無篇目。讀通鑑論每卷之中，以朝代爲別，每代之中，以帝王之號爲別；宋論則祇別以帝號，讀者頗感不便。今於各帝所繫諸論，每篇之前，依次標以一二三四等字，藉代篇目。

船山史論兩種，成於最晚之歲，蓋讀史有感，隨事觸發，初無意於爲文，故每篇皆不立題目；而於上下古今興亡得失之故，制作輕重之原，均有論列。又自以身丁末運，明幟已易，禹甸爲墟，故國之痛，字裏行間，尤三致意焉。然刻本懲於時忌，對原書猶託詞日久漫漶，有所刓落，令面目不可盡覩。今者欣值王船山逝世二百七十週年，士彦因整理之役，藉手抄本校記，得以訂其竄易而補其奪缺，使久晦之眞，一朝披露，度亦讀此書者所當引爲快事也。顧惟學識淺薄，而船山行文，或跌宕從衡，或逶迤奥折，往往勢似斷而脈猶聯，意若止而氣仍貫。標點分段未能盡當，（初於各篇祇分大段，書局編輯部爲便利讀者起見，又重加分析。）尙望讀者有以正之，幸甚。

舒士彦識於北京　一九六二年六月

讀通鑑論、宋論兩書經舒士彦整理後，我們請王孝魚、童第德看過。王孝魚在舒士彦原來分段的基礎上，又作了一些分析。王、童兩同志在校勘上提出了一些意見，我們研究了他們的意見，在書中加了幾條編者按語。另外，我們就抄本和刻本義可兩通的文字異同給兩書加了校記。在校勘工作中並曾參看過周調陽依嘉愷抄本所作的校勘記。劉毓崧的校勘記也移附於各篇相當處，以便讀者參看。

中華書局哲學編輯組　一九六二年十一月

宋論卷一

太祖

一

宋興，統一天下，民用寧，政用乂，文教用興，蓋於是而益以知天命矣。天曰難諶，匪徒人之不可狃也，天無可狃之故常也；命曰不易，匪徒人之不易承也，天之因化推移，斟酌而曲成以制命，人無可代其工，而相佑者特勤也。

帝王之受命，其上以德，商、周是已；其次以功，漢、唐是已。詩曰：「鑒觀四方，求民之莫。」德足以綏萬邦，功足以戡大亂，皆莫民者也。得莫民之主而授之，授之而民以莫，天之事畢矣。乃若宋，非鑒觀於下，見可授而授之者也。何也？趙氏起家什伍，兩世爲裨將，與亂世相浮沈，姓字且不聞於人間，況能以惠澤下流繫邱民之企慕乎！其事柴氏也，西征河東，北拒契丹，未嘗有一矢之勳；滁關之捷，無當安危，酬以節鎮而已逾其分。以德之無積也如彼，而功之僅成也如此，微論漢、唐底定之鴻烈，卽以曹操之掃黃巾、誅董卓、出獻帝於阽危、夷二袁之僭逆，劉裕之俘姚泓、馘慕容超、誅桓玄、走死盧循以定江介者，百不逮一。乃乘如狂之亂卒控扶以起，弋獲大寶，終以保世滋大，而天下胥蒙其安。嗚呼！天之所以曲佑下民，於無可付託之中，而行其權於受命之後，天自諶也，非人之所得而豫諶也，而天之命之也亦勞矣！

商、周之德，漢、唐之功，宜爲天下君者，皆在未有天下之前，因而授之，而天之佑之也逸。宋無積累之仁，無撥亂之績，乃載考其臨御之方，則固宜爲天下君矣；而凡所降德於民以靖禍亂，一在既有天下之後。是則宋之君天下也，皆天所旦夕陟降於宋祖之心而啓迪之者也。故曰：命不易也。

兵不血刃而三方夷，刑不姑試而悍將服，無舊學之甘盤而文教興，染掠殺之餘風而寬仁布，是豈所望於兵權乍擁、(守)〔寸〕㊀長莫著之都點檢哉？啓之、牖之、鼓之、舞之，俾其耳目心思之牖，如披雲霧而見青霄者，孰爲爲之邪？非殷勤佑啓於形聲之表者，日勤上帝之提撕，而遽能然邪！佑之者，天也；承其佑者，人也。於天之佑，可以見天心；於人之承，可以知天德矣。

夫宋祖受非常之命，而終以一統天下，底于大定，垂及百年，世稱盛治者，何也？唯其懼也。懼者，惻悱不容自寧之心，勃然而猝興，怵然而不昧，乃上天不測之神震動於幽隱，莫之喻而不可解者也。然而人之能不忘此心者，其唯上哲乎！得之也順，居之也安，而懼不忘，乾龍之惕也；湯、文之所以履天祐人助之時，而懼以終始也。下此，則得之順矣，居之安矣，人樂推之而已可不疑，反身自考而信其無歉；於是晏然忘懼，而天不生於其心。乃宋祖則幸非其人矣。以親，則非李嗣源之爲養子，石敬瑭之爲愛壻也；以位，則非如石、劉、郭氏之秉鉞專征，據巖邑而統重兵也；以權，則非郭氏之篡，柴氏之嗣，

㊀ 據校記改。

內無贊成之謀，外無捍禦之勞，如嗣源、敬瑭、知遠、威之同起而佐其攘奪也。推而戴之者，不相事使之儔侶也；統而馭焉者，素不知名之兆民也；所與共理者，旦秦暮楚之宰輔也；所欲削平者，威望不加之敵國也。一旦岌岌然立於其上，而有不能終日之勢。權不重，故不敢以兵威劫遠人；望不隆，故不敢以誅夷待勳舊；學不夙，故不敢以智慧輕儒素；恩不洽，故不敢以苛法督吏民。懼以生愼，愼以生儉，儉以生慈，慈以生和，和以生文。而自唐光啓以來，百年囂陵噬搏之氣，寖衰寖微，以消釋於無形。盛矣哉！天之以可懼懼宋，而日夕迫動其不康之情者，「震驚百里，不喪匕鬯」。帝之所出而天之所以首物者，此而已矣。然則宋既受命之餘，天且若發童蒙，若啓甲坼，縈回於宋祖之心不自諶，而天豈易易哉！

雖然，彼亦有以勝之矣，無赫奕之功而能不自廢也，無積累之仁而能不自暴也；故承天之佑，戰戰栗栗，持志於中而不自溢。則當世無商、周、漢、唐之主，而天可行其鄭重仁民之德以眷命之，其宜爲天下之君也，抑必然矣。

二

韓通足爲周之忠臣乎？吾不敢信也。袁紹、曹操之討董卓，劉裕之誅桓玄，使其不勝而身死，無容不許之以忠。吾恐許通以忠者，亦猶是而已矣。藉通躍馬而起，閉關而守，禁兵內附，都人協心，宋祖且爲曹爽，而通爲司馬懿，喧呼萬歲者，崇朝瓦解，於是衆望丕屬，幼君託命，魁柄在握，物莫與爭，（會）〔貪〕㊀附青雲之衆，已望絕於沖人，黃袍猝加，欲辭不得，通於此時，能如周公之進誅管、蔡，退務明農，

㊀ 據校記改。

終始不渝以扶周祉乎？則許之以忠而固不敢信也。

然則通之以死抗宋祖者，其挾爭心以逐柴氏之鹿乎？抑不敢誣也。何也？宋祖之起，非有移山徙海之勢，蘊崇已久而不可回。通與分掌禁兵，互相忘而不相忌。故一旦變起，奮臂以呼而莫之應。非若劉裕之於劉毅，蕭道成之於沈攸之，一彼一此，睨神器而爭先獲，各有徒衆，以待決於一朝者也。無其勢者無其志，無其志者不料其終，何得重誣之曰：通懷代周之謀而忌宋祖乎？

夫通之貿死以爭者，亦人之常情，而特不可爲葸怯波流者道耳。與人同其事而旋相背，與人分相齒而忽相臨，懷非常之情而不相告，處不相下之勢而遽視之若無；有心者不能不憤，有氣者不能不盈。死等耳，亦惡能且頡頏而夕北面，舍孤弱而即豪彊乎！故曰：貿死以爭，亦人之常情，而勿庸逆料其終也。

嗚呼！積亂之世，君非天授之主，國無永存之基，人不知忠，而忠豈易言哉？人之能免於無恆者，斯亦可矣。馮道、趙鳳、范質、陶穀之流，初所驅使者，已而竝肩矣；繼所竝肩者，已而頫首矣；終所頫首者，因以稽顙稱臣，駿奔鵠立，而洋洋自得矣；不知今昔之面目，何以自相對也！則如通者，猶有生人之氣存焉，與之有恆也可矣，若遽許之曰周之忠臣也，則又何易易邪！

三

太祖勒石，鎖置殿中，使嗣君卽位，入而跪讀。其戒有三：一、保全柴氏子孫；二、不殺士大夫；三、不加農田之賦。嗚呼！若此三者，不謂之盛德也不能。德之盛者，求諸己而已。舍己而求諸人，名愈正，義愈伸，令愈繁，刑將愈起；如彼者，不謂之涼德也不能。求民之利而興之，求民之害而除之，取所謂善而督民從之，取所謂不善而禁民蹈之，皆求諸人也；駮儒之所務，申、韓之敝帚也。

夫善治者，己居厚而民勸矣，譏頑者無可逞矣；己居約而民裕矣，貪冒者不得黷矣。以忠厚養前代之子孫，以寬大養士人之正氣，以節制養百姓之生理，非求之彼也。捐其疑忌之私，忍其忿怒之發，戢其奢吝之情，皆求之心、求之身〔也〕㊀。人之或利或病，或善或不善，聽其自取而不與爭，治德蘊於己，不期盛而積於無形，故曰不謂之盛德也不能。

求之己者，其道恆簡；求之人者，其道恆煩。煩者，政之所繇紊，刑之所繇密，而後世儒者恆挾此以爲治術，不亦傷乎！子曰：「道之以政，齊之以刑。」政刑煩而民之恥心蕩然，故曰不謂之涼德也不能。

文王之治岐者五，五者皆厚責之上而薄責之吏民者也。五者之外，有利焉，不汲汲以興；有害焉，不汲汲以除；有善焉，不汲汲督人之爲之；有不善焉，不汲汲禁人之蹈之。故文王之仁，如天之覆下土，而不憂萬物之違逆。夫治國、亂國、平國，三時也。山國、土國、澤國，三地也。愿民、頑民、庸民，三材也。積三三而九，等以差；其爲利、爲害、爲善、爲不善也，等以殊；而巧曆不能窮其數。爲人上者必欲窮之，而先喪德於己矣。言之娓娓，皆道也；行之逐逐，皆法也；以是爲王政，而俗之偷、吏之冒、民之死者益積。無他，求之人而已矣。

宋有求己之道三焉，軼漢、唐而幾於商、周，傳世百年，歷五帝而天下以安，太祖之心爲之也。逮慶曆而議論始興，逮熙寧而法制始密，舍己以求人，而後太祖之德意漸以泯。得失之樞，治亂之紐，斯民

㊀「也」字據校記增。

生死之機，風俗淳澆之原，至簡也。知其簡，可以爲天下王。儒之駁者，濫於申、韓，惡足以與於斯！

四

自太祖勒不殺士大夫之誓以詔子孫，終宋之世，文臣無歐刀之辟。張邦昌躬篡，而止於自裁；蔡京、賈似道陷國危亡，皆保首領於貶所。語曰：「周之士貴」，士自貴也。宋之初興，豈有自貴之士使太祖不得而賤者感其護惜之情乎？

夷考自唐僖、懿以後，迄於宋初，人士之以名誼自靖者，張道古、孟昭圖而止；其辭榮引去、自愛其身者，韓偓、司空圖而止；高蹈不出、終老巖穴者，鄭遨、陳摶而止。若夫辱人賤行之尤者，背公死黨，鬻販宗社，則崔胤、張濬、李磎、張文蔚倡之於前，而馮道、趙鳳、李昊、陶穀之流，視改面易主爲固然，以成其風尚。其他如和凝、馮延己、韓熙載之儔，沈酣倡俳之中，雖無巨慝，固宜以禽魚畜玩而無庸深惜者也。士之賤，於此而極。則因其賤而賤之，未爲不愜也。惡其賤，而激之使貴，必有所懲而後知改，抑御世之權也。然而太祖之於此，意念深矣。

昔者周衰，處士横議，脇侯王，取寵利，而六國以亡。秦惡其囂，而坑儒師吏以重抑之。漢之末造，士相標榜，騖擊異己，以與上爭權，而漢以熸。曹孟德惡其競，而任崔琰、毛玠督責吏治以重抑之。然秦以買怨於天下，二世而滅。孟德死，司馬氏不勝羣情，務爲寬縱，而裴、王之流，倡任誕以大反曹氏之爲，而中夏淪沒。繇此觀之，因其賤而賤之，懲其不貴而矯之者，未有能勝者也。激之也甚，則怨結而禍深；抑之也未甚，則乍伏而終起。故古之王者，聞其養士也，未聞其治士也。聰明才幹之所集，溢出而成乎非僻，扶進而導之以興，斯興矣。豈能舍此而求椎魯獷悍之醜夷，以與共天下哉！

其在詩曰：「鳶飛戾天，魚躍于淵」；「周王壽考，遐不作人」。飛者，不虞其飈擊也。躍者，不虞其縱壑也。涵泳於天淵之中，而相期以百年之效，豈周士之能自貴哉？文王貴之也。老氏之言曰：「民不畏死，柰何以死威之？」近道之言也。民不畏死，而自有畏者。竝生竝育於天地，獨以敗類累人主之矜全，雖甚冥頑，能弗內媿於心？況乎業已爲士，聰明才幹不後於人，詩書之氣，耳已習聞，目已習見，安能一旦而棄若委土哉！

夫太祖，亦猶是武人之雄也。其爲之贊理者，非有伊、傅之志學，睥睨士氣之淫邪而不生傲慢，庶幾乎天之貯空霄以翔鳶，淵之涵止水以游魚者矣。可不謂天啓其聰，與道合揆者乎！而宋之士大夫高過於漢、唐者，且倍蓰而無算，誠有以致之也。因其善而善之，因其不善而不善之，以治一家不足，而況天下乎？河決於東，遏而回之於西，未有能勝者也。以吏道名法虔矯天下士，而求快匹夫婞婞之情，惡足以測有德者之藏哉！

五

語有之曰：「得士者昌。」「得」云者，非上（心）〔必〕㈠自得之以爲己（德）〔得〕㈡也。下得士而貢之於上，固上之得也；下得士而自用之以效於國，亦上之得也。故人君之病，莫大乎與臣爭士。與臣爭士，而臣亦與君爭士；臣爭士，而士亦與士爭其類；天下之心乃離散而不可收。書曰：「受有億兆人，離

㈠ 據校記改。　㈡ 校者按：「已德」之「德」字當作「得」，方與上下文合。

心離德。」非徒與紂離也，人自相離，而紂愈爲獨夫也。人主而下，有大臣，有師儒，有長吏，皆士之所自以成者也。人主之職，簡大臣而大臣忠，擇師儒而師儒正，選長吏而長吏賢。則天下之士在巖穴者，以長吏爲所因；入學校者，以師儒爲所因；升朝廷者，以大臣爲所因。如網在綱，以羣效於國。不背其大臣，而國是定；不背其師儒，而學術明；不背其長吏，而行誼修。悉率左右以燕天子，羣相燕也。合天下賢智之心於一軌，而天子之於士無不得矣。和氣翔洽，充盈朝野，寖榮寖昌，昌莫盛焉。「得士者昌」，此之謂也。

大臣不以薦士爲德，而士一失矣；師儒不以教士爲恩，而士再失矣；長吏不以舉士爲榮，而士蔑不失矣。乃爲之語曰：「拜爵公門，受恩私室，非法也。」下泮渙而不相親，上專私而不能廣，億兆其人而億兆其心，心離而德離，鮮不亡矣。故人主之病，莫甚於與下爭士也。

自唐以來，進士皆爲知舉門生，終其身爲恩故；此非唐始然也，漢之孝廉，於所舉之公卿州將，皆生不敢與齒，而死服三年之喪，亦人情耳。持名法以繩人者，謂之曰不復知有人主。人主聞之，憤恚不平，曰：「彼得士而我失之矣。」繇是而猜妒刻覈之邪說，師申、韓以束縛縉紳，解散士心，使相攜貳，趨邪徑，騰口說，以要人主。懷姦擅命之夫，自矜孤立，而搖蕩國是。大臣不自信，師儒不相親，長吏不能撫。於是乎綱斷紐絕，而獨夫之勢成。故曰：「不信乎朋友，弗獲乎上矣。」朋友不信，上亦惡得而獲之哉！少陵長，賤妨貴，疏閒親，不肖毀賢，胥曰：「吾知有天子而已。」豈知天子哉？知爵祿而已矣。夫士之懷知己也，非徒其名利也；言可以伸，志可以成，氣以類而相孚，業以摩而相益。易曰：「拔茅茹以其彙。」拔不以其彙，而獨莖之草，不足以葺大廈久矣。大臣，心腹也；師儒，耳目也；長吏，臂指也。以心應耳目之聰明，以耳目應臂指之動作，合而爲一人之身，而衆用該焉。其互相離者，不仁者也。不仁者痿以死，如之何君臣爭士而靳爲己得也！

太祖之欲得士也已迫，因下第舉人撾鼓言屈，引進士而試之殿廷，不許稱門生於私門。賴終宋之世不再舉耳。守此以爲法，將與孤秦等。察察之明，悁悁之忿，呴呴之恩，以撫萬方，以育多士，豈有幸哉！豈有幸哉！

六

太祖數微行，或以不虞爲戒，而曰：「有天命者，任自爲之。」英雄欺人，爲大言耳。其微行也，以已之幸獲，虞人之相效，察羣情以思豫制，私利之褊衷，猜防之小智，宋德之所以衰也。野史載其乘輦以出，流矢忽中輦板，上見之，乃大言曰：「射死我，未便到汝。」流矢者，即其使人爲之也。則微行之頃，左右密護之術，必已周矣。而諫者曰「萬一不虞」，徒貽之笑而已。

凡人主之好微行也有三，此其一也。其下，則狂蕩嬉遊，如劉子業諸君耳㊀。其次，則苛察以爲能，而或稱其念在國民，以伺官箴之汙潔、民生之苦樂、國事之廢舉者也。若此者，其求治彌亟，其近道彌似，其自信彌堅；而小則以亂，大則以亡。迄乎亂與亡而不悔其失，亦愚矣哉！何也？兩足之所至，兩目之所覘，兩耳之所聞，斤斤之明，詹詹之智，以與天下鬪捷，未有能勝者也。

㊀ 校記此句作「如劉子業、蕭寶卷者耳」。

且夫人主而微行，自以爲密，而豈果能密邪？跐未離乎禁闈，期已洩於近倖；形一涉乎通逵，影已徹乎窮巷；此之伺彼也有涯，而彼之伺此也無朕。於是懷私挾佞者，飾慧爲樸，行諂以戇，醜正而相訐，黨姦而相獎，面受其欺，背貽其笑，激怒沽恩，而國是不可復詰矣。即令其免乎此也，一事之得，不足以蓋小人；一行之疵，不足以貶君子；一人之恩怨，不足以定仁暴；一方之利病，不足以概海隅。而偶得之小民者，無稽弗詢，溢美溢惡，遂信爲無心之詞，自矜其察微之睿，以定黜陟，以衡興革，以用刑賞，以權取與，而羣臣莫敢爭焉。此尤不待姦人之詭道相要，而坐受其蠹。小之以亂，大之以亡，振古如斯，而自用者不察，良足悲已！

夫欲成天下之務，必詳其理；欲通天下之志，必達其情。然而人主之所用其聰明者，固有方也。以求俊乂，冢宰公而側陋舉矣；以察官邪，憲臣廉而貪墨屏矣；以平獄訟，廷尉愼而誣罔消矣；以處危疑，相臣忠而國本固矣。故人主之所用智以辨臧否者，不出三數人，而天下皆服其容光之照。自朝廷而之藩牧，自藩牧而之郡邑，自郡邑而之鄉保。聽鄉保之情者，邑令也；聽邑令之治者，郡守也；聽郡守之政者，藩牧也。因是而達之廷臣，以周知天下之故。遺其小利，懲其大害，通其所窮，疏其所壅。於是而匹夫匹婦私語之情，天子垂旒纊而坐照之以無遺。天下之足，皆吾足也；天下之目，皆吾目也；天下之耳，皆吾耳也。能欺其獨知，而不能掩其衆著，明主之術，恃此而已矣。愚氓一往之情辭，不屑聽也。而況宵人之投隙以售姦者哉！

古之聖王，詢芻蕘、問工瞽、建鞀鼓、以達臣民之隱者，爲己救過也，非以察人也。微行者反是，察愈密，聽愈惑，自貽敗亡而不悟。故曰良足悲已！故微行者有三，而皆君道之所惡。若宋祖者，卽不微行，亦豈有攘臂相仍以奪其所奪於人者乎？則亦均之乎愚而已矣。

七

劉禪、孫皓之容於晉，非晉之厚也，誠有以致之也。劉先主以漢（主）〔室〕㊀之裔，保蜀土，奉宗祧，任賢圖治，民用乂安，尙矣。孫文臺奮身郡將，討董卓，復雒京，父子三世，退保吳、楚，民不受兵者百餘年。天之所佑，人之所懷，司馬氏弗能重違而絕其世，有不可絕者在也。禪雖闇，皓雖虐，非稱兵首難、爚亂天紀者；降爲臣僕，足償其愆，而惡容殄滅乎？

李煜、孟昶、劉鋹以降王而享國封，受賓恪之禮，非其所應得者也，宋之厚也。迹其先世，無積累之功，無鞏固之守，存乎蓬艾之閒，偷以自王，不足以當白馬之淫威久矣。其降爲皂隸，可無餘憾。而優渥之禮加乎其身，故曰：宋之厚也。

雖然，責蜀、粵、江左之亢僭爭衡，不夙奉正朔於汴、雒，而以俘虜之刑處之，則又不可。臣服者，必有所服也；歸命者，必有所歸也；有君而後有臣，猶有父而後有子也。唐亡以來，天下之無君久矣。朱溫，賊也；李存勗、石敬瑭，沙陀之部夷也；劉知遠、郭威，乘人之熸，乍踞其位，猶螢之燿於夜也。剖方州而稱帝，僅得其十之二三。特以汴、雒之墟爲唐故宮之址，乘虛襲處，而無識者遂題之以正統。如是而欲雄桀足恃者納土稱臣，以戴爲共主，天其許之而人其順之乎？故徐溫、孟知祥、劉巖之與朱、李、

㊀ 據校記改。

石、劉相爲等夷，而非賊非夷，較猶愈焉。則其後嗣之守土不臣，勢窮而後納款，固君子所矜，而弗容苛責者也。

若夫因亂竊立，窮蹙而俘，宜膺王者之誅；則抑必首亂以劫奪，而非有再造之志者耳。項羽雖負罪有十，而誅秦猶因義憤，故漢高封魯公以厚葬之，而不掩其功。王莽之亂，人心思漢，諸劉鵲起，而隗囂、公孫述、張步、董憲之流，俶擾天紀，以殃求莫之民。楊廣凶淫，民雖靡止，而竇建德、蕭銑，徐圓朗乘之以掠殺既困之民；劉武周、梁師都、薛仁杲倚戎狄以戕諸夏；王世充受隋寵命，狐媚而售其攘奪。凡此者，皆首禍於天下，無已亂之情而利於亂者也。故雖或降附，而槀街之懸，邱民咸快。其與蜀、粤、江南，不可同日而語矣。王者上溯天心，下軫民志，操不爽之權衡以行誅賞，差等之殊，不容紊也。

徐溫佐楊行密以禦畢師鐸、秦宗權之毒，而江、淮安。江、淮之亂，非楊、徐始之也。劉巖坐擁百粤，閉關自擅，而不毒民以與吳、楚爭疆。孟知祥卽不據蜀疆，石、劉惴惴以偷立，契丹外偪，諸鎮內訌，救死不遑，固無能越劍閣以綏兩川也。則此三方者，未嘗得罪於天人，嗣子保其遺業，嬰城以守，衆潰而後降，苟非殘忍甚害以爲心，亦惡能以竇建德、蕭銑之誅，違理而逞其淫刑乎！

天之所怒者，首亂者也；人之所怨者，疆爭者也。仁有不可施，義有不可襲，必如宋祖之優處降王，而後可曰忠厚㊀。

㊀ 校記「而後可曰忠厚」下有「買的刺之侯，溢賞也，非其類矣」十二字。

八

口給以禦人，不能折也。衡之以理，度之以勢，卽其禦我者以相詰，而固無難折。夫口給者，豈其信爲果然哉？懷不可言之隱，相誘以相劫，而有口給之才，以濟其邪說，於是坐受其窮。唯明主周知得失禍福之原，秉無私以照情僞之始終，則不待詰而其辯窮矣。曹翰獻取幽州之策，太祖謀之趙普。普曰：「翰取之，誰能守之？」太祖曰：「卽使翰守之。」普曰：「翰死，誰守之？」而帝之辯遂窮。是其爲言也，如春冰之脃，不待鑿而自破，而胡爲受普之禦也！

取之與守，其難易較然矣。勞佚饑飽之勢既殊，而攻者處可進可退之地，人無固志，守則生死之爭也。能奪之於彊夷之手，而畏其不保乎？因其城壘，用其人民，收其芻糧，則蟻附者不能爭我於散地。況幽州者，負西山，帶盧溝，沓嶂重崖以東迤於海，其視瀛、莫、河朔之曠野千里，可恣〔胡〕騎（兵）㊀之馳突者奚若？得幽州，則河朔之守撤；不得幽州，則趙、魏之野，莫非邊徼。能守趙、魏，而不能守幽州乎？憂曹翰死而無能守幽州者，則姑置之，徒不憂守趙、魏之無人，抑將盡取大河南北而授之契丹也與？翰死而不能更得翰，則幽州之取愈亟矣。所患者，幽州不易得耳。既已得之，而使翰經理守之之事，則雖不如翰者，倚其所繕之營堡，食其所儲之米粟，用其所備之甲兵，自可百年而屹然以山立。繇漢以來，踞燕山以扼北（邊）〔狄〕㊁，豈人皆如翰，而短垣卒不可踰，又何憂翰之不再得哉？

慮之遠者，亦知其所可知而已。呂后問漢高以社稷之臣，至於一再，則曰：「非汝所知。」非獨呂后

㊀ 據校記改「騎兵」爲「胡騎」。　㊁ 據校記改。

之不知，漢高亦不知也。所可知者，育材有素，掄選有方，委任之以誠，駕馭之以禮，則雖百年以後之干城，皆早卜其勳名之不爽。何事於曹翰膂力方剛之日，而憂其難繼哉？逆料後之無良將，而靳復其故宇；抑將料子孫之無令人，而早舉中夏投㊀之戎（敵）〔狄〕㊁，以免爭戰之勞與？

故普之說，口誠給也；以其矛，攻其盾，破之折之，不待踟躕，而春冰立泮。然而以太祖之明，終屈於其邪說也，則抑有故矣。謂誰能守者，非謂才不足以守也；謂翰死無能如翰者，非謂世無如翰之才者也。普於翰有重疑矣。而太祖曰：「無可疑也。」普則曰：「舍翰而誰可弗疑也？」幽燕者，士馬之淵藪也。天寶以來，范陽首亂，而平盧、魏博、成德相踵以叛。不懲其失，舉以授之亢衡彊夷之武人，使拊河朔以瞰中原，則趙氏之宗祏危矣！嗚呼！此其不言之隱，局蹐喔嘶於閨闥，而甘於朒縮者也。不亦可爲大哀者乎！

夫直北塞垣之地，阻兵而稱亂者，誠有之矣。漢則盧綰、陳豨、彭寵、盧芳；唐則始於安祿山，終於劉仁恭父子。然方躍以起，旋仆以滅，亡漢唐者，豈在是哉？且其擁兵自保，而北（邊）〔狄〕㊂闌入之禍消，雖倔強不戢，猶爲我吠犬以護門庭也。迨及朱温屠魏博，李存勗滅劉守光，而後契丹之突騎長驅於河、汴，而莫之能遏。御得其道，則雖有桀驁之夫而無難芟刈。即其不然，割據稱雄者，猶且離且合，自守其疆域，以爲吾藩棘。此之不審，小不忍而寧擲之敵人㊃，以自貽憑陵之禍。四顧懷疑，密謀而安於棄割，弗能告人曰吾之憂在此也，則口給之言，入乎耳而警於心；普曰：「翰未可信也，繼翰者愈可疑也」，

㊀ 校記「投」字作「投」字。　㊁、㊂ 據校記改。　㊃ 校記「擲之敵人」作「擲之匪類」。

則畫河自守，鞭易及而馬腹無憂耳。宋之君臣匿情自困，而貽六百年衣冠之禍㊀，唯此而已矣。

乃若普者，則又不僅是。以幕客之雄，膺元勳之寵，睥睨將士，奄處其上，而固無以服其心也。陳橋之起，石守信等尸之，而普弗與；下江南，收西川，平兩粵，曹彬、潘美等任之，而普弗與；則當時推誠戮力之功臣，皆睨普而憤其軋己，普固有不與並立之勢，而日思虧替之以自安。所深結主知以使倚爲社稷臣者，豈計安天下以安趙氏哉？唯折抑武臣，使不得立不世之功以分主眷而已。故其受吳、越之金，而太祖曰：「彼以爲天下事盡繇書生也。」則太祖亦窺見其情，徒疑忌深而利其相制耳。

惟然，而太祖之任普也亦過矣。不仁者，不可與託國。則他日之惎害其子弟以固寵祿，亦何不可忍也！誠欲崇文治以消桀奡與！則若光武之進伏湛、卓茂，以敦樸純雅之風，抑干戈之氣，自足以靖方夏而化彊悍。若湛、茂等者，皆忠厚（之）〔立〕㊁心，而無陰鷙鉗伏之小知者也。故功臣退處，而世效其貞。當宋之初，豈無其人，而奚必此懷槧倚門、投身戎幕之策士乎？弗獲已，而竇儀、呂餘慶之猶在也，其愈於普也多矣。險詖之人，居腹心之地，一言而裂百代之綱維。嗚呼！是可爲天下萬世痛哭無已者也。

九

曹翰之策取幽州，勿慮其不可守也，正惟欲取之而不克。何以明其然也？兵者，非可乍用而勝者也，非可於小康之世，衆志惰歸而能當大敵者也。宋承五代之餘，人厭干戈，梟雄之氣衰矣。江南、蜀、

㊀「衣冠」「禍」三字刻本闕，據校記補。　㊁據校記改。

粵之君臣，弄文墨，恣嬉遊，其甚者淫虐逞而人心解體，兵之所至，隨風而靡，宋於是乘之以有功。彼未嘗誓死以守，此未嘗喋血以爭，如項羽、公孫述、竇建德、薛舉之幾勝幾負而始克者也。乃天下已收其八九，而將卒之情胥泮渙矣。以此而驟與彊夷相競，始易視之，中輕嘗之，卒且以一衄而形神交餒。故太宗之大舉北伐，驚潰披離而死傷過半。孰是曹翰之奮獨力以前，而可保堅城之遽下邪？

雖然，抑豈無以處此哉？漢高帝嘗困於白登矣，至武帝而幕南可無王庭；唐高祖嘗稱臣於突厥矣，至太宗而單騎可使卻走。夫漢與唐，未嘗不偃戈息馬以靖天下也；未嘗不制功臣使蹲伏而不敢窺天位也；特不如趙普者惴惴畏人之有功，而折抑解散之，以偷安富貴。則遲之又久，而後起者藉焉，何憂天下之無英傑以供驅使哉？句踐，一隅之君耳，生聚之，教訓之，卒以沼吳。惟長頸鳥喙之難與共功，而范蠡去，文種誅，以終滅於楚。一得一失之幾，決於君相之疑信，非繇天下之彊弱，其（當）〔亦〕㊀審矣。以普忮害之小慧，而宋奉之爲家法，上下師師，壹於猜忌。狄青、王德用且如芒刺之在背，惟恐不除焉。故秦檜相，而叩馬之書生知岳侯之不足畏。則趙普相，而曹翰之策不足以成功，必也。翰之以取幽州自任也，翰固未之思也。

十

記曰：「禮從其朔。」朔者，事之始也；從之者，不敢以後起之嗜欲狎鬼神也。又曰：「禮，時爲大。」時者，情之順也；大之者，不忍於嗜欲之已開，而爲鬼神禁之也。是故燔黍而有敦黍，捭豚而有燔肉，玄

㊀ 據校記改。

酒而有三酒，太羹而有和羹。不廢其朔，質也，而將其敬，不從其情，則文也；不違其時，文也，而致其愛，不蘄乎美，則質也。兼敦而互成，仁人孝子之以事鬼神者乃盡之。

祭用籩、豆，周制也；夏殷以上，固有不可盡考者矣。不可考者，無自而倣爲之，則以古之所可考者爲朔。祭之用籩、豆、鉶、俎、敦、彝，倣周制而備其器，所以從朔而將其敬，非謂必是而後爲鬼神之所歆也。尊其祖而不敢褻，文治也，而質爲之詘矣。太祖欲撤之，而用當時之器，過矣。過則自不能晏然於其心，而必爲之怵惕，故未幾而復用之。然而其始之欲用當時之器，以順情而致養，亦未甚拂乎道也。歉然不愜，而用祖考之所常御；怵然中變，而存古人之所敬陳；皆心也。非資聞見以倣古，徇流俗以從時也。愛不忍忘，而敬不敢弛；質不忍斬，而文不敢替；故兩存之。於其必兩存者，可以察仁孝之動以天者矣。

雖然，其未研諸慮而精其義也。古者天子諸侯之事其先，歲有祫，時有享，月有薦。薦者，自天子達於庶人，而祭以等降。祭以文昭敬，位未尊而敬不得伸；薦以質盡愛，苟其親者而愛皆可致。夫祭必有尸，有尸而有獻斯有酢，有酢斯有酬，有酬斯有繹，周洽彌綸，極乎文而不欲其相瀆。故尊罍設，玄酒陳，血膋燔，牲升首，太羹具，振古如斯。而籩、豆、鉶、俎、敦、彝，皆法古以重用其文，而後尊之也至；尊之也至，而後敬無不伸。若夫薦，則有不必其然者矣。薦非不敬，而主乎愛；主乎愛，則順乎其時，而以利得其情。古之薦者，所陳之器、所獻之味無考焉。意者唯其時而不必於古與！其器，習用而安之；其味，數嘗而甘之；仁人孝子弗忍絕也，則於薦設之焉可矣。且夫籩、豆、俎、鉶，亦非隆古之器矣；和羹、燔炙，亦非隆古之食矣；古今相酌，而古不廢今，於祭且然，而況薦乎？漢、唐以下，所謂祭者皆薦也，未有舍今以從古者也。唯不敢不以從朔之心，留十一於千百，則籩豆相仍，用志追崇之盛。而古器與今器雜陳，古味與今味互進，酌其不相拂者，各以其候而遞用之，極致其敬愛，必有當也。而太祖未之講耳，卒然而撤之，卒然而復之，義不精而典禮不定，過矣。然而其易之之情、復之之心，則固誠有於中憬然而不容抑者存也。有王者起，推此心以求合精於義，而質文交盡，存乎其人焉。非可以意之偶發而廢興之也。

二

省官以清吏治，增俸以責官廉，開寶之制，可謂善矣。雖然，有說。語云：「爲官擇人，不爲人建官。」此覈名實、求速效之說也，非所以奬人材、厚風俗、勸進天下於君子之道也。郡縣之天下，其爲州者數百，爲縣者千餘。久者六載，速者三載，士人之任長吏者，視此而已。他則委瑣之簿、尉，雜流兼進者也。以千餘縣歲進一人，十年而溢於萬，將何以置此萬人邪？且夫歲進一人之不足以盡天下之才也，必矣。古之建國也，其子、男之國，提封之壤，抵今縣之一二鄉耳。而一卿、三大夫、九上士、二十七中士、八十一下士，食祿於國，爲君子而殊於野人者且如此。進而公、侯，又進而天子之廷，凡其受田祿而世登流品者，不可以紀。故其詩云：「濟濟多士，文王以寧。」以文王之德，且非是而無以寧也。育人材以體天成物，而天下以靖。故易曰：「上天下澤，履，君子以辨上下、定民志。」民志於民而安於利，士志於士而安於義，勿抑其長，勿汙其秀，乃以長養善氣，禮樂興，風俗美，三代之所以敦厚弘雅，迎天地之淸淑者㊀，豈在循名責實、苟求速效之閒哉？

士之有志，猶農之有力也。農以力爲賢，力卽不勤，而非無其力；士以志爲尙，志卽不果，而非無其志。士之知有善，猶工賈之知有利也。工賈或惑於善，而旣已知利，必挾希望之情；士或惑於利，而旣已知善，必忌不肖之名。爲人上者，因天之材，循人之性，利導之者順，屈抑之者逆。學而得祿者，分之宜也；菀而必伸者，人之同情也。今使爲士者限於登進之途，雖受一命，抑使邅延坷坎，白首而無除授之實，則士且爲困窮之淵藪。則志之未果者，求爲農而力不任，且疾趨工賈，以不恤舊德之淪亡。其黠者，弄脣舌，舞文墨，衒淫巧，導訟訐，以搖蕩天下，而爲生民之大蠹。然後從而禁之，亂且自此而興矣。是故先王建國，星羅棊布，而觀之於射，進之於飲，一鄉一遂，皆有賓興之典，試於司馬而授之以事，豈其人之果賢於後世哉？所以誘掖而玉之成者，其道得也。

夫論者但以吏多而擾民爲憂耳。吏之能擾民者，賦稅也，獄訟也，工役也。雖衰世之政，三者之外無事焉。抑考周官六典，任此以督民者，十不二三；而興學校、典禮樂、治賓旅、涖祀事、候災祥、庀器服者，事各一司，司各數吏，咸以上贊邦治、下修邦事，勸相之以馴雅之業，而使向於文明。固不能以其喜怒濫施於卑賤，貪叨獵取於貧民弱族也。則吏雖繁，而治固不棼；又何十羊九牧，橫加鞭撻之足憂哉？任之以其道也，興之以其賢也，馭之以其禮也，黜之陟之以其行也。而賦稅、獄訟、工役之屬，無宂員，無兼任，擇其人而任之以專。則吏治之淸，豈猶有虞；而必芟之夷之，若芒刺

㊀ 校記「迎天地之淸淑者」句，無者字，下有「而駤戾羶腥不敢干」八字。

在體之必不能容邪？乃若無道之世，吝於俸而裁官以擅利，舉天下之大，不能養千百有司。而金蝕於府，帛腐於笥，粟朽於窌，以多藏而厚亡。天所不佑，人所必讎㊀，豈徒不足以君天下哉？君子所弗屑論已。

二

軍興，芻糧、糗糒、器仗、舟車、馬牛、屝屨、帟幕、械具，日敝日增，重以椎牛釃酒賞功醻謀之費，不可殫極，未有儲畜未充而能興事以圖功者也。於是而先儲其盈以待事，謀國者所務詳也。雖然，歲積月累，希一旦而用，則徒以受財之累，而事卒不成。太祖立封椿庫，積用度之餘，曰：「將以圖取燕、雲。」志終不遂，而數傳之後，反授中國於北（敵）〔狄〕㊁，則事卒不成之驗也。積財既廣，既啓眞宗驕侈之心以奉鬼神；抑使神宗君臣效之，以箕斂天下，而召怨以致敗亡；則財之累也。

財可以養士，而士非待餘財以養也。謝玄用北府兵以收淮北，劉宋資之以興；郭子儀用朔方兵以挫祿山，肅宗資之以振。豈有素積以貿死士哉？非但拔起之英，徒手號召，百戰而得天下也。蓋兵者，用其一旦之氣也，用其相習而不駭爲非常之情也，用其進而利、坐而不足以享之勢也。恃財積而求士以養之，在上者，奮怒之情已奄久而不相爲繼；在下者，農安於畝，工安於肆，商安於旅；彊智之士，亦既清心趨於儒素之爲；在伍者，旣久以虛名食薄糈，而苦於役；應募者，又皆市井慵惰之夫，無所歸而寄命以餬口。國家畜積豐盈，人思獵得，片言之合，一技之長，飾智勇以前，而坐邀温飽，目睨朝廷，如委棄

㊀校記「人所必讎」下，「有非夷非盜，孰能安此」八字。　㊁據校記改。

之餘食，唯所舐齕，而誰憂其匱？一日之功未奏，則一日之坐食有名，稍不給而潰敗相尋以起，夫安所得士而養之哉？錙銖斂之，日崩月坼以盡之，以是圖功，貽敗而已矣。

且夫深智沈勇決於有爲者，非可望於中材以下之子孫也。吾之積之，將以有爲也，而後之人不能知吾之所爲，而但守吾之所積，以爲祖德。其席豐而奢汰者勿論矣；馴謹之主，以守藏爲成憲，塵封苔蔽，數無可稽，猶責塡入者無已。姦人乘之，竊歸私室，而不見其虛。變亂猝生，猶將死護其藏，曾不敢損其有餘以救禍。迨其亡，徒贈寇讎，未有能藉一錢之用，以收人心而拯危敗者。財之累，於斯酷矣！豈非教積者之作法於涼哉？

天下之財，自足以應天下之用，緩不見其有餘，迫不見其不足。此有故存焉：財盈，則人之望之也賒；財詘，則人之諒之也定。見有餘者，常畏其盡；見不足者，自別爲圖。利在我，則我有所戀，而敵有所貪；利不在我，則求利於敵，而敵無所覬。向令宋祖乘立國之初，兵狃於戰而幸於獲，能捐疑忌，委腹心於虎臣，以致死於契丹，燕、雲可圖也。不此之務，而竊竊然積金帛於帑，散戰士於郊，曰：「吾以待財之充盈，而後求猛士，以收百年已冷之疆土」，不亦迷乎！翁嫗之智，畜金帛以與子，而使訟於鄰，爲達者笑。柰何創業垂統思大有爲者，而是之學也！

一三

宋初定開寶通禮，書佚不傳。大抵自唐開元禮而上至於周禮，皆有所損益矣。婦服舅姑斬衰三年，則乾德三年從大理寺尹拙等奏也。本生父母得受封贈，則淳化四年允李昉之請，贈其所生父超太子太師、母謝氏太夫人始；而眞宗天禧元年，遂令所後父母亡、得封本生父母，遂爲定制也。斯二者，皆變古制，而得失可考焉。

禮有不可變者，有可變者。不可變者，先王亦旣斟酌情理，知後之無異於今，而創爲萬世法；變之者非大倫之正也。可變者，在先王之世，尊尊親親，各異其道，一王創制，義通於一，必如是而後可行；時已變，則道隨而易，守而不變，則於情理未之協也。

人之大倫五，唯君臣、父子、夫婦極恩義之至而服斬，兄弟則止於期矣，朋友則心喪而止矣，其他皆君臣、父子、夫婦之推也。舅姑雖尊，繇夫婦而推，非倫之正也。婦人不貳斬，旣嫁從夫者，陰陽合而地在天中，均之於一體，而其哀創也深。夫死從子，其義雖同，而庶子不爲其長子斬，庶子之妻亦如之，則非適長之不斬，不視從夫而重，雖夫歿無異，一姓之中，無二斬也。是則伉夫於父，而妻道盡矣。推而之於舅姑，不容不降也。異姓合，而有賓主之道焉。故婦初執笲以見舅姑，拜而舅姑荅之。生荅其拜，歿而服朞，君子不以尊臨人而廢禮，所以昭人倫之辨也。

今之夫婦，猶古之夫婦也。則自唐以上，至於成周，道立於不易，情止於自靖，而奚容變焉？若尹拙之言曰：「夫居苫塊，婦被羅綺，夫婦齊體，哀樂宜同。」其言陋矣。哀樂者，發乎情，依乎性者也。人各自致，而奚以同於夫哉？婦之於夫，其視子之於父也奚若？父斬子期，亦云哀樂異致非父子之道乎？子之居喪也，非見母不入於內，則婦之得見於夫者無幾。雖不衰麻，自有質素，祭不行，而無饋籩亞獻盛飾之服，苟爲禮法之家，亦何至被羅綺以與衰麻相閒乎？婦有父母之喪，夫不舉樂於其側，緣情居約，哀者哀，而哀已節者固不以樂亂之，亦無佚強與（固）〔同〕㊀哀，而爲不及情之貳斬矣。自宋失之，而相沿迄今，以瀆典禮，此不可變者，變而失其正也。

若夫爲人後者，以所後之父母爲父母，而不得厚其私親，周禮也；非周之盡一㊁天下萬世於不可變者也。夫周則有厚道矣，天子諸侯則有世守，卿大夫則有世祿，仰承天職、上事宗廟者，相承也。抑有百世之宗，五世之宗，以合族而（勖）〔飭〕㊂家政。故嗣國嗣位之適子與其宗子而未有子，則必豫擇其昭穆之等親且賢者以建爲嗣。大位姦窺，危病邪伺，不豫則爭亂繇此而作。漢之桓、靈，唐之武、宣，懸廢置於婦寺之手，其烱鑒已。立後以承統，而道壹於所尊，不得以親閒之，示所重也。後世自天子而外，貴賤無恆，奮身自致，廟祧不立，宗子不尊。所謂爲人後者，以私愛置，以利賴干，未嘗見貴游之子出後於寒門，素封之支承嗣於窶室。又況鄫滅於莒、賈篡於韓之瀆倫敗化者，相仍以亂。則「謂他人父」，「謂他人母」，割其天性之恩，以希非望之獲，何有於尊親？而執古以律今，使推恩靳於罔極，不亦悖乎？

若李昉者，吾不知其何以出後於人，而致青雲、依白日，極人世之通顯。或㊃懷呴呴之惠，忘覆載之恩，曾不念位晉三公之身爲誰氏之身也，其忍也乎哉！非以世祿而受榮名，非以宗祧故而爲養子，前之失也，補過未晚也。且夫古非盡人而有爲之後者也，故禮有無後之祭焉。苟非宗子與有世祿，廟祀不因己而存亡，從子可賫以繼祖，則子之有無，天也；人不可以其僞（於）〔干〕㊄天而強爲駢拇枝指者

㊀ 據校記改。　㊁ 校記「盡一」作「畫一」。　㊂ 據校記改。　㊃ 校記「或」字作「乃」字。

㊄ 據校記改。

也。僭立後者非法，覬覦以忘親爲人後者非人，古所不敢不忍者也，奚容假古禮以薄於所生也哉？今之後，非古之後也。李昉之請，天禧之制，變之正也。

是故因亦一道也，革亦一道也。其通也，時也；萬古不易者，時之貞也。其塞也，時也；古今殊異者，時之順也。考三王，俟百世，精義以中權，存乎道而已矣。

一四

將欲公天下而不私其子乎？則亦惟己之無私，而他非所謀也。將欲立長君、託賢者、以保其國祚乎？則亦惟己之知所授，而固不能爲後之更授何人者謀也。故堯以天下授舜，不謀舜之授禹也；舜以天下授禹，不謀禹之授啓也。授禹，而與賢之德不衰；授啓，而與子之法永定。舜、禹自因其時、行其志，而上協帝心，下順民志，堯、舜豈能豫必之哉？

吳壽夢爲四世之謀，而僚死於光；宋穆公爲三世之謀，而與夷死於馮。雜公私以行其意欲，及亂之生，慝作於骨肉而不可止。宋太祖懲柴氏之託神器於沖人而傳之太宗，可也。乃欲使再傳廷美，三傳德昭，卒使相戕，而大倫滅裂，豈不愚乎！我以授之太宗，我所知也。太宗之授廷美，廷美之授德昭，非我所能知也。臣民之不輸心於太宗之子，而奉廷美、德昭，非我所能知也。堯、舜不能必之於舜、禹，而己欲恃趙普之一人，以必之於再傳之後乎？

變不可知者，天之數也；各有所懷而不可以強者，人之情也。以人而取必於天，以一人而取必於無定之臣民，則天人無權，而惟己之意欲；聖人之不爲此也，所以奉天而順人也。且使太宗而能舍其子以傳之弟與從子也，不待吾之鄭重也。如其不能，則骨已朽，言已寒，與聞顧命之趙普且笑我爲誤，而況拜爵銜恩於太宗之廷者乎？以己意期人，雖公而私；觀之不達，雖智而愚；乃以不保其子弟，不亦悲乎！

一五

三代以下稱治者三：文、景之治，再傳而止；貞觀之治，及子而亂；宋自建隆息五季之凶危，登民於衽席，迨熙寧而後，法以斁，民以不康。繇此言之，宋其裕矣。夫非其子孫之克紹、多士之贊襄也。即其子孫之令，抑家法爲之檃括；即其多士之忠，抑其政教爲之薰陶也。嗚呼！自漢光武以外，爰求令德，非宋太祖其誰爲迥出者乎？

民之恃上以休養者，慈也、儉也、簡也；三者於道貴矣，而刻意以爲之者，其美不終。非其道力之不堅，而不足以終也；其操心之始無根，而聊資以用，懷來之不淑，不能久揜也。文、景之修此三者無餘力矣。乃其慈也，畜刑殺於心而姑忍之；其儉也，志存厚實而勤用之；其簡也，以相天下之動而徐制其後也。老氏之術，所持天下之柄者在此，而天人不受其欺。故王道至漢而闕，學術之不貞者爲之也。唐太宗之慈與儉，非有異心也，而無固志。故不爲已甚之行以售其中懷之祕，與道近矣；然而事因迹襲，言異衷藏，蒙恩者幸承其惠，偏枯者仍罹其傷。若於簡，則非其所前聞矣。繁爲口說，而辨給奪人；多其設施，而吏民滋擾。夫惟挾恢張喜事之情，則慈窮而忿起，儉困而驕生，惡能凝靜以與人休息乎？是三君者，有老氏處錞之術以亙於中，既機深而事必詭；有霸者假仁之美以著於外，抑德薄而道必窮。及身不僨，猶其才足以（待）〔持〕㊀之，不能復望之後嗣，固其宜矣。

宋祖則二者之患亡矣，起行閒，陟大位，儒術尙淺，異學不亂其心。怵於天命之不恆，感於民勞之已極，其所爲厚柴氏、禮降王、行賑貸、禁淫刑、增俸祿、尙儒素者，一監於〔夷狄盜賊〕㊁毒民侮士之習，行其心之所不安，漸損漸除，而蘇其喘息。抑未嘗汲汲然求利以興、求病以去，貿愚氓之愉快於一朝，以不恤其久遠。無機也，無襲也，視力之可行者，從容利導，而不尸自堯自舜之名，以矜其美，而刻責於人。故察其言，無唐太宗之喋喋於仁義也；考其事，無文、景之忍人之所不能忍，容人之所不能容也；而天下絲紛之情，優游而就緒；瓦解之勢，漸次以即安。無他，其有善也，皆因心者也。惟心之緒，引之而愈長；惟心之忱，出之而不妄；是以垂及百年，而餘芳未歇。無他，心之所居者本無紛歧，而行之自簡也。簡以行慈，則慈不爲沽恩之惠；簡以行儉，則儉不爲貪吝之（謀）〔媒〕㊂。無所師，故小疵不損其大醇；無所倣，故達情而不求詳於文具。子曰：「善人爲邦百年，可以勝殘去殺。」或以文、景當之者，非也；老氏之支流，非君子之所願見也。太祖其庶幾矣！

雖然，尤有其立本者存焉。忍者薄於所厚，則慈亦非慈；侈者必奪於㊃人，則儉亦非儉。文帝之忮淮南，景帝之削吳、楚，太宗之手刃兄弟也；本已削，而枝葉之榮皆浮榮矣。宋祖受太后之命，知其弟不容其子，而趙普密譖之言，且不忍著聞，而亟滅其迹。是不以天位之去留、子孫之禍福，斲其惻怛之心；而不爲之制，廓然委之於天人，以順母而愛弟，蹈仁者之愚而固不悔。漢、唐之主所安忍懷慙而不

㊀ 據校記改。　㊁ 據校記增。　㊂ 據校記改。　㊃ 校記「奪於」作「於奪」。

能自戢者，太祖以一心涵之，而坦遂以無憂。惟其然也，不忍之心所以句萌甲坼，而枝葉向榮矣。不忍於人之死，則慈；不忍於物之殄，則儉；不忍於吏民之勞，則簡。斯其慈儉以簡也，皆惟心之所不容已。雖粗而不精，略而不詳，要與操術而詭於道、務名而遠於誠者，所繇來遠矣。仁民者，親之推也；愛物者，民之推也。君子善推以廣其德，善人不待推而自生於心。一人之澤，施及百年，弗待後嗣之相踵以爲百年也。故曰：光武以後，太祖其迥出矣。

宋論卷二

太宗

一

錢氏之歸宋，與竇融之歸漢，彷彿略同。宋之待之也，視光武之待融，固相若也，而宋加厚矣。融之初起，與光武比肩事主，從更始以謀復漢室，非有乘時徼幸之心也。更始既敗，獨保西陲，而見推爲盟主，亦聊以固圉而待漢之再興。其既得通光武也，絕隗囂而助攻囂之師，囂亡，隴土歸漢，融無私焉。則奉版圖以入朝，因而禮之，寵以上公，錫以茅土，適足以相酬，而未有溢也。而錢氏異矣。乘唐亂以起於草澤，心固董昌之心也；要唐命以擅有東土，情亦楊行密之情也。徒以西有彊吳與爭而恐不敵，故假拜表以彈壓衆心，何嘗有共主在其意中哉！唐亡而朱温篡，則又北面事賊，假温之力以掣吳之右臂；自王自霸，鯨食山海，而富無與匹。及宋之興，雖曰奉朔，亦聊以事朱、李、石、劉者事宋，觀望其興衰而無固志。宋之攻江南也，名爲助宋，而投閒抵巇，坐收常州爲己有。僭僞向盡，乃始執玉以入庭；戀國主之尊，猶不自釋也。太宗踐立，中原大定，始捲土以來歸。宋之得之，豈錢氏之能授宋也哉？若然，則宋之加厚於錢氏也，不已過乎！

夫置人之情僞，以審己之得失，則予奪正；絜己之愉怫，以諒人之從違，則恩怨平。斯二者，君子之道也，而宋其庶矣。錢氏雖僻處一隅，非宋敵也；而以視江南、粤、蜀，亦足以頡頏，而未見其詘。主無荒淫之慾，下無離叛之慝，畫疆自守，奡岸有餘；使不量力而閉關以謝宋，則必勤師遠出，爭戰經時而後下之。使然，則白骨橫野，流離載道，吳、越之死者積，而中國亦已疲矣。且夫錢俶者，非崛起卒伍，自我得而自我失者也。仰事其先，則宗廟之血食久矣；俯臨其下，受祿而立庭衆矣。一旦削南面之尊，就班聯之次，委故宮於茂草，撤祖廟之榱桷，夫豈不有痛心於此者？則遲回依戀，不忍遽束手而降附，人各有情，誰能卽決於俄頃。不得已而始率宗族子孫以恩媚於一王，因以保先王慭留之赤子，俾安於隴畝，而無暴骨之傷；則不忍苛責以顯比之不夙也，道宜然也。而宋能折節以勤恩禮，力修長者之行，固非驕倨自大者所能知，久矣。有可責而弗責也，可弗厚而必厚矣。故曰君子之道，而宋其庶矣。休養兩浙之全力，以爲高宗立國之基，夫誠有以貽之也。

二

不仁之人，不可以託國。悟而弗終託之，則禍以訖；不悟而深信，雖悟而終託之，亂必自此而興。明察有餘，而弗悟者不鮮，固有甚難知者在也。有人於此，與之謀而當，與之決而斷，與之言而能不泄，察之於危疑之際而能不移；若此者，予之以仁而不得，斥之以不仁而亦不得，故難知也。雖然，自有(不)〔弗〕㊀難知者在矣。處人父子、兄弟、夫婦之閒，而投巇承旨以勸之相忮相戕者，則雖甚利於我而情不

㊀ 編者按：據下文「故弗難知也」此「不」字宜改爲「弗」字。

可測。蓋未有仁未絕於心，而忍教人以忮害其天倫者也。持此以爲劵，而仁不仁之判，若水與火之不相容，故弗難知也。

張子房、李長源之智也，求之於忠謹而幾失之。而於漢高帝、唐肅宗、德宗父子猜嫌之下，若痛楚之在肺肝，曲爲引譬，深爲護持，以全其天性之恩。則求之於忠謹而不得者，求之於仁而仁亦至矣。乃漢、唐之主弗託以國也，使懷憂疑以去。若夫舉宗祊民社委之以身後長久之圖，則往往任之不仁者而不疑；於是而楊素、徐世勣、趙普之姦售焉。此三人者，謀焉而當，決焉而斷，與之言而不泄，處危疑而不移者也。而其殘忍以陷我於戕賊，則獨任之而不恤。嗚呼！天下豈有勸人殺其妻子兄弟而可託以社稷者乎？

楊玄感之反，非玄感之狂也，素之志也。素不死，楊廣在其目中，而隋之鹿素得之矣。徐敬業之起兵，非義師也，世勣之殺王后立武氏，欲以武氏亂唐而奪其蹊田之牛也。敬業之力不足以勝武氏耳。世勣不死，縱武氏而後操之，中宗之愚，且爲司馬德宗，而唐移於徐氏矣。夫趙普，亦猶是也。所與太祖誓而藏之金匱者，曰立長君、防僭奪也。廷美、德昭死矣，太宗一旦不保而普存，藐爾之孤，生死於普之股掌。然則所云防僭奪者，特以太祖死，德昭雖弱，而太宗以英姿居叔父之尊，已慝必不可伸，姑授太宗以俟其身後之沖人，而操縱唯己。故曰：普之情，一素於楊廣、世勣於武氏之情。非苛摘之也。

試取普之終始而衡之，其於子房、長源也奚若？而於素、世勣，其異者又幾何也？導人以戕殺其天倫者爲何等事，而敢於人主之前，無憚於心，無疑於口；非至不仁者，誰敢爲之而誰忍爲之乎？太宗覺之矣。酬賞雖隆，而終寄腹心於崛起之李昉、呂端，罷普以使死於牖下，故宗社以安。太祖未悟也，發吳、越之甕金，受雷德驤之面愬，亦既備察其姦；猶且曰：此忠我㊀者，仁足以託。惡知其睨德昭而推刃之心早伏於譖毀太宗不聽之日邪？雖然，無難知也。凡普之進謀於太祖者，皆以鉗網太祖之故舊元勳而斂權於己也。不仁之不可揜，已久矣。

三

觀於趙普、盧多遜進退之際，可以知普之終始矣。

普在河陽上表自訴曰：「外人謂臣輕議皇弟，臣實預聞皇太后顧命，豈有間然？」太祖得表，手封而藏之宮中。夫所謂輕議者，議於太祖之前也。議與不議，太祖自知，普何庸表訴？苟無影迹，太祖抑可宣諸中外，奚必密緘以俟他日？然則欲蓋彌章之心見矣。傳弟者，非太祖之本志，受太后之命而不敢違耳。迨及暮年，太宗威望隆而羽翼成，太祖且患其偪，而知德昭之不保。普探志以獻謀，其事甚秘，盧多遜窺見以擿發之。太祖不忍於弟，以遵母志，弗獲已而出普於河陽，交相覆蔽，以消他日之釁隙。則普當太祖時以毀秦王者毀太宗，其術一也。

太宗受其面欺，信藏表之言以爲戴己。曾不念立廷美者，亦太后之顧命也，普豈獨不預聞？而導太宗以置之死，又何心邪？普之言曰：「太祖已經一誤。」普之情見矣。普於太祖非淺也，知其誤而何弗勸之改圖？則當日陳不誤之謀於太祖而不見聽，小人雖譎，不期而自發其隱，惡能揜哉？太宗亦漸

㊀ 校記「我」字作「謹」字。

知之矣，崇以虛榮，而不委之以機要；故宋琪以兩全爲普幸，普亦殆矣！特其脇顧命以臨太宗，而又曲成其賊害，則心知多遜前此之譖，非普所本無，而弗能施以鈇鑕也。

杜后之命非正也；盧多遜守太后之命，始之欲全太宗於太祖之世，繼之欲全秦王於太宗之世，則非不正也。太后之命雖不正，而疑妒一生，戈矛必起；天倫爲重，大位爲輕，愛子之私，不敵奉母之志；多遜之視普，其立心遠矣。

夫普則誠所謂鄙夫者耳。子曰：「苟患失之，無所不至。」患失而無不可爲者，(誠)〔識〕㊀之所及，志之所執，習之所安，性之所成，以是爲利用安身之至要，而天下之道無出於此。切切然患之，若疾疢之加於身而不能自已。是故苟其所結之友，卽以患失爲待友之信，則友暱之。苟其所奉之君，卽以患失爲事君之忠，而君寵之。爲友患失，而阿附朋黨，傾危善類，以爲友固其榮利。爲君患失，而密謀行險，戕害天倫，以爲君遂其邪心。夫推其所患以與君友同患，君與友固且懷之以沒世；惡知迷以導迷，旣陷於大惡而不能自拔；且患之之情旣切，則進而患得者無涯；楊素、徐世勣之陰謀，不訖於子孫之援戈以起而不已，皆鄙夫之所必至者乎！

唐亡以後，鄙夫以成姦之習氣，熏灼天下而不可浣。普以幕客之雄，沈溺尤至，而機械愈深，雖見疑於英察之主，而終受王封，與馮道等。向非太(祖)〔宗〕㊁亟進儒臣以蕩滌其痼疾，宋且與五季同其速亡。周世宗之英斷，豈出太宗下哉？然一傳而遽斬者，鄙夫充位爲之也。故曰：「鄙夫可與事君也

㊀、㊁ 據校記改。

與哉！」不可與友以事君，則君不可使之事已，所固然矣。

四

不教之兵，可使戰乎？曰：「不可。」日教其兵，可使戰乎？曰：「固不可也。」世所謂教戰者：張其旗幟，奏其鉦鼓，喧其呼噪，進之、止之，回之、旋之，擊之、刺之，避之、就之；而無一生一死、相薄相逼之情形，警其耳目，震其心神。則教之者，戲之也。日教之者，日戲之也。教之精者，精於戲者也。勍敵在前，目熒魄蕩，而盡忘之矣。卽不忘之，而抑無所用之。是故日教其兵者，不可使戰也。

雖然，抑豈可使不教之兵以戰哉？夫教戰之道無他，以戰教之而已矣。古之教戰也，教之於四時之田。禽，如其敵也；獲禽，如其殺敵也；驅逆，如其挑戰也；獲而獻禽，如其計功以受賞也。趨利而唯恐失，洞中貫腦而唯恐斃之不速，衆爭追逐而唯恐其後於人，操必殺之心而如不兩立。以此而教，行乎戰之事矣。然而古之用兵者，鄰國友邦之爭，怒盡而止，非夷狄盜賊之致死於我而不可與之俱生，以禽視敵，而足以戰矣。夫人與人同類，則不容視其死如戮禽而不動其心。敵與我爭命，則不如人可殺禽，而禽不能制人之死命。以此爲教，施之後世，猶之乎其有戲之心；但習其馳射進止之節，而不能鼓臨事之勇，於戰固未有當也。況舍此而言教戰，黷武也；黷之以戲而已矣。

夫營壘有制，部隊有法，開合有勢，伏見有機，爲將者務知之，而氣不屬焉，則嫻習以熟，而生死成敗之介乎前，且心目交熒而盡失其素。況乎三軍之士，鼓之左而左，鼓之右而右，唯將是聽，而惡用知兵法之宜然哉！所恃以可生可死而不可敗者，氣而已矣。氣者，非可教而使振者也。是故教戰者，唯數試之戰，而後氣以不駭而昌。日習之，日教之，狎而玩之，則其敗愈速。是故不得百戰之士而用之，則莫若用其新。昔者漢之擊匈奴也，其去高帝之時未及百年，凡與高帝百戰以定天下者雖已略盡，而子孫以功世徹侯，皆以兵爲世業，習非不夙，而酎金之令，削奪無餘。武帝所遣度絕幕、斬名王、橫馳塞北者，衞青、霍去病、李廣、程不識、蘇建、公孫敖之流，皆拔起寒微，目未覩孫、吳之書，耳未聞金鼓之節，乃以用其方新之氣，而威行乎朔漠。其材官健兒以及數十萬之衆，天子未聞親臨大閱，將吏未暇日教止齊，令頒於臨戎之日，馳突於危險之地，卽此以教之而已足於用。故教戰者，舍以戰教，而教不如其無教，教者，戲而已矣。

雖然，抑有說焉。有數戰而不可使戰者，屢試之弱敵，幸而克捷，遂欲用之於勍敵也；則宋之用曹彬、潘美以爭幽州是已。此數將者，皆爲宋削平割據以統一天下者也，然而其效可睹矣。劉鋹之虐也，孟昶之荒也，李煜之靡也，狃於乍安，而盡弛其備，兵一臨之，而如春冰之頓釋；河東差可自固，而太祖頓於堅城之下，太宗復親御六軍，躬冒矢石，而僅克之；則諸將之能，概可知已。幸人之弱，成其平國之功，整行長驅，臥鼓偃旗，而敵已潰；未嘗有飛矢流於目睫，白刃接於肘腋，凶危不測之憂也。方且以仁厚清廉、雍容退讓，釋天子之猜疑，消相臣之傾妒，迨雍熙之世而益老矣。畏以勳名見忌，而思保富貴於暮年之情益篤矣。乃使貿首於積彊之契丹，岐溝之死傷過半；豈旌麾不耀雲日，部伍不綴星辰，以致敵之薄人於無法哉？怙其勝小敵者以敵大敵，突騎一衝，爲生平所未見，而所習者不與之相應，不憯何待焉。張齊賢曰：「擇卒不如擇將。」諸將之不足以一戰也，夫人而知之矣。

夫宋豈無果毅跅弛之材，大可分閫而小堪奮擊者乎？疑忌深而士不敢以才自見，恂恂秩秩，苟免彈射之風氣已成，舍此一二宿將而固無人矣。岐溝一蹶，終宋不振，吾未知其教之與否，藉其教之，亦士戲於伍，將戲於幕，主戲於國，相率以嬉而已。嗚呼！斯其所以為弱宋也歟！

五

數變之言，志士恥言之，英主惡聞之。其尚口而無所擇也，已賤者也；（且）〔其〕㊀詭隨而無定操也，不令者也；其反激以相顛倒也，懷姦者也。張齊賢不失為伉直之臣，太宗非聽熒之主，宜其免焉。乃當瓦橋戰後，議者欲速取幽、燕，齊賢力陳其不可。越六年，齊賢與王顯同任樞密，而曹彬、潘美等大舉北伐，取岐溝之敗。帝謂齊賢曰：「卿等視朕今後作如此事否？」而齊賢媿咎不遑，則岐溝之役，齊賢實贊成之，何前後之相盭戾邪？齊賢不以反覆為恥，太宗不以反覆加誅，夫豈其憒憒之至斯哉？乃取齊賢前日之言而覆理之，則齊賢之志，未嘗須臾忘幽、燕者也。

其云「擇卒不如擇將，任力不如任人」。擇將而任之，豈徒以守內地而為偷安之計邪？而太宗卒不能庸。其於將也無所擇；醇謹自持之曹彬已耳，朒縮不前之潘美已耳，因仍而委之，無所擇也。其於人也不欲任；曹彬之謙謹而不居功，以避權也；潘美之陷楊業而不肯救，以避功也。將避權而與士卒不親；將避功而敗可無咎，勝乃自危；貿士卒之死以自全，而無有不敗者矣。雖有都部署之名，而知上之任之也無固志，弗獲已而姑試焉，齊賢亦知其不可而姑聽焉。於是而齊賢久蘊之情，不容不降志以相

㊀ 據校記改。

從矣。

夫齊賢既知其不可，而不以去就爭之，何也？嗚呼！舍此，而宋之事無可爲矣。契丹之得十六州也，得其地，得其人矣。得其地，則繕城郭，列堡戍，修巖險，知宋有欲爭之情，益儆而日趨於鞏固。得其人，則愈久而其心愈不回也。當石晉割地之初，朔北之士民，必有恥左衽㊀以悲思者。至岐溝敗績之歲，凡五十年，故老之存者，百不得一。仕者食其祿，耕者習其事，浮靡之夫，且狎其嗜好而與之俱流。過此無收復之望，則其人且視中夏㊁爲絕域，衣冠爲桎梏，禮樂爲贅疣，而力爲夷㊂爭其勝。且唯恐一朝內附，不能與關南之吏民爭榮辱，則智者爲謀，勇者爲戰，而終無可復之期矣。故有志之士，急爭其時，猶恐其已暮，何忍更言姑俟哉！

且夫志於有爲者，敗固其所不諱也。漢高之夷項羽，武帝之攘匈奴，光武之破赤眉，郭子儀之平安、史，皆屢敗之餘，氣不爲荼，而懲其所失，卒收戡定之功。彬、美既衂而後，齊賢有代州之捷，尹繼倫有徐河之勝；將非無可擇，人非無可任，耶律隆緒屢勝之驕兵非無可挫。用兵者，勝亦不可恃也，敗亦不可沮也。贊成北伐，何足以爲齊賢病哉！而奚庸諫止焉？

唯是太宗悔非所悔，宋琪、王禹偁相奬以成乎怯愞，齊賢於是亦無如此虛枵之君與大臣何；徒有孤出以當一面，少寄其磊砢之壯志而已。故知齊賢之始終以收復爲心，而非游移數變無有定情者也。太宗亦深知其有憂國之忱，特不自勝其疑忌消沮之私，豈聽熒乎？繇其言，察其情，君子是以重爲齊賢悲

㊀「恥左衽」三字刻本闕，據校記補。　㊁「中夏」二字刻本闕，據校記補。　㊂「夷」字刻本闕，據校記補。

也。

六

太宗修册府元龜、太平御覽諸書至數千卷，命江南、西蜀諸降臣分纂述之任。論者曰：太宗疑其懷故國、蓄異志，而姑以是縻之，錄其長，柔其志，銷其歲月，以終老於柔翰而無他。嗚呼！忮人之善而爲之辭以擿之，以細人之心度君子之腹，奚足信哉？

楊業，太原之降將也，父子握兵，死士爲用，威震於契丹；謗書迭至，且任以邊圉而亡猜。張洎、徐鉉、句中正之流，浮華一夫，自詡不爲之用，縱之蹇而不足以游，夫人而知之矣。李煜降而不能有他，曹彬諒之，而任其歸邸。已灰之燼，不可復炊，二三弄穎之士，固不屑爲之重防也。張洎之覗諸人，智計較爲敏給，亦任之政柄，與參坐論，其餘可知已。宋所忌者，宣力之武臣耳，非偷生邀寵之文士也。

乃其所以必授纂修之事於諸降臣者有故。自唐亂以來，朱溫凶戾，殄殺清流，杜荀鶴一受其接納，而震慄幾死。陷其域中者，人以文藻風流爲大戒，豈復有撩猛虎而矜雅步者乎？李存勗、石敬瑭皆沙陀之孽，劉知遠、郭威一執帚之傭也。獷悍相沿，弓刀互競，王章以毛錐司榷算，且不免噪啄於羣梟。六籍百家，不待焚坑，而中原無憖遺矣。抑且契丹內蹂，千里爲墟，救死不遑，誰暇閔遺文之廢墜？周世宗稍欲拂拭而張之，而故老已凋，新知不啓。王朴、竇儀起自燕、趙，簡質有餘，而講習不夙，隔幕望日，固北方學士之恆也。唯彼江東、西蜀者，保國數十年，畫疆自守，兵革不興，水涘山椒，縢緘無損；故人士得以其從容之歲月，咀文苑之英華。則欲求博雅之儒，以采羣言之勝，舍此二方之士，無有能任之者。太宗可謂善取材矣。

光武之興道藝也，雅樂儀文，得之公孫述也。拓拔氏之飾文教也，傳經定制，得之河西也。四戰之地，不足以留文治，則偏方晏處者存焉。蒙古決裂天維，而兩浙、三吳，文章盛於晚季；劉、宋、章、陶藉之以開一代之治，非姚樞、許衡之得有傳人也。繇此言之，士生禮崩樂圮之世，而處僻遠之鄉，珍重遺文以須求舊之代，不於其身，必於其徒，非有爽也。坐銷歲月於幽憂困菀之下者，殆所謂自棄者與！道勝者，道行而志已得；文成者，文著而心以亨。奚必任三事、位徹侯，而後足以榮與？漢興，功臣名多湮沒，而申培、伏勝遺澤施於萬年。然則以纂述爲束縛英才之徽纆者，細人之陋也。以沮喪君子而有餘疚已。

七

人之可信者，不貪不可居之名；言之可信者，不傳不可爲之事。徽生之直，仲子之廉，君子察其不誠。室遠之詩，漂杵之書，君子辨其不實。人惡其飾言飾行以亂德也，言惡其溢美溢惡以亂道也。君子之以敦實行、傳信史、正人心、厚風俗者，誠而已矣。

江州陳兢九世同居，而太宗歲賜以粟，蓋聞唐張公藝之風，而上下相蒙以矜治化也。九世同居，天下亦多有之矣。其宅地廣，其田牧便，其習業同，未可遽爲孝慈友愛，人皆順以和也。公藝之告高宗也，曰「忍」。夫忍，必有不可忍者矣。則父子之誶語，婦姑之勃谿，兄弟之交瘉，以至於斁倫傷化者皆有之。公藝悉忍而弗較，以消其獄訟讎殺之大惡而已。使其皆孝慈友愛以無尤也，則何忍之有邪？故公藝之言，猶不敢增飾虛美以惑人，爲可信也。傳陳兢之家者曰：「長幼七百口，人無閒言」，已溢美而非其實矣。又曰：「有犬百餘，共一牢食，一犬不至，羣犬不食。」其誕至此，而兢敢居之爲美，人且傳之爲異，史且載之爲眞，率天下以僞，君子之所惡夫亂德之言者，非此言哉？

人而至於百，則合食之頃，一有不至，非按而數之，且不及察矣。犬而至百，坌涌而前，一犬不至，卽智如神禹，未有能一覽而知者，奚況犬乎？計其家七百口之無閒言，爲誇誕之說，亦如此而已矣。

堯、舜之有朱、均，文王之有鮮、度，天不能私其美於聖人之家。子之賢不肖，天也。天之化，未有能齊者也；何獨於陳氏之家，使皆醇謹以若於長者之訓耶？而曰：「自陳崇以至於兢，敎之有方，飭之有道，家訓立而人皆勸。」則堯之於子，旣自以則天之德立範於上；而又使事舜於畎畝，以薰陶其氣質；陳氏之德十百於堯，其敎也十百於舜，庶乎可矣。不然，慧者、愚者、彊者、柔者、靜者、躁者，咸使整齊專壹，而無朱、均、鮮、度之梗化於中，陳氏何德以堪此？取堯、舜猶病之美，誇鄉原非刺之無，兢之僞，史之誣，豈待辨而明哉？

且以陳氏之族如彼其善矣，又何賜粟以後，九世之餘，寂寂無足紀數；而七百口敦仁崇讓之子弟，曾無一人能樹立於宋世哉？當唐末以後之喪亂，江州爲吳、楚交爭之衝。陳氏所居，僻遠於兵火，因相保以全其家，分數差明，而無訟獄讎殺之釁。陳氏遂栩栩然以自矜，有司乃栩栩然以誇異，太宗且栩栩然以飾爲時雍之化，相率爲僞，而犬亦被以榮名。史氏傳其不足信者，而世信之；妄人售，而爲父兄者恤虛名以瀆倫紀；君子所以爲世道憂也。

夫君子之齊家，以化及天下也。不爲不可成，不居不可久，責備賢者而善養不才，立異以使之同，昭辨以使之壹，賢者易以篤其恩，不肖無以增其慝。是以命士而上，父子異宮，不欲其相黷也；五世而降，功緦以絶，不欲其強飾也；立庭之訓，止於詩禮；夜飲之戒，嚴於朝廷；三十授田，而田廬分處；八口以外，而饑寒自贍；無相雜也，則無相競也。使九世可以同居，族以睦而分以明，則先王胡不立此以爲制，而文昭武穆，必使有國有家各賜族以使自爲紀哉？化不可驟，情不可強，天不可必，人不可不豫爲之防。故僞行僞言不宣，上以誠教，下以誠應。同人之道，類族辨物，而於宗則吝；家人之義，嘻嘻失節，而威如以孚。垂世立教，仁之至、義之盡矣。傲詭之行，矜夸之說，熒惑（之）〔天〕㈠下，飾大美以鬻名利，天性受誣而人紀以亡，讀史者又何黷焉！

八

三代而下，遂其至性，貞其大節，過而不失其中，幽光內韞，垂五（十）〔百〕㈡餘年，人無得而稱者，其楚王元佐乎！

元佐，太宗之元子也。太宗遂其傳子之志，則天下者，元佐之天下也。杜后之命曰：太祖傳二弟，而旋授德昭。卽令太宗恤遺命，全秦王而授之位，秦王立，其猶從母命也，德昭雖死，而惟吉存；使其不然，則秦王且私授其子，此吳光與僚先後得國之勢也。元佐其猶夷昧、餘祭之子，位不得而及焉，必矣。太宗挾傳子之私，忌秦王而致之死，豈憂己位之不固哉？爲元佐計，欲坐收而奄有之爾。故曰：如太宗

㈠、㈡ 據校記改。

之志，天下者元佐之天下也。於是而元佐憬然發其天性之惻悱，以質鬼神，以對天下，必欲曲全叔父，以免君父於不仁。憤太宗之不聽也，激烈佯狂，縱火焚宮，示不可以君天下。進則有九五之尊，退則膺庶人之罰，萬一父怒不測而死及之，亦且甘之如飴。嗚呼！是豈三代以下教衰俗圮之得再見者哉？廢爲庶人，而元佐之心得矣。得其心者，得其仁也。是伯夷、泰伯之所以弁髦人爵，寢處天彝，而保此心以復於禮者也。

東海王彊之安於廢，父不欲畀以天下也。宋王成器之屈於玄宗，弟有社稷之元功，己不得而居其上也。父志存焉，人心歸焉，不敢與爭，而僅以自保其王爵，議者猶且獎之。元佐以逸獲之天下，脫屣而求愜其孤心，豈彼所能企及哉？乃廷無公論之臣，史無闡幽之筆，且以建儲稱寇準之忠，擁戴詫呂端之節，實錄所紀，又爲燕不得與及李后、王繼恩謀立之說，曲毀其至德。故司馬氏曰：「伯夷雖賢，得孔子而名益著。」世無君子，信流俗傾妒之口，搒潛德而曲誣之，後世之史，不如其無史也，多矣。

太宗怒，欲安置之於均州，百官諫而止者，知其志之正而理之伸也。眞宗立，復楚王之封，加天策將軍之號，待以殊禮者，知其棄萬乘以全至性，而李后之謀，必其所不就也。太宗媿之，眞宗安之，而不能動廷臣國史之心；流俗之迷而不覺，有如是夫！

或曰：泰伯不欲有天下，逃之句吳，而元佐終受王封，何也？曰：周未有天下，而句吳爲殷之蠻服；古有公子去國而爲羈之禮，則有餘地以聽泰伯之徜徉。宋則一統六寓，而元佐奚適焉？若其終受王封也，藉令秦王立，惟吉繼，而太宗既君天下，致（年）〔平〕㊀康，則其元子固當爲王；王者，元佐之應得也。不爲天子而德已至，奚婞婞然致怒天倫，效陳仲子之爲哉！

乃於是而見宋之無人也。德昭之死，廷美之竄，大亂之道，太宗之巨慝也。立其廷者，以剛直稱，則竇偁、姚坦；以昌言稱，則田錫、張齊賢；以方正稱，則李昉、呂端；皆所謂賢臣也。而頫首結舌，聽其安忍戕性以行私，無敢一念開國之先皇者。僅一盧多遜衞太宗於前，護秦王於後，無忘金匱之言；而趙普之邪說一張，附致深文以竄死。昏霾揜日月之光，僅露孤光於元佐，有心者自知擇焉。奚必孔子，而後可致伯夷於青雲，存乎人心之不死者而已矣。

九

太宗謂秦王曰：「人君當淡然無欲，勿使嗜好形見於外。」殆乎知道者之言也夫！且夫人之有所嗜好而不能自已者，吾不知其何以然也。耳目口體於天下之物，相得而各有合，欲之所自興，亦天也。匪徒小人之所依，抑君子之所不能去也。然而相得者，期於得而止；其合也，既合而固可無求。匪徒崇高富貴者之易於屬猒，抑貧窶之子可致而致焉者也。

故夫人之所嗜，亦大略可睹矣。居海國者，不嗜麏麚；處山國者，不嗜鰒蛤。未聞其名，則固不慕也；未盡其致，則固不耽也。然則世之有所嗜好而沈迷不反者，皆著見於外而物得乘之以相惑耳。繇是而銷日糜月，濫喜狂怒，廢事喪德，戕天物，耗財用，導慆淫，邇宵小，抵於敗國亡家而不悟。

㊀ 據校記改。

豈果其嗜好之不可遏哉？羣然取一物而貴之，則貴矣；羣然取一物而安之，則安矣。有所貴而忘其賤，有所安而忘其本不足以安：時過事已，而不知當日之酷好者何心。若是者，吾又惡知其何以然哉？衞懿公之於鶴也，唐玄宗之於羯鼓也，宋徽宗之於花石也，達者視之，皆無殊於瓦缶之與塊土凡㊀蟲也，而與之相守以不離。求其故而不得，設身而代爲之思，蓋觸目喜新，偶動於中而著見於外，覶之者曲以相成，習聞數見，浮言胥動，隨以流而不可止耳。口之欲止於味，而山珍海錯者，非以味也，以其名也。體之欲止於適，而衣珠玉者，非以適也，以其名也。一夫偶以奇而炫之，無識者相因而和之，精而益求其精，備而益求其備；乃至胡椒之八百斛，楊梅仁之十石，不知何所當於嗜欲，而必汲汲以求者如此。嗚呼！以口還口，而味亦蘄矣；以目還目，而色亦蘄矣；以耳還耳，而聲亦蘄矣；以體還體，而衣被器用游觀之所需者亦蘄矣。過此，則皆流俗浮游之言轉相傳述，溢於其分。而勞形、怵神、殃民、殄物，役役以奔走，至死而不釋。嗚呼！是其愚也，吾且惡知其何以然哉？

故君子之無欲，不爽於理者，無他，耳目口體止於其分，不示人以殊異之情，則人言之沓至，稗官之妄述，導諛者之將順，鬻技者之蠱惑，舉不以易吾耳目口體之素。然則淡然無欲者，非無欲也；欲止於其所欲，而不以流俗之欲爲欲也。

夫流俗之欲而蕩其心，夫人之所不能免也。奚以治之？其惟有以鎮之乎！太宗曰「朕無他好，惟喜讀書」，所以鎮之也。鎮之者，息其紛紜，抑其競躁，專凝其視聽而不遷；古今成敗得失之故，迭至

㊀ 校記「凡」字作「孑」字。

而相警，以域其聰明；其神閒，其氣肅，其幾不可已，其得不能忘。如是，而流俗之相裝者，不待拒而自不相親。以是而形見於外，天下之飾美以進者，相獎以道藝。其人非必賢，其所習者抑不詭於正矣；其學非必醇，其所尚者固不損於物矣。因而精之，因而備之，而道存焉。故太宗之擇術善矣。宋儒先以格物窮理爲身、心、意、知之所自正，亦此道焉耳。

雖然，但言讀書，而猶有所患。所患者，以流俗之情臨簡編，而簡編之爲流俗用者不鮮也。故蕭繹、楊廣、陳叔寶、李煜以此而益長其慆淫。豈徒人主然哉？凡爲學者皆不可不戒也。夫苟以流俗之心而讀書，則讀書亦嗜好而已。其銷日糜月廢事喪德也，無以愈。如是者其淫有三，不知戒而蹈之者衆，故不可不戒也。物求其名，形求其似，誇新競麗，耽僻摘險，以侈其博，如是者謂之色淫。師鯫儒之章程，殉小生之矩步，析音韻以求工，設機局以相應，曳聲引氣，意短言長，如是者謂之聲淫。讀可喜之言而如中酒，讀可怒之事而如操戈，嬉笑以諧心，怒駡以快意，湜其氣以擊節於豪宕之篇，弛其志以適情於閒逸之語，心與俱流，情將日蕩，如是者謂之志淫。此三淫者，非所讀之書能病之也。風、雅兼貞淫之什，春秋有逆亂之書；遠流俗，審是非，寧靜以鎮耳目之浮明，則道貞於一。軒輶之語，里巷之謠，無不可益也。非是而涉獵六籍，且有導人以迷者；況史册有繁言，百家有瑣説乎？班固之核也，蔡邕之典也，段成式、陸佃之博也，蘇軾、曾鞏之辨也，以是而獵榮名，弋物望，又奚異於爛羊之關內侯、圍棊之宣城守、宣淫之控鶴監乎？無他，以讀書爲嗜好，則適以導人於欲也？惟無欲而後可以讀書。故曰：太宗之言，殆知道者之言也。

十

論治者僉言久任，爲州縣長吏言之耳。夫豈徒牧民者之使習而安哉！州縣之吏去天子遠，賢不肖易以相欺；久任得人，則民安其治；久任失人，則民之欲去之也，不能以旦夕待，而壅於上聞。故久牧民之任，得失之數，猶相半也。至於大臣，而久任決矣。

國家之政，見爲利而亟興之，則姦因以售；見爲害而亟除之，則衆競於囂。故大臣之道，徐以相事會之宜，靜以需衆志之定，恆若有所俟而不遽，乃以熟嘗其條理，而建不可拔之基。志有所憤，不敢怒張也；學有所得，不敢姑試也。受政之初，人望未歸；得君之始，上情未獲；則抑養以沖和，（待）〔持〕㊀以審固，泊乎若無所營，淵乎若不可測，而後斟酌飽滿，以爲社稷生民謝無疆之恤。期月三年之神化，固未可爲大賢以下幾幸也。乃秉政未久，而已離乎位矣。欲行者未之能行，欲已者未之能已，授之他人，而局又爲之一變。勿論其君子小人之迭進，而荑稗竊嘉穀之膏雨也。均爲小人，而遞相傾者，機械後起而益深；均爲君子，而所學異者，議論相雜而不調。以兩不相謀之善敗，共圖一事之始終，條緒判於咫尋，而得失差以千里。求如曹參之繼蕭何，守畫一之法以善初終者，百不得一也。且惟蕭何之相漢，與高帝相爲終始，緒㊁已成，而後洞然於參之心目，無所容其異同。向令何任未久而參代，亦惡能成其所未就以奏治定之功！況其本異以相攻，彼抑而此揚者乎！

夫爰立作相者，非驟起衡茅、初登仕版者也；抑非久歷外任、不接風釆者也。既異乎守令之遼闊而

㊀ 據校記改。　㊁ 校記「緒」字作「績」字。

不深知，則可不可決之於早，既任之而固可勿疑；奚待歷事已還，而始謀其進退。故善用大臣者，必使久於其任，而後國是以不迷，君心以不眩。

宋自雍熙以後，爲平章、爲參知、爲密院、總百揆掌六師者，乍登乍降，如拙棊之置子，顚倒而屢遷。夷考其人，若宋琪、李昉、李穆、張齊賢、李至、王沔、陳恕、張士遜、寇準、呂端、柴禹錫、蘇易簡、向敏中、張洎、李昌齡者，雖其閒不乏僥倖之士，而可盡所長以圖治安者，亦多有之。十餘年閒，進之退之，席不暇煖，而復搖蕩其且前且卻之心，志未伸，行未果，謀未定，而位已離矣。則求國有定命之訏謨，人有適從之法守，其可得與？以此立法，子孫奉爲成憲，人士視爲故事。其容容者，既以傳舍視黃扉，浮沈於一日之榮寵；欲有爲者，亦操不能久待之心，志氣憤盈，乘時以求勝。乃至一陟一遷，舉朝視爲黜陟之期，天子爲改紀元之號；緒日以紛，論日以起，囂訟盈廷，而國隨以斃。垂法不臧，非旦夕之故矣。

夫宋之所以生受其敝者，無他，忌大臣之持權，而顚倒在握，行不測之威福，以圖固天位耳。自趙普之謀行於武人，而人主之猜心一動，則文弱之士亦供其忌玩。故非徒王德用、狄青之小有成勞，而防之若敵國也。且以寇準起家文墨，始列侍從，而狂人一呼萬歲，議者交彈，天子震動。曾不念準非操、懿之姦，抑亦無其權藉；而張皇怵惕，若履虎之咥人，其愚亦可嗤也。其自取孤危，尤可哀也。至若蔡京、秦檜、賈似道之誤國以淪亡，則又一受其蠱，惑以終身，屹峙若山，莫能搖其一指。立法愈密，姦佞之術愈巧。太宗顚倒其大臣之權術，又奚能取必於闇主？徒以褻體國之才臣，使不能畢效其所長。嗚呼！是不可爲永鑒也歟！

二

自唐漁陽之亂，藩鎮擅土自殖，迄於割據而天下裂。有數郡之士者，卽自帝自王，建蟻封之國。養兵將，修械具，僭儀衛，侈宮室，立百官，益以驕奢，其用不貲。戶口農田之箕斂，史不詳其虐取者奚若，概可知其谿壑之難塡矣。然而固不給也。於是而海國之鹽，山國之茶，皆官榷賣；又不足，則榷酒、稅農器之令，察及毫毛。迨宋之初，未能除也，皆仍僭僞之陋也。

然就此數者論之，唯農器之稅，爲虐已甚。稅興而價必涌貴，貧民不贍，則器不利而土荒，民之貧，日以酷矣。榷酒者，官吏降爲當壚之傭保，辱人賤行之尤也。而抑有可通之理焉。唯海之有鹽，山之有茶，農人不得而有也，貧民不得而擅其利也，棄耒耜以營牢盆，舍原隰而趨岡阜，富民大賈操利柄以制耕夫之仰給，而軍國之盈虛杳不與之相與；則逐末者日益富，力田者日益貧，匪獨不均，抑國計民生之交蹙矣。故古者漆林之稅，二十而五，車乘牛馬，稅之於商，先王之以敦本裕民，而持輕重之衡以低昂淳黠者，道莫隆焉。則斯二者多取之，以寬農田之稅，仁之術，義之正也。雖偏方之主，立爲程法，其迹若苛；而有王者起，又惡得而廢焉？

若夫酒，則尤有道存焉。古之爲酒者，以療疾，以養老，以將敬於賓祭。而過飮之禁，自禹以來，垂戒亟焉。天子所不敢耽，聖人所不敢旨，則愚賤貧寒之子，不敢恣其所欲，素封紈袴之豪，不得聽其所嗜。故周官有萍氏之譏，惡人之易得而飮也。商賈貿販之不可缺也，民非是無以通有無而贍生理，雖過徼民利，而民亦待命焉。若夫酒，則藉其無之，而民生自遂；且能永無之，而民氣尤醇。乃其流旣久，而不可以乍絕，則重稅之，而酤者不得利焉。稅重價增，而貧者不得飲焉。豈非厚民生正風俗者之所大快哉？然則稅之已重，而不爲民病者，莫酒若也。榷酒雖辱，而稅酒則正，又何疑乎？百家之市無懸帘，則日暮無狺爭之狂子；三時之暇無巷飲，則長夏無稱貸之窮民；又何病焉！淳化五年，罷官賣而使輸課，折衷之允得者也。新法行而官賣復行，乃至以歌舞誘人之沈湎，惡足以體太宗之至意乎？

稅不一，而莫先於酒，其次茶也，又其次鹽也。三者之輕重，準諸道而可得其平。唯農器之稅，至景德六年而後罷，太宗於此疏矣。

一二

古有云：「受降如受敵。」非但行陳之閒，詐降以誘我而覆我也。果於降而無以馭之，示以瑕而使乘，激其怨而使憤，益其驕而使玩，其禍皆深於受敵。受敵而不競，一敗而止，屢敗而猶足以振，患在外也。受降而無以馭之，則患在內而無以解。梁之於侯景，身斃國傾，朱异受之也。唐之於河北，兵連禍結，僕固懷恩受之也。或激之，或驕之，禍一發而不知所以防。而不僅此也，無以激之，而無以綏之，猶激也；無以驕之，而無以服之，猶驕也。則宋之於李繼捧是已。

李氏自唐以來，世有銀、夏，阻於一方，無可歸之主；衣被器具之需，仰給於中國者不贍，翹首以望內集者，固其情也。及是，河東之下三年矣。僅隔一水而卽宋疆。僭僞削平，風聲遠訖，捲土而來，披襟而受之，易易也。而正未易也。銀、夏之在西陲，士馬精彊，風俗獷戾，十九同於外夷，固非錢氏蹙處海濱、文弱不振之比也。則受之也，豈得以受錢氏者受之乎？太上之受遠人也以德，其次以恩，其次以略，又其次以威。唯德與威，非一旦之積也。宋之德而既涼矣！其恩，則呴呴之仁，不足以撫驕子；其威，則瓦橋關之圍，莫州之敗，岐溝之衄，天子親將，傾國大舉，而死傷過半，亟議寢兵；李氏入而深測之矣。三者無得而待㊀焉，則受之之略，不容不審也。

繼捧既移鎮彰德，而四州易帥矣。帥之者，誰使而可邪？使能擇虎臣以鎮撫，鼓厲其吏士而重用之，既可以斷契丹之右臂；而久任之部曲，尚武之邊民，各得效其材勇以圖功名；繼遷雖逃，無能闌入而搖蕩之，四州安矣。乃豈無可遣之帥？而託非其人。非無可遣也，夙將如曹彬，而弭德超得行其離閒；血戰如楊業，而潘美等得謗以叛離；固不欲付馬肥士勇鹽池沃壤於蹻蹻之臣也。夫既不能爾矣，則繼捧雖奉版以請吏，而以恩懷之，使仍擁定難之節，無失其世守；薄收其貢稅，漸設其僉判，以待其定而後易制之；且勿使遷居內地，窺我設施，以相玩而啓戎心，不猶愈乎？且夫欲降者，繼捧與其二三僚幕而已。其從之以入者，倔彊之心，未嘗一日而去於其懷。故繼遷之走，旋起收之而樂爲之用。還繼捧於故鎮，則部落民庶既得內附之利，而無吏治之擾。繼遷無以蠱衆心，而囂張漸革，無難折箠而收之矣。

是策也，唯乘其初附而銷萌於未亂，則得也。迨繼遷復振之後，守臣殲，疆土失，趙普乃用之以縱繼捧而使歸，則中國已在其目中，徒以長寇而示弱。則繼捧北附於契丹，繼遷且僞降以緩敵；卒至帝制自雄，虔劉西土，掣中國以納賂於北（敵）〔狄〕㊁，而日就亡削。謀之不臧，禍亦烈矣。乃當日者，處堂之君相，栩栩然曰：「天下已定，百年割據之遠人懷音歸我，披襟以受之，無難也。」不已妄乎？

㊀ 校記「待」字作「恃」字。　㊁ 據校記改。

無其德，不建其威；恃其恩，不知其略；有隕自天之福，非其人不克承也。是故東漢之絕西域，宣德之斬交趾，誠有戒心焉。保天下以無虞者，唯不可動以小利而思其永，斯以得懷遠招攜之道，固非宋之所能勝任也。

一三

爲君子儒者，亟於言治，而師申、商之說，束縛斯民而困苦之，乃自詫曰：「此先王經理天下大公至正之道也。」漢、唐皆有之，而宋爲甚。陳靖請簡擇京東西荒地及逃民產籍，募民耕作，度田均稅，遂授京西勸農使；陳恕等知其不可行，奏罷之，而黜靖知陳州。論者猶惜靖說之不行，爲恕等咎。嗚呼！非申、商之徒以生事殃民爲治術者，孰忍以靖之言爲必可行乎？聖王不作，而橫議興，取詩、書、周禮之文，斷章以飾申、商之刻覈，爲君子儒者汨沒不悟，哀我人斯，死於口給，亦慘矣哉！

今姑勿論其言，且問其人。靖，太常博士也。非經國之大臣，無田賦之官守，出位以陳利害者何心？及授以陳州之民社，則尸位以終，於民無循良之績，於國無匡濟之能，斯其人概可知矣。故夫天下無事而出位以陳利國便民之說者，其人皆概可知也。必其欲持當國大臣之長短，思以勝之，而進其黨者也；不則其有所忮忌於故家大族而傾之也；不則以己之貧，嫉人之富，思假公以奪人者也；不則迎君與大臣之意旨，希得當以要寵利者也。卽不然，抑偶覩一鄉一邑之敝，動其褊衷，不知天下之不盡然，而思概爲改作者也。如是者，覽其章奏，若有愛民憂國之忱；進而與之言，不無指天畫地之略；及授以政，則面牆而一無能爲。是其爲浮薄僥倖之匹夫也，逆風而聞其羶，而皮相者樂與之親。書曰：「何畏乎巧言、令色、孔壬，誠畏之也。

乃若其言，則苟實求諸事理而其姦立見。唯夫國敝君貪，大臣無老成之識，於是而其言乃售。今取靖言而按之，所謂荒地者，非荒地也；所謂逃民產籍者，非逃民也。自汴、晉交兵，迄於契丹之打草穀，京東、西之凋殘劇矣。張全義、成汭之僅爲拊循，周世宗以來之乍獲休息，乃有生還之游子，僑寓之羈人，越陌度阡，薄耕以幸利，而聊爲棲息。當陳靖陳言之日，宋有天下三十二年耳。兵火之餘，版籍錯亂，荒萊與熟地，固無可稽；逃亡與歸鄉，抑無可據。則荒者或耕，逃者或復，幸有脫漏以慰鴻雁之哀鳴，百年大定以還，自可度地度人，以使服賦率。靖固知其非荒非逃，而假爲募民之說，俾寸土一民，詗窮而盡斂之。是役一興，姦民之訐發，酷吏之追償，無所底止，民生蹙而國本戕。非陳恕等力持以息其毒，人之死於靖言者，不知幾何矣。唐之爲此者，宇文融也，而唐以亂。宋之季世爲此者，賈似道也，而宋以亡。託井地之制於周官，假經界之說於孟子，師李悝之故智而文之曰利民，襲王莽之狂愚而自矜其復古，賊臣之賊也。而爲君子儒者，曾以其說之不行爲惆悵乎？

夫三代之制，見於典籍者，既已略矣，若其畫地域民，而俾任土作貢者，則有以也。古之人民，去茹毛飲血者未遠也，聖人敎之以耕，而民皆擇地而治，唯力是營；其耕其蕪，任其去就，田無定主，而國無恆賦。且九州之土，析爲萬國，迨周併省，猶千有八百諸侯，自擅其土以取其民，輕重法殊，民不堪命。故三代之王者，不容不畫井分疆，定取民之則，使不得損益焉。民不自爲經界，而上代爲之。非此，則擇肥壤，棄瘠原，爭亂且日以興，蕪萊且日以廣。故屈天子之尊，下爲編氓作主伯之計，誠有不得已也，夫豈以限萬世而使必服其征哉！乃其所謂再易者，非必再易也；一易者，非必一易也；其萊田，非必萊也，存其名，不覈其實，勤者不禁其廣耕，而田賦(正)〔止〕㊀如其素。故自上農以至下農，其獲五等。豈百畝之所獲，勤惰如是其差乎？萊地之耕否使然耳。

及漢以後，天下統於一王，上無分土踰額之征，下有世業相因之土，民自有其經界，而無煩上之區分。至於兵火之餘，脫鋒刃而務菑畬者，或弱民有田而不敢自列於戶，或丁壯有力而不但自墾其田。夫亦患田之不辟而民之不勤，百姓不足而國亦貧耳。無與限之，弗勞募也。名爲募而實爲綜察，以與歸飛之雁爭稻粱，不已慘乎！

夫如靖者流，妒匹夫匹婦之偸得一飽，而爲富有四海之天子益錙銖升斗之利。孟子曰：「辟草萊、任土地者，次於上刑。」非若此儔，其孰膺明王之鈇鉞邪？不勸而自勸者，農也；勸農者，厲農者也。頭會箕斂，而文之曰「勸」。夫申、商亦何嘗不曰「吾以利民」哉！而儒者誣先王易簡之德，以申、商之纖密當之，晉陳靖以與周公齒。道之不明，莫斯爲甚矣。

㊀ 據校記改。

宋論卷三

眞宗

一

咸平四年，詔賜九經於聚徒講誦之所，與州縣學校等，此書院之始也。嗣是而孫明復、胡安定起，師道立，學者興，以成乎周、程、張、朱之盛。及韓侂胄立僞學之名，延及張居正、魏忠賢，率以此附致儒者於罪罟之中，毁其聚講之所，陷其受學之人，鉗網修士，如防盜賊。彼亦非無挾以爲之辭也。固將曰：「天子作君師，以助上帝綏四方者也。亦既立太學於京師，設儒學於郡邑，建師長，餼生徒，長吏課之，貢舉登之，而道術咸出於一。天子之導士以興賢者，修舉詳備，而惡用草茅之士，私立門庭以亢君師，而擅尸其職，使支離之異學，雌黄之游士，熒天下之耳目而蕩其心。」爲此說者，聽其言，恣其辯，不覈其心，不揆諸道，則亦娓娓乎其有所執而不可破也。然而非妨賢病國，祖申、商以虔劉天下者，未有以此爲謀國之術者也。

孔子之教於洙、泗，衰周之世也。上無學而教在下，故時君不能制焉。而孔子以爲無嫌。彼將曰：「今非周綱解紐之代，不得尸上天木鐸之權也。」嗚呼！佞人之口給，不可勝窮，而要豈其然哉？

三代之隆，學統於上，故其詩曰：「周王壽考，遐不作人。」然而聲教所訖，亦有涯矣，吳、越自習文身，杞、莒淪於夷禮，王者亦無如之何也。若太學建於王都，而圻內爲方千里，庠序設於邦國，而百里儉於提封；則春絃夏誦，禮射雅歌，遠不違親，而道無歧出；故人易集於橋門，士樂趨於鼓篋。迨及季世，上之勸之也不勤，而下有專師之函丈矣。況乎後世之天下，幅員萬里，文治益敷，士之秀者，不可以殫計，既非一太學之所能容。達子舍，涉關河，抑立程限以制其來去，則士之能就學於成均者，蓋亦難矣。若夫州縣之學，司於守令，朝廷不能多得彬雅之儒與治郡邑，而課吏之典，又以賦役獄訟爲黜陟之衡，雖有修業之堂，釋菜之禮，而迹襲誠亡，名存實去，士且以先聖之宮牆，爲干祿之捷徑。課之也愈嚴，則遇之也益詭；升之也愈衆，則冒之也愈多。天人性命，總屬彫蟲，月露風雲，祗供游戲。有志之士，其不屑以此爲學也，將何學而可哉？惡得不倚賴鴻儒，代天子而任勞來匡直之任哉？

君子於此，以道自任，而不嫌於尸作師之權者，誠無媿也。道不可隱而明之，人不可棄而受之，非若方外之士，據山林以傲王侯也；非若異端之師，亢政教以叛君父也。所造者，一王之小子；所德者，一王之成人。申忠孝之義，勸士而使之親上；立義利之防，域士而使之靖民。分天子萬幾之勞，襄長吏教思之倦；以視掄文之典，不足以獎行，貢舉之制，不足以養恬，其有裨於治化者遠矣。

當四海一王之世，雖堯、舜復起，不能育山陬海澨之人材而使爲君子。則假退處之先覺，以廣教思，固其所尸祝而求者也。爲君子者，又何媿焉？教行化美，不居可紀之功，造士成材，初無邀榮之志。身先作範，以遠於飾文行干爵祿之惡習，相與悠然於富貴不淫、貧賤不詘之中。將使揣摩功利之俗學，媿悔而思附於青雲。較彼掄才司訓之職官，以詩書懸利達之標，導人弋獲者，其於聖王淑世之大用，得失相差，不已遠乎？

然則以書院爲可毀，不得與琳宮梵宇之莊嚴而竝峙；以講學爲必禁，不得與丹竈刹竿之幻術而偕行；非妬賢病國之小人，誰忍爲此戕賊仁義之峻法哉？朱分教於下，而道以大明，自眞宗昉；視梁何胤鍾山之教加隆焉，其功偉矣。考古今之時，推鄒、魯之始，達聖王之志，立後代之經，以摧佞舌，憂世者之責也，可弗詳與？

二

漢武帝之告匈奴曰：「南越王頭已縣闕下，單于能戰，可來」，而匈奴遠遁。是道也，齊桓公用之，踰皐耳，伐山戎，爲燕辟地，然後南次陘亭，而楚人服罪。故曰：「不戰而屈人之兵。」非不戰也，戰功成於彼，而威自伸於此也。中國之自尋兵也，則夷狄必乘之以訌。非徒晉之八王爭而劉、石起，卽漢、唐之始，漢夷秦、項而冒頓益驕，唐平僭僞而突厥方騁。何也？鬬不出於其穴，知其力之已疲也。若夫胥爲夷狄矣，彊弱之情勢雖遼絕而不相知，抑以其意揣而類推之。謂獷戾馳突無制之勇，風飄雨驟而不可禦者，彼猶我也。中國能以其長，破其阻，殲其衆，得⊖其君長，郡縣其部落，則我亦猶彼，而何弗惴惴焉？志曰：「先人有奪人之心。」非奪之於方戰之謂也。奪之於未戰之前，不戰而屈，卽戰而已先餒，其衄敗可八九得矣。

⊖ 校記「得」作「俘」。

李繼遷死，德明嗣立，曹瑋上言：「國危子弱，願假精兵擒德明送闕下，復河西爲郡縣。」此一時也，固宋室興替之大機；而庸主具臣畏葸偷安，猥云德致，拒瑋之謀，降詔招撫。悲夫！宋之自折入於（西北）〔犬羊〕㊀，爲千古憾，雖有虎臣，其將如之何哉！瑋之爲將，非徒言無勇，徒勇無謀，稽其後效，槩可覩矣。世爲勛臣，宋抑待以肺腑，睥睨孤豚，游其几俎。誠假以精兵，推心授鉞，四州斗絕一隅，孺子植根未固，功之夙成在瑋心目閒，亦在天下後世心目閒也。德明知其不敵，且斂手歸朝，而聽我之建置西陲，以掣契丹之右臂；百年逋寇，平以一朝，威震賀蘭而聲馳朔漠。固將曰：今之中國，非昔之中國也。耶律隆緒其敢輕舉以嚮澶州脅盟要賂乎？

善用兵者，欲其攻瑕也，而又不欲攻其已瑕者也。舍瑕而攻堅，則挫於堅，而瑕者亦玩。怯於堅而攻其已瑕，則勝之不足爲武，而堅者諒其無能。夫唯處於瑕不瑕之閒，而乘瑕以破其堅，則足以震勍寇之心，而制之以氣。李繼遷之彊狡，固契丹之所憚也。而暴死之頃，弱子撫不輯之衆，人心離而無爲之効死，以爲堅而有瑕可攻，以爲瑕而人知其堅，不知其瑕。則功一就，而震曡迄於遐荒，其必然之勢矣。

且不但此也。宋之所以召侮於契丹者，氣先荼也。昔之收巴蜀、入兩粵、下江南，皆以衆淩寡，乘其瓦解而坐獲之。一試之白草荒原、控騎鳴鏑之地，邊聲一起，而氣已先奪。夫河西亦塞外矣，引置之凶危之地，而捷報以可就之功，則將視朔漠之驕子，亦猶是可走可馘之虜，氣已先增十倍；而又得李氏數世之積，以使趨利而爭進。且以士爲吾士，人爲吾人，士馬爲吾士馬，使若瑋者撫而用之，渡一葦以嚮

㊀ 據校記改。

雲中，則幽、燕在其股掌，南取甘、涼，內撤延、環之守，關中固而汴、雒得西面之屏藩。何至澶州之警一聞，盈廷項縮，遽欲走金陵，走巴、蜀，爲他日海門竄死之嚆矢哉？

瑋謀不行，德明之詔命一頒，而契丹大舉之師踰年即至，其應如響，而宋窮矣。況德明不翦，延及元昊，蕞爾小醜，亢爲敵國，兵衄將死，趣奉金繒，禍迄於亡而不已。一機之失，追救末繇。嗚呼！謀國如斯，孰謂宋有人邪？周瑩、王繼英之尸位中樞，不足責也。張齊賢、李沆之咎，又奚辭哉？沆之言曰：「少有憂勤，足爲警戒。」此士燮內寧外患之邪說也。沆者，宋一代柱石之臣也，而何是之迷焉？

三

凡上書陳利病，以要主聽，希行之者，其情不一，其不足聽則均也。其一，大姦挾傾妒之心，己不言以避指摘，而募事外之人，訐時政之失，以影射執政，激天子以廢置，掣任事者之肘而使去，因以得遂大姦之所懷。其一，懷私之士，或欲啓旁門以倖進，或欲破成法以牟利，其所欲者小，其言之也大，而借相類之理以成一致之言，雜引先王之正訓，詭附於道，而不授人以攻擊。其一，小有才而見詘，其牙慧筆鋒，以正不足，以妄有餘，非爲炎炎娓娓之談，不足以表異，儌幸其言之庸，而身因以顯。此三者，皆懷慝之姦，訹君相以從己，而行其脅持者也。

非此，則又有聞君之求言也亟，相之好士也甚，踸踔而興，本無定慮，搜索故紙，旁問塗人，以成其說；叩其中懷，亦未嘗信爲可行，而姑試言之，以耀人之耳目。非此，則又有始出田野，薄游都邑，受一命而登仕籍，見進言者之聳動當時，而不安於緘默，晨揣夕摩，索一二事以爲立說之資，而掇拾迂遠之陳言以充幅；亦且栩栩然曰：「吾亦爲社稷計靈長，爲生民拯水火者也」，以自炫而已矣。

非此，則抑有誦一先生之言，益以六經之緒說，附以歷代之因革，時已異而守其故株，道已殊而尋其蠹迹；從不知國之所恃賴，民之所便安，而但任其聞見之私，以爭得失；而田賦、兵戎、刑名、官守，泥其所不通，以病國毒民而不恤。非此，則有身之所受，一事之甘苦，目之所睹，一邑之利病，感激於衡茅，而求伸於言路。其言失也，亦果有失也。其言得也，亦果有得也。而得以一方者，失於天下；得以一時者，失於百年。小利易以生愚氓之喜，隱憂實以怵君子之心。若此者，心可信也，理可持也，而如其聽之，則元氣以傷，大法以圮，弊且無窮。而况挾前數者之心以誣上行私，而播惡下士者乎？故上書陳利害者，無一言之足聽者也。

李文靖自言曰：「居位無補，唯中外所陳利害，一切報罷，可以報國。」所謂大臣者，以道事君。此可以當之矣。道者安民以定國，至正之經也。秉道以宅心而識乃弘，識唯其弘而志以定，志定而斷以成，斷成而氣以靜，氣靜而量乃可函受天下而不迫。天下皆函受於識量之中，無不可受也，而終不爲之搖也。大矣哉！一人之識，四海之藏，非有道者，孰能不驚於所創聞而生其疑慮哉？

夫天下有其大同，而抑有其各異，非可以一說竟也久矣。其大同者，好生而惡死也，好利而惡害也，好逸而惡勞也。各守其大經，不能無死者，而生者衆矣；不能無害者，而利者長矣；不能無勞者，而逸者達矣。天有異時，地有異利，人有異才，物有異用。前之作者，歷千祀，通九州，而各效其所宜；天下雖亂，終亦莫能越也。此之所謂傷者，彼之所自全；此之所謂善者，彼之所自敗。雖仁如舜，智如禹，不能不有所缺陷以留人之指摘。識足以及此矣，則創制聽之前王，修舉聽之百執，斟酌聽之長吏，從違聽之編氓，而天下各就其紀。故陳言者之至乎吾前，知其所自起，知其所自淫；知其善而不足以爲善，知其果善而不能出吾之圜中。蟬噪而知其爲夏，蛩吟而知其爲秋，時至則鳴，氣衰則息，安能舉宗社生民以隨之震動？而士自修其素業，民自安其先疇，兵自衞其職守，賢者之志不紛，不肖之姦不售。容光普照，萬物自獻其妍媸，識之所周，道以之定。故曰：「天下之動，貞於一者也。」文靖之及此，迥出於姚元之、陸敬輿、司馬君實之表，遠矣。

前乎此者丙吉，後乎此者劉健，殆庶幾焉。其他雖有煌炫之績，皆道之所不許也。以安社稷不足，而況大人之正物者乎？有姚元之，則有張說；有陸敬輿，則有盧杞；有司馬君實，則有王安石；好言而莠言興，好聽而訟言競。唯文靖當國之下，匪徒梅詢、曾致堯之屏息也；王欽若列侍從而不敢售其姦；張齊賢、寇準之伉直而消其激烈；所以護國家之元氣者至矣。文靖沒，宋乃多故，筆舌爭雄，而郊原之婦子，不能寧處於臯園瓜圃之下矣。詩曰：「高山仰止，景行行止。」高者，不易攀也；景者，無有歧也；道之所以覆冒萬物而爲之宗也。豈易及哉！豈易及哉！

四

澶州之役，寇平仲折陳堯叟、王欽若避寇之策，力勸眞宗渡河決戰，而日與楊大年飲博歌呼於帳中。故王欽若之譖之曰：「準以陛下爲孤注」，其言亦非無因之誣也。王從珂自將以禦契丹於懷州，大敗以歸而自焚；石重貴自將以追契丹於相州，諸將爭叛而見俘於虜；皆孤注也。而眞宗之渡河類之。

且契丹之兵勢方張，而飲譃自如，曾無戒懼，則其保天子之南歸，而一兵不損，寸土不失，似有天幸焉，非孤注者之快於一擲乎？則欽若之譖，宜其行矣。

嗚呼！盈宋之庭，錚錚自命者充於班序，曾無一人能知準之所恃，而驚魂喪魄，始撓其謀，終妒其功，高瓊、楊億以外，皆巾幗耳。後之論者曰：「準以靜鎮之也。」生死存亡決於俄頃，天子臨不測之淵，而徒以靜鎮處之乎？則論者亦馮拯、王欽若之流匹，特見事成而不容已於贊美，豈知準者哉？無所見而徒矜靜鎮，則景延廣十萬橫磨之驕語，且以速敗，而效之者誤人家國，必此言矣。

夫靜鎮者，必有所以鎮而後能靜也。謝安圍棊賭墅，而挫苻堅於淝水，非但恃謝玄北府之兵也。慕容垂、朱序、張天錫之撐持㊀實久矣。夫平仲所恃者奚在哉？按事之始終，以察勢之虛實，則洞若觀火矣。愚者自不察耳。

觀其形勢，固非小有所得而遽弭耳以退也。乃增卅萬之賂，遂無一矢之加，歷之數十年，而無南牧之馬。豈蕭撻覽之偶中流矢，曹利用之口給辯言，遂足戢其戎心哉？兵甫一動，而議和之使先至，利用甫歸，而議和之使復來，則其且前且卻、徜徉無鬬志者，槩可知也。契丹之滅王從珂也，石敬瑭爲之內主；其滅石重貴也，杜威、趙延壽爲之內主，契丹不能無內應而殘中國，其來舊矣。此內之可恃者也。

且今之契丹，非昔之契丹矣。隆緒席十六州之安，而內淫於華俗；國人得志於衣錦食粱，而共習於恬嬉。至是而習戰之將如休哥輩者，亦已骨朽。其入寇也，聞李繼遷以蕞爾之小醜，陷朔方，脅朝廷，

㊀ 校記「撐持」作「抒情」。

而羈縻弗絕；及其身死子弱，國如浮梗，而尙無能致討，且不惜錦綺以餌之使安。宋之君臣，可以虛聲恐喝而坐致其金繒，姑以是脅之，而無俟於戰也。則挾一索賂之心以來，能如其願而固將引去，虜主之情，將士之志，三軍之氣，胥此焉耳矣。故其攻也不力，其戰也不怒，關南之（士）〔土〕㊀，亦可得則得，不得則已之本情；兵一動而使頻來，和之也易，而攻之也抑無難。平仲知之深，持之定，特兵謀尙密，不欲昌言於衆以啓嘵嘵之辯論耳。使乘其不欲戰之情而亟攻之，因其利我之和而反制之，寧我薄人，必勝之道也。平仲曰：「可保百年無事。」非虛語也。此外之可恃者也。

可恃之情形，如彼其昭著，六軍之士，歡呼震野，皆已灼見無疑。唯欽若、堯叟、馮拯之流，聞邊情而不警於耳，閱奏報而不留於目；挾彫蟲之技，傲將吏而不使盡言；修鵠立之容，迨退食而安於醉夢；羽書洊至，驚於迅雷；金鼓乍聞，茫如黑霧；則明白顯易之機，在指掌之閒，而莫之能喻。已而虜兵忽退，和議無猜，且不知當日之何以得此於契丹。則其云孤注者，雖傾妒之口，抑心所未喻，而億其必然也。

故體國之大臣，臨邊疆之多故，有密用焉，而後可以靜鎮。密者縝也，非徒其藏而不洩也。得將吏之心，而熟審其奏報；儲偵諜之使，而曲證其初終；詳於往事，而知成敗之繇；察其合離，而知彊弱之數。故蹲伏匿於遐荒，而防其馳突；飛鏑交於左右，而視若蝱蠓；無須臾之去於心者，無俄頃之眩於目。其密也，斯以暇也；其暇也，斯以奮起而無所惴也。謝安石之稱詩曰：「訏謨定命，遠猶辰告。」命定於夙而時以告，猷斯遠矣。夫豈易言靜鎮哉！

㊀ 校者按：「士」當作「土」。

五

王旦受美珠之賜，而俛仰以從真宗之僞妄，以爲熒於貨而喪其守，非知旦者，不足以服旦也。人主欲有所爲，而厚賄其臣以求遂，則事必無中止之勢，不得，則必不能安於其位。及身之退，而小人益肆，國益危。旦居元輔之位，繫國之安危，而王欽若、丁謂、陳彭年之徒，側目其去，以執宋之魁柄。則其遲回隱忍而導諛者，固有不得已於斯者矣。

真宗之夙有侈心也，李文靖知之久矣。澶州和議甫成，而畢士安散兵歸農，罷方鎮，招流亡，飾治平之象，弛不虞之防，啓其驕心，勸之夸誕，非徒欽若輩之導以恬嬉也。欽若曰：「唯封禪可以鎮服四海，誇示外國。」言誠誕矣。然而契丹愚昧，惑於禨祥，以戢其戎心者抑數十年。則旦知其不可，而固有不能遏抑者也。欽若、謂之姦，旦知之矣。陳彭年上文字，旦瞑目不視矣。欽若之相，旦沮之十年矣。奉「天書」而悒怏，死且自媿，激而欲披緇矣。然而終不能已於順非從欲之惡者，於此而知大臣之不易於任也。

使旦而爲孫奭，則亦可以「天豈有書」對也。使旦而爲周起，則亦可以「毋恃告成」諫也。即使旦已處外而爲張詠，亦可以乞斬丁謂爭也。且使旦仍參政而爲王曾，猶可以辭會靈宮使自異也。今既委國而任之我，外有狡虜，內有羣姦，大柄在握，君心未厭，可以安上靖邦、息民弭患。而憤起一朝，重違上旨，虛位以快小人之速進，爲國計者，亦難言之。故曰大臣不易任也。

雖然，旦之處此也，自有道焉。旦皆失之，則徬徨而出於苟且之塗，弗能自拔，其必然矣。澶州受盟納賄之恥，微欽若言，君與大臣豈能無媿於心？恬然以爲幸者，畢士安葸畏之流耳。旦既受心膂之託，所用雪恥而建威者，豈患無術哉？任曹瑋於西陲，乘李德明之弱而削平之，以斷契丹之右臂，而使讋於威，可決策行也。兵初解而猶可挑，戍初撤而猶可置，擇將帥以練士馬，愼守令以實巖邑，生聚教訓，舉天下之全力以固河北而臨幽、燕，可漸次興也。能然，則有以啓眞宗憤恥自彊之心，作朝氣以圖桑榆之效，無用假鬼神以雪㊀前羞，而欽若不能逞其邪矣。

如其才不逮，則其初膺爰立之命，不可不愼也。旦之登庸，以寇準之罷相也。欽若不能與同朝，則旦亦不可與欽若並用。乃欽若告旦以祥瑞之說，旦無以處之，而欽若早料其宜無不可。則旦自信以能持欽若，而早已爲欽若所持。夫其爲欽若持，而料其不能爲異者，何也？相位故也。使旦於命相之日，力爭寇準之去，而不肯代其位，則欽若之姦不摧而自折，眞宗之惑不辨而自釋，亦奚至孤立羣姦之上，上下交脅以阿從哉？進退之際，道之枉直存焉，旦於此一失，而欲挽之於終，難矣！既乏匡濟之洪猷，以伸國威而定主志；抑不審正邪之消長，以愼始進而遠佞人；雖有扶抑之微權，而不容不詘。要而言之，視相已重，而不知其重不在位，而在所以立乎其位者也。

宋之盛也，其大臣之表見者，風采煥然，施於後世，繁有人矣；而責以大臣之道，咸有歉焉。非其是非之不明也，非其效忠之不摯也，非其學術之不正也，非其操行之不潔也，而恆若有一物焉，繫於心而不能舍。故小人起從而蠱之，已從而玩之，終從而制之；人主亦陽敬禮而陰菲薄之。無他，名位而已

㊀ 校記「雪」作「揜」。

矣。夫君子樂則行，方行而憂，憂卽違也；憂則違，方違而樂，樂又可行也。內審諸己，而道足以居，才足以勝，然後任之也無所辭。外度諸人，而賢以彙升，姦以夙退，然後受之也無所讓。以此求之張齊賢、寇準、王曾、文彥博、富弼、杜衍諸賢，能超然高出於升沈興廢之閒者，皆有憾也。而且適遇眞宗眷注之深，則望愈隆，權愈重，所欲爲者甚殷，所可爲者甚賾；於是而濡輪曳尾以求濟，而不遂其天懷，以抱媿於蓋棺，皆此爲之矣。

嗚呼！世教之衰，以成乎習俗之陋也。童而習之，期其至而不能必得㊀，天子而下，宰相而已。植根於肺腑，盤結而不可鉏。且之幼也，其父祐植三槐於庭，固已以是爲人生之止境，而更何望焉。後世之人材所繇與古異也，不亦宜乎！

六

宋初，吏治疏㊀，守令優閒。宰執罷政出典州郡者，唯向敏中勤於吏事。寇準、張齊賢非無綜核之才也，而倜儻任情，日事遊宴；故韓琦出守鄉郡，以「晝錦」名其堂；是以剖符爲休老之地，而不以民瘼國計課其綜理也。且非徒大臣之出鎭爲然矣。遺事所紀者，西川遊宴之盛，殆無虛月，率吏民以嬉，而太守有「遨頭」之號。其他建亭臺，邀賓客，攜屬吏以登臨玩賞，車騎絡繹，歌吹喧闐，見於詩歌者不一。計其供張尊俎之費，取給於公帑者，一皆民力之所奉也；而獄訟征徭，且無暇以修職守；導吏民以相習於逸豫，不憂風俗之日偸，宜其爲治道之蠹也滋甚。然而歷五朝、百餘年閒，民以恬愉，法以畫一，

㊀ 校記「得」字下有「者」字。　㊀ 校記「疏」字下有「緩」字。

士大夫廉隅以修，萑葦草澤無揭竿之起。迄乎熙寧以後，亟求治而督責之令行，然後海內騷然，盜夷交起。繇此思之，人君撫有四海，通天下之志以使各得者，非一切刑名之說所可勝任，審矣。

子曰：「一張一弛，文武之道也。」張弛之用，敬與簡之竝行不悖者也。故言治者之大病，莫甚於以申、韓之慘覈，竄入於聖王居敬之道。而不知其病天下也，如揠苗而求其長也。

夫（儉勤與敬）〔儉與勤，於敬爲近〕㊀，治道之美者也。恃二者以恣行其志，而無以持其一往之意氣，則胥爲天下賊。儉之過也則吝，吝則動於利以不知厭足而必貪。勤之亟也必煩，煩則責於人以速如己志而必暴。儉勤者，美行也；貪暴者，大惡也；而獘之流也，相乘以生。夫申、韓亦豈以貪暴爲法哉？用其一往之意氣，以極乎儉與勤之數，而不知節耳。若夫敬者，持於主心之謂也。於其弛，不敢不張以作天下之氣。於其張，不敢不弛以養天下之力。謹握其樞機，而重用天下，不敢以己情之弛而弛天下也，不敢以己氣之張而張天下也。故敬在主心，而天下咸食其和。

夫天有肅，則必有溫矣；夫物有華，而後有實矣。上不敢違天之化，下不敢傷物之理，則易簡而天下之理得，固非外儒術而內申、韓者之所能與也。以己之所能爲，而責人爲之，且以己之所不欲爲強忍爲之，而以責人；於是抑將以己之所固不能爲，而徒責人以必爲。如是者，其心恣肆，而持一敬之名，以鞭笞天下之不敬，則疾入於申、韓而爲天下賊也，甚矣！

夫先王之以凝命守邦而綏天下也，其道協於張弛之宜，固非後世之所能及。而得其意以通古今之

㊀ 據校記改。

變，則去道也猶近。此宋初之治，所以天下安之而禍亂不作者也。

三代之治，其詳不可聞矣。觀於聘、燕之禮，其用財也，如此其費而不吝；飲、射、烝、蜡之制，其游民也，如此其裕而不煩。天子無狗馬聲色玩好之耽，而不以宵旦不遑者督其臣民；長吏無因公科斂、取貨鬻獄之惡，而不以寢處不寧者督其兆庶。故皇華以勞文吏，四牡以綏武臣，杕杜以慰戍卒，卷阿以荅燕游，東山詠結縭之歡，芣苢喜春遊之樂，皆聖王敬以承天而下宜乎人者。其弛也，正天子之張於密勿以善調其節者也。

宋初之御天下也，君未能盡敬之理，而謹守先型，無失德矣。臣未能體敬之誠，而謹持名節，無官邪矣。於是而催科不促，獄訟不繁，工役不(損)〔擾〕，爭(許)〔訐〕㊀不興。禾黍既登，風日和美，率其士民游泳天物之休暢，則民氣以靜，民志以平。里巷佻達之子弟，消其囂淩之戾氣於恬愉之下，而不皇皇然逐錐刀於無厭，懷利以事其父兄，斯亦平情之善術也。奚用矯情於所不堪，惜財於所有餘，使臣民迫束紛紜，激起而相攘敓哉？易曰：「乾始能以美利利天下，不言所利。」不言利者，利之所以美也。內申、韓而外儒術，名爲以義正物，而實道之以利也。區區以靡財爲患者，守瓶之智，治一邑而不足，況天下乎！

夫財之所大患者，聚耳。天子聚之於上，百官聚之於下，豪民聚之於野。聚之之實，斂人有用之金粟，置之無用之窖藏。聚之之心，物處於有餘而恆見其不足。聚之之弊，輦之以入者不知止，而竊之以出者無所稽。聚之之變，以吝陋激其子孫，而使席豐盈以益爲奢侈。聚之之法，掊克之僉人日進其術，

㊀「擾」字「訐」字據校記改。

而蹈刑之窮民日極於死。於是而八口無宿舂，而民多（窮）〔捐〕㊀瘠；饋餫無趨事，而國必危亡。然且曰：「君臣上下如此其儉以勤，而猶無可如何也。」嗚呼！勞形怵心以使金死於藏，粟腐於庾，與耳目口體爭銖兩以怨咨。操是心也，其足以爲民上，而使其赤子自得於高天廣野之中乎？

夫官資於民，而還用之於其地，則猶然民之得也。貢稅之入，既以豢兵而衞民，敬祀而佑民，養賢而勸民；餘於此者，爲酒醴豆籩特賜之需，而用之於燕遊，皆田牧市井之民還得之也。通而計之，其納其出，總不出於其域，有（寬）〔費〕㊁之名，而未嘗不惠。較之囊括於無用之地者，利病奚若邪？子曰：「奢則不孫。」惡其不孫，非惡其不嗇也。傳曰：「儉，德之共也。」儉以恭己，非儉以守財也。不節不宣，侈多藏以取利，不儉莫大於是。而又窮日殫夕，汲汲於簿書期會，以毛舉纖微之功過，使人重足以立，而自詫曰勤。是其爲術也，始於晏嬰，成於墨翟，淫於申、韓，大亂於暴秦；儒之駁者師焉。熙、豐以降，施及五百年，而天下日趨於澆刻。宋初之風邈矣！不可追矣！而況采薇、天保雅歌鳴瑟之休風乎？

七

宋之以隱士徵者四：陳摶、种放、魏野、林逋。夫隱，非漫言者。考其時，察其所以安於隱，則其志行可知也。以其行，求其志，以其志，定其品，則其勝劣固可知也。

摶之初，非隱者也。唐末喪亂，僭僞相仍，摶棄進士舉，結豪俠子弟，意欲有爲。其思復唐祚，與自欲爭衡也，兩不可知，大要不甘爲盜竊之朱温、沙陀之部族屈，而思誅逐之；力不贍，志不遂，退而隱伏；

㊀、㊁ 據校記改。

乃測天地之機，爲養生之術，以留目而見澄淸之日。迨宋初而其術成矣，中國有天子，而志抑慰矣。閒心雲住，其情既定，未有能移之者。而天子大臣又以處軒轅集者待摶，則不知摶也彌甚。但留其所得於化機之一端，傳之李挺之、穆伯長以及邵氏。雖倚於數，未足以窮神化於易簡而歸諸仁義，則抑與莊周互有得失而不可廢也。摶之所用以隱者在此。使其用也，非不能有爲於世，而年已垂百，志不存焉，孰得而強之哉？

若种放，則風斯下矣。東封西祀，躡屩以隨車塵，獻笑益工，靦顏益厚；則其始授徒山中高談名理者，其懷來固可知已。世爲邊將，不能執干戈以衞封疆，而託術於斯，以招名譽；起家閥閱，抑不患名不聞於黼座，詬誶交加，植根自固，惡足比數於士林邪！

魏野、林逋之視此，則超然矣。名已達於明主，而交遊不結軫於公卿；迹已遠於市朝，而諷咏且不忘於規諫。（質）〔貧〕㊀其義也，而安以無求；樂其情也，而順以自適。敎不欲施，非吝於正人也，以求己也。書不欲著，非怠於考道也，以避名也。若是者，以隱始，以隱終。志之所存，行則赴之，而隱以成。與摶異尙，而非放之所可頡頏久矣。

乃以其時考之，則於二子有憾焉。子曰：「有道則見，無道則隱。」云有道者，豈時雍之代，無待於我，但求明主之知以自榮哉？苟非無道，義不可辱，固將因時之知我不知而進退也。今二子者，當眞宗之世，君無敗德，相不嫉賢，召命已臻，受祿不誣；而長守荒山，驕稱巢、許，不已過乎？前乎此者，鄭

㊀ 據校記改。

雲叟也；後乎此者，蘇雲卿、呂徽之也。皆搶攘之世，道在全身，而二子非其時也。

乃以實考之，抑有不足爲二子病者。真宗召命下徵之時，宋有天下方五十年，而二子老矣！江南平、太原下之去此也，三十二年爾。則二子志學之始，固猶在割據分爭之日也。懲無定之興亡，惡亂人之去就，所決計以自命者，行吟坐嘯於山椒，耿介之志一定，而所學者不及於他。迨天下之既平，二子之隱局已就，有司知而欽之，朝士聞而揚之，天子加禮而願見之，皆曰：「此隱君子也。」夫志以隱立，行以隱成，以隱而見知，因隱而受爵；則其仕也，以隱而仕，是其隱也，以仕而隱；隱且爲梯榮致顯之捷徑，士苟有志，孰能不恥哉？伊、呂之能無嫌於此者，其道大，其時危，溝中之民，翹首以待其浣滌，故莘野、渭濱，非爲卷婁集羶之地。若二子之時，宋無待於二子也。二子之才，充其所能爲，不能軼向敏中、孫奭、馬知節、李迪而上之也。一旦晉立於大廷，無所益於邱山；終身退處於巖穴，無所損於培塿。則以隱沽清時之祿，而卒受虛聲之誚，二子之所不忍爲，念之熟矣。岸然表異，以媿夫衒孤清而徼榮寵者，抑豈非裨益風敎以效於天下與來世哉！

君臣之義，高尚之節，皆君子之所重也。而要視其志之所存。志於仕，則載質策名而不以爲辱；志於隱，則安車重幣而不足爲榮。苟非辱身賤行之傴士，孰屑以高蹈之名動當世而希君相之知乎？嗣是而後，陳烈以迂鄙爲天下笑，邵康節志大而好游於公卿之閒，固不如周子之不卑小官，伊川之不辭薦召，爲直伸其志而無枉於道也。存乎其心之所可安者而已矣。

八

寇平仲求敎於張乖崖，乖崖曰：「霍光傳不可不讀。」平仲讀之，至「不學無術」而悟，曰：「張公謂我。」夫豈知其悟也，正其迷也？故善聽言者之難，善讀書者之尤難也，久矣。

班史云學，吾未知其奚以學也；其云術，吾未知其術何若也。統言學，則醇疵該矣；統言術，則貞邪疑矣。若夫乖崖之敎平仲也，其云術者，貞也；則其云學者，亦非有疵也。奚以知其然邪？乖崖且死，以尸諫，乞斬丁謂頭置國門，罷宮觀以紓民命。此乖崖之術，夫豈擢剛爲柔，矯直爲曲，以希世免禍而邀榮之詭術哉？

術之爲言，路也；路者，道也。記曰：「審端徑術。」徑與術則有辨。夾㊀路之私而取便者曰徑，其共繇而正大者曰術。擢剛爲柔、矯直爲曲者，徑也，非術也。平仲不審乎此，乃懲剛直之取禍，而屈撓以祈合於人主之意欲，於是而任朱能以僞造「天書」進，而生平之玷，不可磨矣。抑亦徒爲妖人大逆之媒，而已且受不道之誅，謫死瘴癘之鄉。則其懲霍光之失者，禍與光等，而汙辱甚焉。術不如其無術，故曰：其悟也，正其迷也。

夫人之爲心，至無定矣。無學以定之，則惑於多歧，而趨蹊徑以迷康莊，固將以蹊徑爲康莊而樂蹈之。故君子不敢輕言術，而以學正其所趨。霍光之無術，非無張禹、孔光之術也。其不學，非不如張禹、孔光之學也。浸令霍光挾震主之威，而藏身於張禹、孔光之術，則抑且爲「僞爲恭謹」之王莽，不待其子而身已膺漸臺之天誅。非唯乖崖不欲平仲之爲此，卽班史亦豈欲霍光之若彼哉？學也者，所以擇

㊀校記「夾」字作「矣」句讀屬上。

術也，術也者，所以行學也。君子正其學於先，乃以愼其術於後。大學之道，正身以正家，正家以正天下。正身者，剛而不可撓，直而不可枉，言有物而不妄，行有恆而不遷，忠信守死以不移，驕泰不期而自遠。光能以是爲術，則雖有芒刺之君，無所施其疑忌；雖有悍妻驕子，不敢肆其凶逆；而永保令名於奕世矣。夫光立非常之功，居危疑之地，唯學可以消其釁。況平仲之起家儒素，進退唯君，無偪上之嫌者乎！伊尹之學，存乎伊訓；傅說之學，存乎說命；周公之學，存乎無逸；召公之學，存乎旅獒。張禹、孔光掇拾舊聞，資其柔佞，以正若彼，以邪若此，善讀書者其何擇焉？平仲怏怏於用舍，一不得當，刓方爲圓，揚塵自蔽，與王欽若、丁謂爲水火，而效其尤。夫且曰吾受教於張公而知術矣。惜哉！其不得爲君子，而自貽竄殛之災。故曰：其悟也，正其迷也。

君子之學於道也，未嘗以術爲諱，審之端之而已矣。得失者，義利之大辨；審之也，毫髮不可以差。貞淫者，忠佞之大司；端之也，跬步不可以亂。祿不可懷，權不可怙，君惡不可以逢，流俗不可以徇，妖妄不可姑爲嘗試，宵小不可暫進與謀。詩云：「周道如砥，其直如矢。」行之家而家訓修，行之天下而天下之風俗正，行之險阻而險阻平；可榮可悴，可生可死，而心恆泰然。君子之以學定其心而術以不窮者，此而已矣。乖崖之言術者，此也。則意班史之言術者，亦應未遠於此也。平仲所習聞於當世之學者，楊億、劉筠，彼所謂浮華之士也，則固不足以知學者之術矣。惡足以免於疚哉？

九

小人之不容於君子，黜之、竄之、誅之，以大快於人心，而要必當於其罪。罪以正名，名以定法，法以稱情。情得法伸，姦以永懲，天下咸服，而小人亦服於其罪而莫能怨。君子非求免怨於小人也，而怨以其理，則君子固任其愆。且使情不得而怨以其理者勿恤，則深文忮害之門啓，而小人操此術以致難於君子也，靡所不至，遂以召羅織於無窮。故君子之治小人也，至於當其罪而止，而權術有所不用。不得，則姑舍而待其自斃。苟己無愆，得失治亂聽之於理數，不得而無自失，不治而不釀亂，足以自靖而已矣。正大持理法之衡，刑賞盡忠厚之致，不可不慎也。

王曾，宋之君子也。丁謂之爲小人，天下允之，萬世允之者也。真宗崩，嗣君始立，曾與謂分執政柄，兩不相容。謂之怨毒滿天下，公惡徧朝廷，必不容於執政者，可計日待也。即旦夕不可使尸輔弼之權，號於王庭而決去之，亦豈患無辭？曾欲去之，誘謂留身，密陳其惡於沖主，權也；亦權之不詭於正者也。乃以山陵改作，石穴水出，而爲之辭曰：「謂欲葬真宗於絶地，使無後嗣。」致雷允恭於大辟，而竄謂於海外。嗚呼！此小人陷君子之術，而柰何其效之邪？舍其興淫祀、營土木、陷寇準、擅除授、毒民病國、妒賢黨姦之大罪，使不得昭著於兩觀；而以誕妄亡實之疑案，殺不當殺者，以致謂於羽山之殛；則孰得曰曾所爲者，君子之道哉？

移山陵於水石之穴，以爲宜子孫者，司天監邢中和之言也；信而從之者，雷允恭也；謂無能爲異而聽之，庸人之恆態也。苟當其罪以斷斯獄，中和以邪説竄，允恭以黨邪逐，謂猶得末減，而不宜以此譴大臣。曾乃爲之辭曰：「包藏禍心，移皇陵於絶地。」其不謂之深文以陷人也奚辭？夫穿地而得水石，謂非習其術者，而惡能知之？石藏於土，水隱於泉，習其術者，自謂知之，以術巧惑人，實固不能知也。

浸使中和、允恭告曾於石未露水未湧之時，而爲之名曰宜子孫，曾能折以下有水石而固拒之乎？眞宗既不葬於此矣，仁宗無子，繼有天下者，非眞宗之裔，又豈曾仍用舊穴之罪乎？中和以爲宜子孫，妄也；曾曰絶地，亦妄也。兩妄交爭，而曾偶勝。中和、允恭且銜冤於地下，勿論謂矣。天下之惡謂怨謂，而欲其竄死也，久矣；一聞抵法，而中外交快。乃謂姦邪病國之辜，不昭著於天下以儆官邪，則君子不以爲快。乘母后之怒，以非其罪而死謂於窮髮瘴癘之鄉，君子且爲謂悲矣。謂以是而竄死，謂之榮也，而曾何幸焉？

嗚呼！宋之以「不道」「無將」陷人於罪罟者，自謂陷寇準始。急絶其流，猶恐不息，曾以是相報，而益長滔天之浸。嗣是而後，章惇、蘇軾黨人交相指摘，文字之疵，誣爲大逆，同文館之獄興，而毒流士類者不知紀極。君非繈褓之子，臣非擁兵擅土之雄，父子兄弟世相及而位早定，環九州以共戴一王，宗社固若盤石，孰爲「無將」？孰爲「不道」？藉懷不逞之心，抑又何求而以此爲名，交相傾於不赦之羅網？曾欲誅逐小人，而計出於此，操心之險，貽害之深，誰得謂宋之有社稷臣哉！其君子，氣而已矣。其小人，毒而已矣。氣之與毒，相去幾何？君子小人之相去，亦尋丈之閒而已矣。天下後世之欲爲君子者，尚於此焉戒之哉！

宋論卷四

仁宗

一

曹魏嚴母后臨朝㊀之禁，君子深有取焉，以爲萬世法。唐不監而召武、韋之禍，玄宗旣靖內難，而後爲之衰止。不期宋之方盛而急裂其防也。

仁宗立，劉后以小有才而垂簾聽政㊁，乃至服衮冕以廟見，亂男女之别，而辱宗廟。方其始，仁宗已十有四歲，迄劉后之殂，又十年矣。旣非幼稚，抑匪闇昏，海內無虞，國有成憲，大臣充位，庶尹多才，惡用牝雞始知晨暮哉？其後英宗之立，年三十矣，而曹后挾豢養之恩，持經年之政；蓋前之轍迹已深，後之覆車弗恤，其勢然也。宣仁以神宗母，越兩代而執天下之柄，速除新法，取快人心，堯、舜之稱，喧騰今古。而他日者，以挾女主制沖人之口實，授小人以反噬，元祐諸公亦何樂有此。而況母政子政之說，不倫不典，拂陰陽內外之大經，豈有道者所宜出諸口哉？

夫漢、唐女主之禍，有繇來矣。宮闈之寵深，外戚之權重，極重難返之勢，不能逆挽於一朝。故雖

㊀「母后臨朝」四字刻本闕，據校記補。　㊁「垂簾聽政」四字刻本闕，據校記補。

骨骾大臣如陳蕃者，不能不假手以行其志。至於宋，而非其倫矣。然而劉后無可奉之遺命，而持魁柄迄於老死而後釋，孰假之權？則丁謂之姦實成之也。謂以邪佞逢君，而怨盈朝野，及此而事將變矣，結雷允恭以奉后而覬延其生命，則當國大臣秉正以肅淸內外，在此時矣。王曾執政，繫天下之望者不輕，曾無定命之謨，倡衆正以立綱紀，仍假手乞靈於簾內，以竄謂而求快於須臾；劉后又已制國之命，而威伸中外，曾且無如之何。然則終始十年，成三世垂簾㊀之陋，激君子小人相攻不下之勢，非曾尸其咎而誰委哉？曹后之(賊)〔悍〕㊁也，先君愼擇付託之嗣子，幾爲廬陵房州之續，則劉后之逐宰相者，逐天子之竿也。微韓公仲任守忠之法，而危詞以急撤其簾，浸使如曾，宋其殆矣！韓公一秉道，而革兩朝之弊。後起之英，守成憲以正朝廷，夫豈非易易者？而元祐諸公無懷私之(惡)〔慝〕㊂，有憂國之心，顧且踵曾之失，仍謂之姦，倒授宰制之權於簪珥，用制同異之見於沖人，以不正而臨人使正，不已憯乎！

夫昔之人有用此者，謝安是也。安圖再造之功於外，而折桓氏之權於內；苦勢已重，不欲獨任魁柄，以召中外之疑，貽桓氏以口實。抑恐羣從子弟握兵柄，(泊)〔治〕㊃方州，倚勛望以自崇，蹈敦、温之覆軌。故奉女主以示有所稟，而自保其臣節。元祐諸公，夫豈當此時、值此勢，不得已而姑出於是哉？所欲爲者，除新法也。所欲去者，章惇、蔡確邪慝之鄙夫也。進賢遠姦，除稗政，修舊章，大臣之道，大

㊀「垂簾」二字刻本闕，據校記補。　㊁、㊂據校記改。　㊃據校記改。編者按：「泊」疑爲「汩」之誤，汩，治也。

臣之所得爲也。奉嗣君以爲之，而無可避之權，建瓴之勢，令下如流，何求不得？而假靈寵於宮闈，以求快於一朝，自開釁隙以召人之攻乎？易動而難靜者，人心也。攻擊有名，而亂靡有定之禍，自此始矣。用是術者，自王曾之逐丁謂倡之。韓公矯而正之，而不能保其不亂。邪一中於人心，而賢者惑焉，理之不順，勢不足以有行，而世變亟矣。

夫奉母后㊀以制沖人，逆道也。躬爲天子矣，欲使爲善，豈必不能？乃視若贅疣，別擁一母后㊁之尊，臨其上以相箝束：行一政，曰：太后之憂民也；用一人，曰：太后之任賢也。非甚盛德，孰能忍此？卽其㊂盛德，亦未聞天子之孝，唯母命而莫之違也。且以仁宗居心之厚，而全劉氏之恩於終始，其於政事無大變矣。而劉后方殂，呂夷簡、張耆等大臣之罷者七人，王德用、章德象俱以不阿附故，而受顯擢。則元祐諸公推崇高后以改法除姦，而求其志道之伸，保百年之長治也，必不可得矣。太后固曰：「官家別用一番人。」而諸公不悟，盱豫以鳴，曾莫恤後災之殆甚，何爲者也？王曾幸而免此者，仁宗居心之厚，而范希文以君子之道立心，陳「揜小故以全大德」之言，能持其平也。觀於此，而韓、范以外，可謂宋之有大臣乎？

不可拂者，大經也；不可違者，常道也。男正位乎外，女正位乎內，既嫁從夫，夫死從子，婦道之正也。雖有庸主，猶賢哲婦㊃。功不求苟成，事不求姑可，包魚雖美，義不及賓。此義一差，千塗皆謬，可不愼與！

㊀、㊁「母后」二字刻本闕，據校記補。　㊂校記「其」字作「甚」。　㊃「猶賢哲婦」四字刻本闕，據校記補。

二

仁宗之稱盛治，至於今而聞者羨之。帝躬慈儉之德，而宰執臺諫侍從之臣，皆所謂君子人也，宜其治之盛也。夷考宋政之亂，自神宗始。神宗之以興怨於天下、貽譏於後世者，非有奢淫暴虐之行；唯上之求治也〔已〕㊀亟，下之言治者已煩〔爾〕㊁。乃（兪）其（臣）〔召〕㊂下之煩言，以啓上之佚志，則自仁宗開之。而朝不能靖，民不能莫，在仁宗之時而已然矣。

國家當創業之始，繇亂而治，則必有所興革，以爲一代之規。其所興革不足以爲規一代者，則必速亡。非然，則略而不詳、因陋而不文、保弱而不競者，皆有深意存焉。君德、民心、時會之所湊，適可至於是；既至於是，而亦足以持國於不衰。乃傳之數世而弊且生矣。弊之所生，皆依法而起，則歸咎於法也，不患無辭。其爲弊也，吏玩而不理，士靡而亡實，民驕而不均，兵弛而不振；非其破法而行私，抑沿法而巧匿其姦也。有志者憤之，而求治之情，迫動於上，言治之術，競起於下；聽其言，推其心，皆當時所可厭苦之情事，而釐正之於旦夕，有餘快焉。雖然，抑豈必歸咎於法而別求治理哉？吏玩而不理，任廉肅之大臣以飭仕階而得矣。士靡而亡實，崇醇雅之師儒以興正學而得矣。民驕而不均，豪民日競，罷民日瘠，人事盈虛之必有也；寬其征徭，疲者蘇而競者無所容其指畫㊃矣。兵弛而不振，籍有而伍無，伍有而戰無，戰爭久息之必然也；無薦賄之將，無私殺之兵，委任專而弛者且勸以彊勁矣。若是者，任得其人，而法無不可用。若十一千百之挂漏，創法者固留有餘以養天下而平其情。匹夫匹婦祁寒暑雨

㊀、㊁ 據校記增「已」「爾」二字。　㊂ 據校記删「兪」字，改「臣」爲「召」字。　㊃ 校記「指畫」作「兼併」。

之怨咨，猾胥姦民爲鼠爲雀之啄齕，惡足壞綱紀而傷教化？有天下者，無容心焉可矣。

宋自建隆開國，至仁宗親政之年，七十餘歲矣。太祖、太宗之法，敝且乘之而生者，自然之數也。夫豈唯宋祖無文、武之至德，議道之公輔無周、召之弘猷乎？卽以成周治教之隆，至於穆、昭之世，蛹蠹亦生於簡策，固不足以爲文、武、周、召病也。法之必敝矣，非鼎革之時，愈改之，則弊愈叢生。苟循其故常，吏雖貪冒，無改法之可乘，不能託名逾分以巧爲吹索。士雖浮靡，無意指之可窺，不能逢迎揣摩以利其詭遇。民雖彊可凌弱，無以啓之，則無訐訟之興以兩俱受斃，俾富者貧而貧者死。兵雖名在實亡，無以亂之，則無游惰之民以梟張而起，進則爲兵而退則爲盜。唯求治者汲汲而憂之，言治者嘖嘖而爭之，誦一先生之言，古今異勢，而欲施之當時，且其所施者抑非先王之精意；見一鄉保之利，風土殊理，而欲行之九州，且其所行者，抑非一邑之樂從。神宗君臣所夜思晝作，聚訟盈廷，飛符徧野，以使下無法守，開章惇、蔡京爚亂以亡之漸者，其風已自仁宗始矣。前乎此者，眞宗雖有淫祀驕奢之失，王欽若、丁謂雖有貪權惑主之惡，而李太初愼持之於前，王子明謹守之於後。迨乎天聖、明道之閒，老成凋謝已向盡矣。僅一直方簡重之李迪，起自遷謫，而任之不專。至若王曾等者，非名節之不矜也，非勤勞之不夙也，以術閒道，以氣矜剛；而仁宗（當）〔耽〕㊀受諫之美名，慕恤下之仁聞，欣然舉國以無擇於聽。迨及季年，天章開，條陳進，唯日不給，以取綱維而移易之；吏無恆守，士無恆學，民無恆遵，兵無恆調。所賴有進言者，無堅僻之心，而持之不固；不然，其爲害於天下，豈待熙、豐哉？知治道者，不能不爲仁宗惜矣。

㊀ 據校記改。

夫秉慈儉之德，而抑有淸剛之多士贊理於下，使能見小害而不激，見小利而不歆，見小才而無取，見小過而無苛；則姦無所熒，邪無能間，修明成憲，休養士民，於以坐致昇平，綽有餘裕。柰之何強飲痟癬之疾以五毒之劑，而傷其肺腑哉！故仁宗之所就者，槩可見矣。迹其謀國，則屢敗於西而元昊張，啓侮於北而歲幣增。迹其造士，則聞風而起者，蘇氏父子掉儀秦之舌；揣摩而前者，王安石之徒，習申、商之術；後此之撓亂天下者，皆此日之競進於大廷。故曰神宗之興怨於天下、貽譏於後世者，皆仁宗啓之也。

夫言治者，皆曰先王矣。而先王者，何世之先王也？孔子曰：「吾從周。」非文、武之道隆於禹、湯也。文、武之法，民所世守而安焉者也。孟子曰：「遵先王之法。」周未亡，王者未作，井田學校所宜遵者，周之舊也。官習於廷，士習於學，民習於野；善者其所夙尙，失者其所可安，利者其所允宜，害者其所能勝；愼求治人而政無不舉。孔、孟之言治者，此而已矣。嘖嘖之言，以先王爲口實，如莊周之稱泰氏，許行之道神農，曾是之從，亦異於孔子矣。故知治者深爲仁宗惜也。

三

仁宗有大德於天下，垂及今而民受其賜；抑有大弊政以病民者二百年，其餘波之害，延於今而未已。蓋其求治之心已亟，但知之而卽爲之，是故利無待而興，害不擇而起。

其有大德於天下者，航海買早稻萬石於占城，分授民種，是也。其種之也早，正與江南梅雨而相當，可以及時而畢樹藝之功；其熟也早，與深秋霜燥而相違，可弗費水而避亢旱之害；其種之也，田不必腴而稷不貲，可以多種而無瘠蕪之田；皆其施德之普也。昔者周有天下，既祀后稷以配天，爲一代之祖；又祀之於稷以配社，享萬世之報。然則有明王起，飭正祀典以酬功德，奉仁宗以代周棄而享祀千秋，其宜也。惜乎無與表章者，史亦略記其事而不揄揚其美，則後王之過也。

若其弊之病天下者，則聽西川轉運使薛田、張若谷之言，置交子務是也。交子變而爲會子，會子變而爲鈔，其實皆敝紙而已矣。

古之稅於民也，米粟也，布縷也。天子之畿，相距止於五百里；莫大諸侯，無三百里之疆域；則粟米雖重，而輸之也不勞。古之爲市者，民用有涯，則所〔爲〕〔易〕㊀者簡；田宅有制，不容兼并，則所齎以易者輕。故粟米、布帛、械器相通有無，而授受亦易。至於後世，民用日繁，商賈奔利於數千里之外；而四海一王，輸於國，餉於邊者，亦數千里而遙；轉輓之勞，無能勝也。而且粟米耗於升龠，布帛裂於寸尺，作僞者湮溼以敗可食之稻麥，靡薄以費可衣之絲枲。故民之所趨，國之所制，以金以錢爲百物之母而權其子。事雖異古，而聖王復起，不能易矣。乃其所以可爲百物之母者，固有實也。金、銀、銅、鉛者，產於山，而山不盡有；成於煉，而煉無固獲；造於鑄，而鑄非獨力之所能成，薄貲之所能作者也。其得之也難，而用之也不敝；輸之也輕，而藏之也不腐。蓋是數物者，非寶也，而有可寶之道焉。故天下利用之，王者弗能違也。唯然，而可以經久行遠者，亦止此而已矣。

交子之制，何爲也哉？有楮有墨，皆可造矣，造之皆可成矣；用之數，則速裂矣；藏之久，則改制矣。

㊀ 據校記改。

以方尺之紙，被以錢布之名，輕重唯其所命而無等，則官以之愚商，商以之愚民，交相愚於無實之虛名，而導天下以作僞。終宋之世迄於〔胡〕㊀元，延及洪、永之初，籠百物以府利於上，或廢或興，或兌或改，千金之貲，一旦而均於糞土，以顛倒愚民於術中；君天下者而（思）〔忍〕㊁爲此，亦不仁之甚矣！夫民不可以久欺也，故宣德以來，不復能行於天下。然而餘害迄今而未已，則傷詔祿之典，而重刑辟之條，無明王作，而孰與更始？其害治亦非小矣。

鈔之始制也，號之曰「千錢」，則千錢矣。已而民遞輕之，而所值遞減，乃至十餘錢而尙不售，然而「千錢」之名固（有）〔存〕㊂也。俸有折鈔以代米，乃至一石而所折者數錢；律有估物以定贓，乃至數金而科罪以滿貫。俸日益薄，而吏毁其廉；贓日益重，而民極於死。僅一鈔之名（成）〔存〕㊃，而害且積而不去，況實用以代金錢，其賊民如彼乎？益之以私造之易，殊死之刑日聞於司寇，以誘民於阱而殺之，仁宗作俑之愆，不能辭矣。

是故君天下者，一舉事而大利大害皆施及無窮，不可不審也。聽言輕，則從善如流，而從惡亦如流。行法決，則善之所及者遠，而惡之所被者亦長矣。以仁如彼，以不仁如此，仁宗兩任之，圖治者其何擇焉？舜之大智也，從善若決江、河，而戒禹曰：「無稽之言勿聽。」以其大智，成其至仁，治道盡此矣。

四

大臣進位宰執，而條列時政以陳言，自呂夷簡始。其後韓、范、富、馬諸君子，出統六師，入參三事，

㊀ 據校記增。　㊁、㊂、㊃ 據校記改。

皆於受事之初，例有條奏。聞之曰：「天下有道，行有枝葉，天下無道，言有枝葉。」以此知諸公失大臣之道。而明道以後，人才之寖降，風尚之寖卑，前此者(石)〔呂〕㊀、李、向、王之風軌，不可復追矣。

書曰：「敷奏以言，明試以功。」以言者，始進之士，非言無以達其忱；上之庸之，非言無以知其志。故觀其引伸，知其所學；觀其蘊藉，知其所養；非必言之可行而聽之行也。後世策問賢良，科舉取士，其法循此，而抑可以得人；然而不能無不得之人矣。至於既簡在位，或賢或否，則以功而明試之，非以言者之始測於影響，而下亦僅此以爲自效之資也。且夫藉言以爲羔鴈者，亦挾長求進之士爾。其畜德抱道、具公輔之器者，猶不屑此。而況大任在躬，天職與共，神而明之、默而成之者，非筆舌之所能宣；而喋喋多言，以揜力行不逮之愆尤乎？

即以敷奏言之，射策之士，諫議之官，言不容已也，而抑各有其畔，不可越也。將以匡君之過與？則即以一德之涼，推其所失而導之以改，無事掇拾天德王道，盡其口耳之所記誦者，罄之於一牘也。非是者，爲鬻才之曲士。將以指政之非與？則即一事之失，極其害之所至，而陳其所宜，無事旁推廣引，汎及他端之未善，以責效於一朝也。非是者，爲亂政之辯言。將以摘所用之非人與？則即以一人之罪狀，明列其不可容，無事抑此伸彼，濫及盈廷，以唯吾所欲廢置也。非是者，爲死黨之憸人。將以論封疆之大害與？則即以一計之乖張，專指而徵其必僨，無事臚列兵法，畫地指天，以遙制生殺之樞機也。非是者，爲首禍之狂夫。且夫一言出，而且俟君之行此一言也，則事不宂，而力以暇而有餘。一言

㊀ 據校記改。

出，而君既行此一言矣，則意相得，而後可因而復進。故志行而言非虛設。行與不行，皆未可必之於君心；姑且言出如哇，而唯恐不充於幅，誠何爲者？況乎一人之識，以察一理，尙慮其義不精，而害且伏於其隱。乃搦管經營，旁捜雜引，舉君德、民情、兵、農、禮、樂、水、火、工、虞，無涯之得失，窮盡之於數尺之章疏。才之果勝與？念之果周與？發果以誠，而行果無不得與？問之心，而固不能自信；按之他日，而已知其不然。徒爾洋洋娓娓，建瓴傾水而出之，不少待焉；不怍之口，莫知其咎，亦孔之醜矣。則在懷才初進之士，與職司言責之臣，猶不可不愼也。而得君已深，歷任已夙，居密勿以靜鎭四海者，尤勿論矣。

明道以後，宰執諸公，皆代天工以臨羣動者也。天下之事，唯君與我坐而論之，事至而行之，可與則與之已耳，可革則革之已耳。唯道之從，唯志之伸，定命以辰告，不崇朝而徧天下，將何求而不得？奚待煩言以聳衆聽？如其微言而不悟，直言而不從，欲行而中沮，欲止而旁出；則有引身以退，免疚惡於寸心，而不待暴白以號於人曰：「吾已縷析言之，而上不我庸也。」此宰執大臣所以靖邦紀而息囂淩之樞要也。在昔李太初、王子明以實心體國，奠七十餘年社稷生民於阜安者，一變而爲尙口紛呶之朝廷，搖四海於三寸之管，誰尸其咎？豈非倡之者在堂皇，和之者盡士類，其所繇來者漸乎！宰執有條奏矣，侍從有條奏矣，庶僚有條奏矣，有司有條奏矣；乃至草茅之士，有喙斯鳴，無不可有條奏矣。何怪乎王安石之以萬言聳人主，俾從己以顚倒國是；而遠處蜀山聞風躍起之蘇洵，且以權謀憯險之術，習淫遁之文章，售其尉繚、孫臏之詭遇，簧鼓當事，而熒後世之耳目哉？

姚元之之以十事要玄宗也，在未相之先，謂不可行而已不敢相也，是亦愼進之一術也。既已爲相，則唯其行之而無復言矣。陸敬輿之詳於論事也，一事竟而又及一事，因時之迫以荅上問，而非闊(達)〔遠〕㊀迂疏以侈文章之富也。宰執之道，司聽言以待黜陟耳，息浮言以正人心耳。言出而行澆㊁，言長而忠薄，言之不已，而國事不可爲矣。讀者惑焉，詫爲盛美，違山十里，蟪蛄猶聞，束宋人章奏於高閣，學術治道庶有瘳焉。俗論不然，宜中國之日疲以斃也。

五

仁宗之生，以大中祥符三年，歲在庚申，及嘉祐二年乙酉，二十有六年，擬之於古，未逮乎壯有室之齒也。曹后之立，未及期月，則皇子之生，非所絕望。乃育英宗於宮中，使后拊鞠之。嗚呼！念宗社之重而忘私，是豈非能爲人之所不能，足爲萬世法者哉！

三王以後，與子之法立，苟爲適長，道不得而廢焉。漢明雖賢，光武猶謂失德；晉惠雖闇，武帝不任其愆。故三代有豫教之法，盡人之所可爲，而賢不肖治亂安危舉而聽之於天，亦且無如之何矣。乃無子而嗣未有定，以及乎危病之際，姦人婦寺挾私意以援立庶支，市德居功，而倒持魁柄，漢唐之禍，率繇此而興。其近正者，則辨昭穆，審親疏，弟與從子以序而登，斯亦可以止爭而靖國矣。而於帝王愼重天位之道，固未協也。夫唯適長之不容變置，爲百王之成憲，而賢不肖非所謀耳。無子而授之同產之弟與從子之長，古未有法，道無可執。則天既授我以選賢而建之權，如之何不自化裁，可諉諸後以任臣僚

㊀ 據校記改。　㊁ 校記「澆」字作「撓」。

之扳立邪？英宗方四歲而鞠之宮中，察其情志，審其器量，遠其外誘，習其家法，而抑受恩勤之德於中宮。他日曰：「宮中嘗養二子，小者近不慧，大者可也。」帝之留心於國本，非一日矣。范、富、包、文、司馬雖心是其請，且不欲授以援立之權，獨託腹心於韓公，然抑聞命而始請其名，前此者亦未敢有所擬也。則孰籌密運於一人之心，又豈姦邪之得窺伺哉？

在禮有之曰：「爲人後者爲之子。」非盡人無子而必爲立後也。自大夫以上，有世祿、食采邑、建祖廟者，達乎天子。苟無子而必有後，則三代之興㊀，雖無子而固有子。豫立之典，雖不見於史策，而以爲後之文推之，則苟有有世守，無無子者，必有子，而與子之法固不以無出而廢也。抑在禮有之曰：「爲人後者，爲其父母服朞。」本非朞而加以朞之謂也。若以親疏序及，而所立者從子之長，則所生父母雖降，而固有叔父之親，不必加隆而固服朞。〔然〕㊁則功緦以降之族子，但使温恭之度形於早歲，皆擇養而豫教之，無問親疏亦明矣。漢、唐之君，輕宗祏而怙其專私，未有能者。仁宗慮之早而斷之決，以定百王之大法。於是高宗有所稟承，遠立太祖之裔孫，而本支不敢妄爭，臣民欣爲推戴，兩宮全其慈孝，社稷賴以小康，皆仁宗之貽謀爲之先導也。

雖然，義隱於三代，而法沮於漢、唐，仁宗翀起而決策，以至正之舉，而有非常之疑，故任守忠惑曹后以起釁，而仁宗無慮也。有韓公在，制守忠之死命，而曹后黜於其義也。高宗無可恃之大臣矣，於是而內禪以定其位。然則心苟無私，變通在我，居天位之尊，承皇天之命，仰先祖之靈，奉名義之正，無志

㊀ 校記「興」作「與子」二字。　㊁ 據校記增。

不可行，無謀不可定。何畏乎（命異）〔僉壬〕㊀，何憂乎事變哉？

朋黨之興，始於君子，而終不勝於小人，害乃及於宗社生民，不亡而不息。宋之有此也，盛於熙、豐，交爭於元祐、紹聖，而禍烈於徽宗之世，其始則景祐諸公開之也。

六

國家剛方挺直之正氣，與敦龐篤厚之醇風，竝行而不相悖害。大臣任之，而非但大臣任之也。人主平其情，以不迫行其用舍，愼其聽，以不輕動於人言；則雖有小人，不傷君子，其有君子，不患其有小人；而國是貞矣，而囂淩息矣。前乎景祐者，非無丁謂、王欽若之姦佞也。而王旦沮欽若之登庸，馬知節折欽若之匿奏，張詠且死請戮尸以留丁謂之頭，李迪誓死而斥丁謂之姦，王曾且獨任竄謂之舉，而不勞廷臣之交擊。故欽若、謂非無邪黨，亦以訐訟不行，而但偷容容之福；胡旦、翟馬周、梅詢、曾致堯之徒，或乍張而終替，或朒縮而不前。蓋大臣以國之治亂、人之貞邪，引爲己任，而不匿情於且吐且茹之交，授發姦摘伏之權於銳起多言之士。故剛而不撓，抑重而不輕，唯其自任者決也。而天子亦不矜好問好察之名，聞人言而輕爲喜怒。則雖有繁興之衆論，靜以聽君相之從違，自非田錫、孫奭任諫諍之職者，皆無能騁其辯也。

好善則進之，惡惡則去之，任於己以持天下之平者，大臣之道也。引之不喜，激之不怒，居乎靜以聽天下之公者，天子之道也。而仁宗之世，交失之矣。仁宗之求治也急，而性情之所偏倚者，寬柔也。

㊀ 據校記改。

寬柔者之能容物，人所知也。寬柔者之不能容物，非知道者不知也。至於前而有所稱說，容之矣，未遽以爲是，未遽以爲非也。容之容之，而言沓至，則辯言者且將怒其所必怒，而終不能容。夫苟樂求人言，而利用其臧否，則君子小人莫能自必，而持以議論之短長爲興廢。於是而小人之黨，競起爭鳴；而自附於君子之華士，抑綽約振迅，飾其文辭，以爲制勝之具。言滿天下，蔚然可觀，相傳爲不諱之朝。故當時士民與後世之聞其風者，所甚歆仰於仁宗，皆仁宗之失也。於是而宋興以來敦龐篤厚之風，蕩然不足以存矣。

抑考當時之大臣，則耆舊已凋，所僅存者，呂夷簡爾。夷簡固以訕之不怒、逐之不恥、爲上下交順之術，而其心之不可問者多矣。其繼起當國能守正而無傾險者，文彥博（矣）〔也〕㊀，而亦利用夷簡之術，以自挫其剛方之氣；乃恐其志不足以行，則旁求助於才辯有餘之士，羣起以折異己而得伸。韓、富、范、馬諸公，雖以天下爲己任，而不能自超出於此術之上。於是石介、蘇舜欽之流，矯起於庶僚，而王素、唐介、蔡襄、余靖一唱百和，唯力是視，抑此伸彼，唯勝是求。天子無一定之衡，大臣無久安之計，或信或疑，或起或仆，旋加諸膝，旋墜諸淵，以成波流無定之宇。熙、豐以後紛呶噂沓之習，已早見於此，而君猶自信曰：「吾能廣聽。」大臣且自矜曰：「吾能有容。」士競習於浮言，揣摩當世之務，希合風尚之歸，以顛倒於其筆舌；取先聖之格言，前王之大法，屈抑以供其證佐。童而習之，出而試之，持之終身，傳之後進，而王安石、蘇軾以小有才而爲之領袖；皆仁宗君相所側席以求，豢成其毛羽者也。乃至

㊀ 據校記改。

呂惠卿、鄧綰、邢恕、沈括、陸佃、張耒、秦觀、曾鞏、李廌之流，分朋相角，以下逮於蔡京父子，而後覆敗之局終焉。嗚呼！凡此訾訾捷捷者，皆李沆、王旦所視爲土偶，任其擲棄山隅，而不使司禍福者也。而仁宗之世，亟導以興。其剛方也，非氣之正也。其敦篤也，非識之定也。置神器於八達之衢，過者得評其長短而移易之，日刓月敝，以抵於敗亡。天下後世猶奬其君德之弘，人才之盛；則知道者之希，知治者之無人，抑今古之有同悲矣！

按仁宗之世，所聚訟不已者，呂夷簡、夏竦之進退而已。此二子者，豈有丁謂、王欽若蠹國殃民已著而不可揜之惡哉？夷簡之罪，莫大於贊成廢后。后傷天子之頰，固不可以爲天下母，亦非甚害於大倫。竦之惡莫大於重誣石介。而介之始進而被黜，以爭錄五代之後，亦宋忠厚之澤過，而無傷於教化；矜氣以爭，黜之亦非已甚。而范、余、歐、尹遽羣起以去國爲高，投滴水於沸油，燄發而莫之能遏。然則呂、夏固不足以禍宋，而張逐虎之網，叫呼以爭死命於麕兔，何爲者邪？天子不愼於聽言，而無恆鑒；大臣不自秉國成，而奬浮薄；一彼一此，以氣勢爲榮枯，斯其以爲宋之季世而已矣。讀其書，言不可勝求也；聞其名，美不可勝傳也。卽而察之，外彊而中枯；靜而診之，脈浮而筋緩；起伏相代，得失相參。契丹脅之，而竭力以奉金繒；元昊乘之，而兵將血於原野。當時之效，亦可睹矣，奚問後世哉！

七

（言）〔古〕㊀者人得進諫於君，而諫無專官，不欲天下之以言爲尙也。聖王樂聞天下之言，而惡天下

㊀ 據校記改。

之以言爲尙；上下交責於己，而不攻人以求勝；治之所以定，功之所以成，俗之所以淳，亂之所以訖也。諫之有專官，自蕭梁始，而唐因之。諫有專官，則以言爲職矣。以言爲職，則以言爲尙矣。以言爲職，欲無言而不可；以言爲尙，求所以言者，但可言而卽言之。於是進不揆於理，退不信於心；利其所病，病其所利，賢其所不肖，不肖其所賢；時之所趨，意之所動，聞見之所到㊀，曲折以蘄乎工，矯揉以成其是；科條繁而搏擊鷙，枝葉盛而蔓延張，唯其所尙，以稱其職，無不可言也。易曰：「亂之所繇生，則言語以爲階。」職此謂矣。

乃唐之有專官也，隸於門下省，則與宰相爲僚屬，而聽治於宰相，法猶善也。所以然者，天子之職，論相而已矣。論定而後相之，既相而必任之，不能其官，而唯天子進退之，舍是而天子無以治天下。夫天子無以博察乎人之賢姦而悉乎民之隱志，唯此一二輔弼之臣寄以子孫黎民者，爲其所謹司。然而弗能審焉，則天子無以爲天下君。若夫必置諫官以贊其不逮者有故：大臣者，一諫而善道之，再諫而昌言之，三諫而危言之；然而終不庸焉，則引身以退，大臣之道也。故唯宗社安危，賢姦用舍，生民生死之大司，宰相執之，以弼正天子之愆，而自度其去就。若夫天子一言之不合，一動之不臧，好尙之不端，喜怒之不節，見端於微，未形於大，宰相屑屑然以力爭，爭而不從，不從而不去，則辱其身；不從而急去，則遺其君。故宰相必靳於其小，而以封駁爭論之權授之諫官，而後宰相得以持其大，而爲進退之大經。故唐之制猶善也。

㊀ 校記「到」字作「剽」字。

宰相之用舍聽之天子，諫官之予奪聽之宰相，天子之得失則舉而聽之諫官；環相爲治，而言乃爲功。諫官者，以繩糾天子，而非以繩糾宰相者也。天子之職，止此一二日侍密勿心膂之大臣，弗能決擇而委之諫官，則天子曠矣。天子曠而繁言興，如是而不亂者，未之或有。仁宗詔宰相毋得進用臺官，非中丞知雜保薦者毋得除授，曰：「使宰相自用臺官，則宰相過失無敢言者。」嗚呼！宋以言語沓興，而政紊於廷，民勞於野，境蹙於疆，日削以亡，自此始矣。

且夫宰相之非其人，有自來矣。上之所優禮而信從者，必其所喜者也。下之詭遇而獲上之寵任者，必上之所歆者也。上喜察察之明，則苛煩者相矣。上喜呴呴之恩，則柔茸者相矣。上貪黷武之功，則生事者相矣。上利錙銖之獲，則掊克者相矣。上耽宴安之逸，則擅權者相矣。上逐聲色之欲，則導淫者相矣。上惑佛老之教，則妖妄者相矣。上寄耳目於宦寺，則結奄豎者相矣。上委國政於妃嬪，則交宮禁者相矣。天下不患無君子，而不能獲上於所不好。天下不能無小人，而不能惑上於無所迷。故諫官以其犯顏無諱之危言，繩之於早，糾之於微，則木不腐而蠹不生，形不汚而影不黯；宰相之可否，入明鑑之中，莫能隱蔽。又豈待諫官之毛舉細過以加其上，而使不足以有爲乎？

是道也，自天子以至於修士，未有不以此爲聽言之經者也。言之益也，在攻其過，而詔以其所不知。然而有辨矣。或聽言而悟，或聽言而迷。剛愎以自用，則禍至而不知。無主而聽熒，則釁生於不審。故曰樂聞天下之言，而惡天下之以言爲尚。道之迹相背而實相成者，唯君子能辨之。

有言於此，攻己之失而盡其辭，君子之所樂也。言雖不當，抑必有當焉者矣。卽無所當，而不欲拒之以止人之忠告也。有言於此，攻人之失而發其隱，君子之所惡也。言雖非私，必有私者伏矣。即果無私，而不欲行之以啓人之訐謗也。故君子之聽言，止以自攻。

豈徒天子之於宰相爲然邪？百執之得失，有司之功罪，司憲者治之矣。天子以含弘之德臨其上，育其才而進之以所未逮。人乃以自勸於修爲，而樂效其職。而越位以持人之短長者，矯㊀舉纖芥，摘發暮夜，以敗人之名節而使自棄，固明主之所必遠。

抑豈徒天子之聽諫官爲然邪？庶士之族，亦有親疏；閭里之交，亦有比耦；其離其合，自以其倫而爲厚薄。而浮薄之士，喜談臧否者，攻其所不見，詆其所未聞，以使猜疑，固修士之所必絕。

且豈徒攻人之過以相排陷者爲然邪？朝則有章，家則有法；先王之精意，不可以小利疑其不宜；先正之格言，不可以私心度其未至。而（積）〔稱〕㊁引繁雜，瑣陳利害，快愚賤之鄙心以要譽，乘時勢之偶然以改圖。一人之識，而欲盡天下之理；一端之得，而欲強百致之齊。憑臆見以虧短成法，倚古語以譏駁時宜，言不如其心，心不如其理，窮工極變，以蠱人心而亂常道。尤有道者之所必絕，而不使敢干。

夫君子所樂聽人言者，嗜欲之不戢，器識之不弘，學問之不勉，好尚之不端，喜怒之不節，動止之不莊，出話之不正。勿憚我之威，勿疑我之拒，勿薄我爲不足言，勿恕我以姑有待。如石攻玉，必致其精；如繩裁木，必壹於正。則薰沐以求之，拜稽以受之，而唯恐其易盡。如其剛直之氣，不以加我而以加人，則小臣僕妾且將不可以一言入而刑賞及之，況僅此一二坐論之元臣，而授榮辱之大權於悠悠之心

㊀ 校記「矯」作「撟」，古通用。　㊁ 據校記改。

口哉？

自仁宗之爲此制也，宰執與臺諫分爲敵壘，以交戰於廷。臺諫持宰執之短長，以鷙擊爲風采，因之廷叱大臣以辱朝廷，而大臣乃不惜廉隅，交彈而不退。其甚者，有所排擊以建其所欲進，而巨姦且託臺諫以登庸，害乃伏於台輔。宰執亦持臺諫之短長，植根於內庭，而假主威以快其報復。於是或竄或死，乃至褫衣受杖，辱當世之士，而好名者且以體膚之傷毁爲榮。其甚者，布私人、假中旨、以居掖垣，而自相攻擊，害又中於言路。季世之天下，言愈長，爭愈甚，官邪愈侈，民害愈深，封疆愈危，則唯政府諫垣不相下之勢激之也。仁宗作法之涼，延及五百年而不息。求如唐之諫官宰相同寮而不憂其容隱者，且不可得。況古之無人不可諫，用匡君德，而不以尙口爲習俗者，養敦龐剛正之元氣以靖邦家，其得失豈尋丈之閒哉？

自仁宗之爲此制也，呂夷簡卽以逐孔道輔等十人，而余靖、孫沔旬日再竄。廷臣水火之爭，迄於徽、欽，無日無人不爭爲鼎沸。論史者猶以爲善政，則甚矣一曲之士，不足與言治道也！

八

元昊之必反，弗待其後事而知之。今立於五百年之餘，不揣而信其必然，況當日乎？粤自繼遷之死，子弱國危，弗能制其死命，漫曰以恩致之，實則輸錦綺以獻笑，丐其不相淩暴而已。於是而西陲撤備，將帥戢身，戍兵束手者，垂三十年，而昊始反。計德明之世，無亡矢折鏃之患，擁鹽池苑馬之資，藉中國金繒之利，休養其人，以梟岸於河山險固之地，雖微元昊，且將鷹飽而飛；況昊以雄狡之才，中國久在其目中，而欲使弭耳以馴於柙也，庸可得乎？

於是而宋所以應之者，固宜其茫然也。种氏以外，無一人之可將，中樞之地，無一策之可籌。僅一王德用之擁虛名，而以「貌類藝祖、宅枕乾岡」之邪說搖動之，而不安於位。狄青初起，抑弗能乘其朝氣、任以專征，不得已而委之文臣。匪特夏竦、范雍之不足有爲也。韓、范二公，憂國有情，謀國有志，而韜鈐之說未嫻，將士之情未浹，縱之而弛，操之而煩，愼則失時，勇則失算。吟希文「將軍白髮」之歌，知其有弗獲已之情，四顧無人，而不能不以身任。是豈足與狡詐凶横之元昊爭生死者哉？其所用以直前者，劉平、石元孫、任福闒茸輕脆之夫也。則昊之不能東取環、延，南收秦、隴，以席捲關中者，幸其無劉淵、石勒之才也。

故韓、范二公之任此，良難矣。三十年閒，執國柄以贊廟謨者誰邪？李沆四方艱難之說，無可告語，而僅以屬之王旦，旦亦弗能效也。曹瑋憂元昊之狀貌非常，不得昌言，而僅以語之王曙，曙固弗能信也。君飾太平以誇驕虜，臣立異同以爭口舌，將畏猜嫌而思屏息，兵從放散而恥行枚。率不練之疲民，馭無謀之蹇帥，出入於夏竦、王沿之閒，呂夷簡復以疲痺任心膂而可否其上，才即倍蓰於二公，亦弗能振宿萎之枝，而使翹然以起。則不能得志於一戰，而俛首以和終，無足怪者。

乃以其時度其勢，要其後效，宋之得免於危亡也，二公謀異，而范公之策愈矣。任福之全軍覆沒也，范公過信昊之可撫而墮其術中也。韓公力主進兵會討，策昊之詐，而自戒嚴以行邊，則失在范，而韓策爲長。然范之決於議撫者，度彼度此，得下策以自全者也。

古今有定勢焉，弱者不可驟（勝）〔張〕㊀而彊，彊者可徐俟其弱。故有不必危亡之勢，而自貽以危亡者，以不可張之弱嘗試而爭乍張之彊也。夫前之自萎以積弱而養昊之彊者，已如彼矣。然彼雖彊，而未嘗無所憚也。以一隅而敵天下，則貧富不相若。以孤軍而抗天下，則衆寡不相若。內患未起，而人利於安存，則撼我也難。內治猶修，而人不思外附，則誘我也無術。固本自彊，以待其疲，猶足恃也。而無識者，蹶然而起，以希非望之功。驅積衰之衆，糜無益之財，投進有㊁可前、退有可卻之散地，挑進則利、卻則死（於）〔之〕㊂狡寇，姑與薄侵其邊疆，而墮其陷阱。一嘗之而敗矣，彼氣增而我氣折矣。再嘗之、三嘗之，而無不敗矣，彼氣彌增而我氣折盡以無餘矣。彼固未能如是其勇，我以勇貽之也。我且未必如是其怯，自教吾人以怯也。前之有所憚者，無可憚矣。有所疑者，無可疑矣。則雖有勇將勁兵以繼其後，彼且無所懼，奮死以相搏，而勢終不敵。元魏之於六鎮，契丹之於女直，女直之於蒙古，皆是也。不然，以土地甲兵芻糧之富，率有餘之衆，衞久立之國家，以捍乍興之小醜，奚其不敵，而瓦解以亡哉？

使如韓公徇夏竦之策，併數路之兵，同出一道，用爭勝負，人懷異心，而投之虜穴。彼盡銳以攻其瑕，一將衄而全軍駭潰，內地更無堅守有餘之兵，豈徒鄜、延、涇、原之不可保哉？關中糜爛，而汴、雒之憂亦棘矣。范公之鎮延州也，興營田、通斥候，修堡砦，种世衡城青澗以相策應，緩夏竦之師期，按兵不動，以觀其釁。使得如公者以終其所爲，財可充，兵可用，（術）〔將〕㊃可擇，俟之俟之，元昊死，諒祚弱，

㊀ 據校記改。　㊁ 校記「有」作「不」。　㊂、㊃ 據校記改。

無難折箠以收爲外臣。卽未能然，而不驅嘗試之兵，送腰領以增其驕悍，金城屹立，士氣猶存，元昊雖彊，卒不能渡河而有尺土。此范公之略，所繇愈於韓公者遠也。

可移者石也，不可移者山也。無土以障之，則河不決；無水以濺之，則油不炎。使漢高以武帝之兵臨冒頓，則漢必危；抑使楊鎬、王化貞以范公之策保瀋、遼，則國必不斃。是道也，持於積弱之餘，而以救其失者也。急庸人之所緩者，建威之弘略；緩庸人之所急者，定傾之成算。無事而嬉於堂，聞變而鬨於市，今古敗亡之券，可不鑒諸！

九

人之不能有全才也，唯其才之有所獨優也。才之所規，遂成乎量。才所獨優，而規之以爲量，則量窮於所規，規之內有餘，而規之外不足。嗚呼！夫孰知不足者之能止於其分，而無損於道；有餘者求盈於所規之外，治之而實以紛之也。觀於韓、范二公可見矣。

韓公之才，磊落而英多，任人之所不能任，爲人之所不敢爲，故秉正以臨險阻危疑之地，恢乎其無所疑，確乎其不可拔也。而於纖悉之條理，無曲體求詳之密用。是故其立朝之節，直以伊、周自任，而無所讓。至於人官物曲之利病，吉凶變動之機宜，則有疏焉者矣。乃以其長用之於短，其經理陝西也，亟謀會師進討，而不知固守以待時；多刺陝西義勇，而不恤無實而有害；皆用其長而詘焉者也。若法度、典禮、銓除、田賦，皆其所短者。而唯其短也，是以無所興革，而不啓更張之擾。

而范公異是。以天下爲己任，其志也。任之力，則憂之亟。故人之貞邪，法之疏密，窮簷之疾苦，寒士之升沈，風俗之醇薄，一繫於其心。是以內行修謹，友愛施於宗族，仁厚式於鄉閭，唯恐有傷於物，而惡人之傷（而）㊀物也獨切。故以之驅戎，無徼功之計，而致謹於繕修自固之中策。唯其短也，而善用之，乃以終保西陲，而困元昊於一隅。若其執國柄以總庶務，則好善惡惡之性，不能以纖芥容，而亟議更張；裁倖濫，覈考課，抑詞賦，興策問，替任子，綜覈名實，繁立科條，一皆以其心計之有餘，樂用之而不倦。唯其長也，而亟用之，乃使百年安靜之天下，人挾懷來以求試，熙、豐、紹聖之紛紜，皆自此而啓，曾不如行邊靜鎮之賴以安也。

繇是觀之，二公者，皆善用其短，而不善用其長。故天下之不以用所長而成乎悔吝者，周公而後僅㊁見其人也。夫才之所優，而學亦樂赴乎其途；才既優之，學且資之，喜怒亦因之而不可遺㊂。喜（心）〔怒〕㊃既行，而物之不傷者鮮矣。才注於斯，學效於斯，喜怒循斯以發，量之所規，不能度越乎斯，而欲以此槩及乎規之所不至；則何如不足其所不足者，上怵心於天時，下增疑於物理，謹以待物之至，而治之以時，使可受益於天人，而量固未嘗不弘遠也。

才之英發者，擴而充之，而時履於危，危而有所懲則止。故韓公之於西夏，主戰而不終，其刺義勇也，已敝而終改。若其折母后，定儲位，黜姦奄，匡幼主，無所三思以直行其道，則正以不勞形怵心於細故，而全其大勇。而范公憂之已急，慮之已審㊄，乃使纖曲脂韋㊅之士，得依附以售其術，固自天下已

㊀據校記刪。　㊁校記「僅」作「未」。　㊂校記「遺」作「遏」。　㊃據校記改。　㊄校記「審」字作「密」。　㊅校記「脂韋」二字作「悁躁」。

任之日，極其量而不得有餘矣。

苟爲君子，則必知所敬矣。才所不足，敬自至焉。才所有餘，不覺其敬之弛也。唯其敬也，是以簡也。才所有餘者，欲簡而不能。才所不足者，欲不簡而不得。簡之必敬，敬則不容不簡。以此而論二公，韓之蔽於所長者僅也，而范公已甚矣。天章閣開之後，宋亂之始也。范公縝密之才，好善惡惡之量爲之也。是以縝密多知之才，尤君子之所愼用也。

一〇

科舉試士之法有三：詩賦也，策問也，經義也。宋皆用之，(並)〔互〕㊀相褒貶，而以時興廢。夫此三者，略而言之，經義尙矣。策問者，有所利用於天下者也。詩賦者，無所利用於天下者也。則策問之賢於詩賦，宜其遠矣。乃若精而求之，要歸而究之，推以古先聖王涵泳之仁、濯磨之義，則抑有說焉。

經義之制，自唐明經科之帖經始。帖經者，徒取其記誦，則其待士者已末矣。引而伸之，使演其精意，而著爲經義，道之所以明，治之所以定，皆於此乎取之。抑使天下之士，成童以後，日紬繹於先聖之遺書，以厭飫於道腴，而匡其不軌。故曰經義尙矣。然而不保其不敝者，習之斯玩之，玩之斯侮之，以仁義中正之格言，爲弋利掠名之捷徑。而支離者旁出於邪，疲茸者偷安於鄙，彫繪者巧亂其眞，拘攣者法傷其氣，皆所謂侮聖人之言者也。則明經而經以晦，尊經而經以褻，末流之所必趨；糾之以法，而法愈以錮人之心。是其爲弊也，已弊而後知之，未弊之前，弊伏而不覺。故君子不能豫度士風之日偷，而

㊀ 據校記改。

廢之於先。

而獘之顯著於初者，莫詩賦若也。道所不謀，唯求工於音響；治所勿問，祇巧繪其鶯花。其爲無所利用於天下也，夫人而知之，夫人而能言之，則固不得與策問爭長矣。策問之興，自漢策賢良始。董仲舒天人之對，歷數千年而見爲不刊。嗣起者，競起以陳當世之務，爲得爲失，爲利爲病，爲正爲邪，爲安爲危，人百其言，言百其指，以爭效之於天子。天子所求於士以共理天下者，正在於斯。以視取青妃白之章，不亦遠乎！然爲此說者，抑未體乎先王陶淑之深心，以養士習，定國是，知永終之敝，而調之於早者也。

夫先王之造士，豈不欲人抒其規畫以贊政紀哉？乃漢之始策賢良也，服官之後，品行已徵，成績已著，三公二千石共保其爲醇篤之儒，而後策之。始進之士，固不以此爲干祿之徑，而自獻以言，夫亦有深意存矣。道莫亂於多歧，政莫紊於爭訟，士莫惡於揣摩天下之形勢而思以售其所欲爲。夫苟以策問進之，則士皆於策問習之。陳言不適於時，則倚先聖以護其迂；邪說不準於理，則援往事以文其悖。足未越乎閭門，而妄計九州之盈詘；身未試乎壁壘，而輒爭一綫之安危。於是詭遇之小夫，心胥史之心，學幕賓之學，依附公門以察其條教，窺探時局以肆其褒譏。人希范、蔡之相傾，俗競儀、秦之互辯，而淳龐簡靜之休風，斬焉盡矣。其用也，究以無裨於用也；其利也，乃以成其害也。言詭於下，聽熒於上，而民不偷、國不仆者，未之有也。

且夫詩賦，則亦有所自來矣。先王之教士而升以政也，豈不欲規之使圓，削之使方，檠之使必正，束之使必馴，無言而非可用，無動而非可法，俾皆莊肅如神，乾惕如戰，勤敏如疾風，纖密如絲雨，以與天下相臨，而弘濟艱難哉？然而先王無事此也。㓜而舞勺矣，已而舞象矣，已而安絃操縵矣。及其成也，賓之於飲，觀之於射，旅之於語，泮渙夷猶，若將遠於事情，而不循乎匡直之教。夫豈無道而處此？以爲人之樂於爲善而足以長人者，唯其清和之志氣而已矣。不使察乎天下之利，則不導以自利之私；不使揣於天下之變，則不動其機變之巧；不使訐夫天下之慝，則無餘慝之伏於心；不使測夫天下之情，則無私情之吝於己。盪而滌之，不以鄙陋愁其心；泳而游之，不以紛拏鼓其氣。養其未有用之心，爲有用之圖，則用之也大；矜其無可尙之志，爲所尙之道，則其所尙也貞。詠歌傸歎於人情物態之中，揮斥流俗以游神於清虛和暢之宇。其賢者，進於道，而以容四海、宥萬民，而有餘裕；不肖者，亦斂戢其喬野鷙攫之情，而不操人世之短長，以生事而賊民。蓋詩賦者，此意猶存焉。雖或沈溺於風雲月露之閒，茫然於治理，而豈掉片舌、舞寸管，以倒是非、亂綱紀，貽宗社生民之害於無已哉？

繇此言之，詩賦之視經義弗若也而賢於策問多矣。范希文奮起以改舊制，於是而浮薄之士，爭起而習爲揣摩。蘇洵以孫、吳逞，王安石以申、商鳴，皆持之以進；而爲之和者，實繁有徒，以裂宋之綱維而速墜。希文之過，不可辭矣。若乃執政之黨人，摘策問之短，爲之辭曰：「詩賦聲病易考，策論汗漫難知。」此則卑陋已極，適足資希文之一笑而已。

二一

上書糾察之言，有直，有佞，有姦。是天下之公是，非天下之公非，昌言而無諱者，直也。迎時之所是而是之，不顧其非；迎時之所非而非之，不恤其是；曲言而善辯者，佞也。是天下之公非，非天下之公是，大言以脅上者，姦也。要其所言者，必明察其短長。或以爲病國，或以爲罔上，或以爲侵權，或以爲廢事，引國計之瀕危，指登進之失序，自言妨忌者何人，直摘失謀者何事，乃以是其所是，非其所非。雖佞且姦，亦託之愛君憂國之直，而不避怨以相攻擊，則人君爲其所動也，亦有繇矣。

乃三者之外，有妖言焉。非徒佞也，非徒姦也，託之於直，以毁傷人之素履，言一發而無可避、無可辯也。若是者，於草爲堇，於蟲爲蜮，於鳥爲鵩，於獸爲狐。風一倡㊀，而所號爲君子者，亦用其術以加之小人，而不知其不可爲也。則其爲妖也，不可辭矣。凡爲此言者，其大端有四：曰謀爲叛逆，曰詛呪誹謗，曰内行不修，曰暗通賄賂。嗚呼！使直不疑、陳平不遇明主，則廢錮終身；狄仁傑非有天幸，則族滅久矣。不幸而爲其所惑也，君以殺其體國之臣，父以殺其克家之子，史氏且存其説，以汙君子於蓋棺之後。自春秋以來，歷漢、唐而不絶，猶妖鳥蠥狐之不絶於林莽也，而宋爲甚。王拱辰之以陷蘇舜欽、搖杜衍也，丁謂之以陷寇準也，夏竦之以陷石介及富弼也，蔣之奇之以陷歐陽修也，章惇、蘇軾之以互相陷也，莫非妖也。加之以「無將」之辟，則曰密謀而人不覺。汙之以帷薄之愆，則曰匿醜而跡不宣。誼之以誹謗，則文字皆索瘢之資。訐之以關通，則禮際亦行私之迹。辱之以贓私，則酒漿亦暮夜之投。人所不能言者言之矣，人所不敢言者言之矣，人所不忍言者言之矣。於國計無與也，於官箴無與也，於民瘼無與也，於吏治無與也。大則施以覆載之不容，細亦被以面目之有靦。傾耳以聽道路之言，而藏身託於風聞之誤。事已白，而自謂責備之嚴；事無徵，而猶矜誅意之效。無所觸而興，是怪鳥之啼於坐

㊀ 校記「倡」字下有「而無所訖」四字。

隅也。隨其影而射，是螘蟲之藏於深淵也。雖有曲謹之士，無得而防；雖有善辯之口，無從而折。昏霾起而眉目不辨，疫厲興而沿染無方，亦且終無如之何矣。

嗚呼！苟有明君，亦豈必其難辨哉？天下方定，大位有歸，懷逆何望也？君不殺諫臣，士不惜直言，誹謗何爲也？旣以登朝，誰能拒戚畹近信而弗與接也？時方暇豫，誰能謝燕游歡笑而無所費也？至於宗族有讒人，而小缺在寢門，則閒言起。婢妾有怨望，而嫌疑在欬笑，則醜詆宣。明主相信以素履，相知以大節，度以勢之所屈，揆以理之所無；則密陳之而知其非忠，斥言之而知其非直，面相質訐，而知君子之自愛，且代爲之慙，而恥與之爭。若夫人之爲賢爲姦，當其舉之於鄉，升之於朝，進而與之謀國；獨契之知，衆論之定，已非一日；何待怨隙開而攻擊遑，乃俟胥人之吹索而始知哉？而優柔之主，無救日之弓以射妖鳥，則和顏以聽，使盡其詞。辱朝廷羞當世之士，旣已成乎風氣。於是自命爲君子人者，亦倒用其術以相禁制。妖氣所薰，無物不靡，豈徒政之所繇亂哉？人心波沸，而正直忠厚之風斬焉。斯亦有心者所可爲之痛哭矣！

王曾舍丁謂之大罪，而以山陵水石（詐）〔誣〕㊀其有不軌之心。唐介所稱「眞御史」也，張堯佐之進用，除擬出自中書，責文彥博自有國體，乃以燈籠錦進奉貴妃，詆訶之於大廷。曾言旣用，謂雖殛而罪不昭。介貶雖行，彥博亦緣之而罷相。然則仁宗所終始樂聞者，以曖昧之罪加人。而曾與介身爲君子，亦利用妖人之術，行辛螫以快其心。風氣狂興，莫之能止。乃至勒爲成書，如碧雲騢諸錄，流傳

㊀ 據校記改。

後世，爲怪誕之嚆矢。是非之外有毀譽，法紀之外有刑賞。中於人主之心，則淫刑以逞；中於士大夫之心，則機械日張。風俗之惡，一邑一鄉之中，狂瀾亦日興而不已。有憂世之心者，且勿以姦佞爲防，而急正妖言之辟，庶有瘳與！

二

傳曰：「一薰一蕕，十年尚猶有臭。」蕕，臭也，閒之以薰，則臭有所止息，而何以臭之十年邪？知此者，而後可與言治。

仁宗自明道二年劉后殂始親政，訖乎帝崩，三十年，兩府大臣四十餘人。夷考其人，韓、富、范、杜諸公之大節炳然者，若而人矣。抑若呂夷簡、夏竦、陳執中、高若訥，清議所交謫者，抑繁有徒。他如晏殊、宋庠、王隨、丁度之浮沈而無定守者抑與焉。其進也，不固進也，俄而退矣；其退也抑未終退也，俄而又進矣。人言一及而輒易之，互相攻擊則兩罷之；或大過已章而姑退之，或一計偶乖而即斥之。且諸人者，皆有所懷來，持以爲用，一得位而即圖嘗試；而所與倡和以伸其所爲者，勃然蹶起，乘所宗主者之大用，以急行其術。計此三十年閒，人才之黜陟，國政之興革，一彼一此，不能以終歲。吏無適守，民無適從，天下之若驚若騖、延頸舉趾、不一其情者，不知其何似，而大概可思矣。

數進而數退者，或賢或佞，固不可保矣。則政之所繇亂，民之所繇傷，非但小人之亟代君子，君子之澤不及下逮也。以君子亟代君子，其同也，則何取乎代之？其異也，則亦旦之令不保於夕也。且以君子而亟代小人，吏民既已受小人之虐，而降心茹荼以從之，從之已夙，亦不得已而安之，而代之者又急反焉，則前勞費而後效亦不易收；且抑不敢信以爲可久，而志愈惑，力愈詘矣。況以小人而亟代小人，小人者，各有其私以相傾而相制者也，則且託於鋤姦革弊之大名以搖天下。爲害之實相若也，而名與法，則紛糾雜出而不可紀。進者退矣，已而退者又進矣。輸忠者無可釋之憂疑，懷姦者挾危機以觀望。自非清剛獨立之端士，且游移以冀兩容；雖以利病昭著之謀猷，亦乍行而無成績。害者害，而利者亦害；邪者邪，而貞者不能固保其貞。舉棊之不定也，築室之不成也，以求社稷生民之安平鞏固於百年也，其可得乎？

夫天子之無定志也，旣若此矣。持之以靜正，養之以和平，需之以從容者，固將望之有學有守之宰執，與憂國如家之諫臣。深知夫善政雖行而不能永也，危言雖聽而不能終也；無亦奉祖宗之成憲以折其狂興，息搏擊之鋒鋩以杜其反噬，猶庶乎其有定也。而爲大臣者，席未煖於紫禁，劍已及於寢門。議磨勘矣，覈任子矣，改科舉矣，均公田矣，皇皇然若旦不及夕，而一得當以爲厚幸。言路之臣，若蔡襄、唐介、孔道輔者，頳發於顏，髮豎於額，以與當路爭衡於筆舌，知不足以相勝也，而特以求伸於眉睫。乃至浮薄之士，心未喻君子之深衷，而聞風以遙和；身未試小人之沮害，而望影以爭攻。一波乍興，萬波隨涌。黨邪醜正之徒，亦相師以相報。天子且厭聞之，而姦邪亦不以彈劾爲恥。於是祖宗朝敦龐鎮靜之風日陵月替，而天下不可爲矣。人知熙、豐以後，議論繁興，毒痡四海，激盜賊，召（遠敵）〔夷狄〕㊀；亦惡知濫觴之始，早在仁宗之世乎？

伊尹之訓曰：「咸有一德。」一者，愼擇於先而謹司之於後也。王心載寧，而綱紀定，法守專，廷有

㊀ 據校記改。

親臣，野無横議，天下永綏，外侮不得而乘焉。嗚呼！三代以下，能以此言治者鮮矣。宜其舉四海而淪胥之也。

一三

元昊死，諒祚初立，議者請餌其三將，破分其勢，可以得志。程琳曰：「幸人之喪，非所以柔遠人。」立說之非，人皆知之，誠哉其不可與謀也！春秋重伐喪之貶，予士匄之還，彼有取爾矣。鄰國友邦，偶相失以相瘉，兵臨服罪，同好如初，則乖約肆淫，大傷人子之心，信不仁矣。元昊者，淪於夷之叛臣，爲我蟊賊者也。死亦不足恤也。喪亦不足矜也。如其可削平，以休息吾民，鞏固吾宇，惡容小不忍以亂大謀哉？故琳說之非，不可託春秋之義爲之解也。

雖然，宋至此而欲乘喪以圖諒祚，談何容易乎？昔者繼遷死，德明弱，曹瑋欲得精兵俘孤雛，郡邑其地；廟算無成，而元昊嗣之以逞。今元昊死，爲破分其國之說，亦師瑋之智，而奚謂其未可邪？夫所謂理勢者，豈有定理，而形迹相若，其勢均哉？度之已，度之彼，智者不能違，勇者不能競，唯其時而已。

繼遷雖悍不內附，收衆侵邊，宋弗能討而撫之，然猶定難一節使耳。德明嗣立，需宋之寵命以雄長其部落，君臣之分尚在，則予奪之政猶行。力詘歸降，自有餘地以相待。弗能爲竇融也，猶不害爲田與；勿庸致死於我，而服之也易。元昊已儼然帝制矣，宋之待之者，名之曰「夏國」。則固不能以臣禮畜，而視爲友邦矣。建郊廟，立宮闕，豈有㊀一旦芟夷，俯首而從臣列。則諒祚雖孱，處於無可卻步之

㊀ 校記「有」作「肯」。

勢，其以死爭存亡者，必也。且不徒諒祚已也。當德明之始，爲之部曲者，亦節鎮之偏裨，幕府之參佐也。元昊僭而百官設，中國叛人如張元輩者，業已將相自居。束身歸闕，不誅不廢，而抑不能與徐鉉、楊業同升顯列。則人懷有死無降之志，以爲諒祚效，其情其勢，豈可旦暮亟摧者哉？繼遷之叛也，雖嘗誘殺邊臣，襲據銀州，而宋不能懲；然未嘗一與交兵，受其挫衄，張彼勢而自見其弱也。及元昊之世，宋一敗於延州，而劉平、石元孫駢首受刃；再敗於好水川，而任福全軍覆沒。韓、范、王、龐分招討之任，僅保殘疆，無能報也。則中國落膽於西人，狡虜益增其壯氣。元昊死而餘威固在，度之彼勢既然矣。

且宋當德明之世，去平江南、下西蜀、破太原也未久，兵猶習戰。而曹瑋以知兵世將，奮志請纓，繇其後效，固知其足恃也。及仁宗之季，其夙將死亡殆盡，廂禁之兵，僅存名籍。王德用、狄青且顛倒於廷臣之筆舌。乃欲以機巧離其部曲，率屢敗⊖疲民以求逞，未有不自貽僵仆者矣。度之己者又然也。今之時非昔之時，而勢可知已。勢不相若，而安危存亡之理，亦昭然其不昧矣。

抑以天下之大勢言之，宋從曹瑋之謀而克也，則威建而可折契丹之氣，亦唯昔爲然，而今不可狃也。當彼之時，宋與契丹猶相角而不相下，則宋苟平西夏，契丹且避其鋒。及澶州之役一興，而宋亟薦賄矣。劉六符片言恐喝，而益幣稱納矣。契丹之得志於宋，不待夏人之援；而盡宋之力以爭夏，則鷸蚌之持，契丹且坐乘其斃。卽如議者之志，三大將離叛以捲土來歸，一隅孤懸，契丹順右臂而收之，一劉裕之俘姚泓，徒爲赫連效驅除耳。關、隴且岌岌矣，奚能終有河西以臨朔漠哉？宋於此時，急在北而不

⊖ 校記「屢敗」二字作「孱帥」。

在西，明矣。歲幣日增，力窮坐困，舍契丹以不慮，而外徼幸於斗絕之西陲，勝不足以立威，敗則益增召侮。瘠牛僨於豚上，其如猛虎何邪？況乎利誘三將之策，尤童昏之智，祇爲夏人玩弄以相傾覆也乎？以此思之，程琳之說非也，而有不能訟言以示弱者，故假於伐喪之義，以止妄人之辯，琳或有深心焉，未可知也。

難得而易失者，時也；德明方弱之日也；已去而不可追者，亦時也，元昊初喪之日也。齊桓陘亭之次，宋襄用之而兵敗身傷；劉裕北伐之功，吳明徹效之而師殲國蹙。知時以審勢，因勢而求合於理，豈可以概論哉？

一四

功名之際，難言之矣。蔑論小人也，爲君子者，道相謀，志相叶，好惡相若，進退相待，無不可視人若己者，而於此有不能忘者焉。非其寵祿之謂也。出而思有爲於當世，得君而事之，才可以勝，志可以伸，心可以無媿，大功可以成，大名可以立，而不得與焉，退處於無能有爲之地，則悁悁之情，一動而不可按抑。於是而於友不純乎信，於君不純乎忠，於氣不純乎和，於品不純乎正，皆功名之念爲之也。故君子貴道德而賤功名，然後坦然以交於上下，而永保其貞。嗚呼！難言之矣！

韓、富二公之相爲輔車也，舊矣。富任中樞，而韓出安撫，不以爲嫌也。富方㊀報罷，而韓亟引退，

㊀ 校者按：本篇錯簡甚多。下文自「報罷」起至第一〇七頁第一一行「局外置」止各段文字，與自「身而望不爲貶」起至第一〇八頁第六行「仁宗」止各段文字，刻本顛倒誤置，茲據校記乙轉改正。

深相信也。乃其後富有憾於韓，韓公死而不弔，隙末之釁，生死不忘，豈韓有以致之哉？仁宗之建儲也，范蜀公諍言於廷，諫官交起以應之，而富公居中力勸其成，韓公尚未與也。已而韓公入相，富自以母喪去位，於是韓公面對，不恤惡怒，迫請英宗之名，起復之苫塊之中，正名皇子，韓公固獨任焉，而富不與。逾年而仁宗崩，英宗立，宦官搆曹后以思廢立，於是危言以鎮壓曹后，調和兩宮，宗社無動搖之釁，韓公亦獨任焉，而富不與。曹后無歸政之志，韓公厲聲迫請撤簾於衣裾尚見之餘，韓公又獨任之，而富不與。於是而富怏怏求罷，出守揚州，嫌郤自此開矣。及乎英宗早折，韓公受憑几之命，請力疾書名以定神宗，而折太后舊棄求兎之邪心，富既出守，韓公自獨任之，富固不得而與也。凡此數不得與者，自後而言，富以含愠去，而自不欲居其任。自前而言，富以子道在而固不得與聞。乃持此以開隙於趣向同歸之益友，富於是乎不得允爲君子矣。

夫此二公者，或收功於西陲，或箸節於北使，出入兩府，通顯已極，人望咸歸，君心式重，與乎定策而位不加崇，局外置（升）〔身〕㊀而望不爲貶，夫豈待是以收厚實哉？富亦辭榮有素，非有懷祿固寵之情也。然而揑目空花，青霄爲障，幾成張耳、陳餘之晚節，無他，功不自己成，名不自己立，懷忠愛以求伸，不克遂其匡扶社稷之夙志，以正告天下後世，鬱悒周章，成乎偏衷而不自釋也。故曰功名之際，難言之也。是以君子以道義自靖其心，而賤功名爲末節，誠有以也。

或且以致疑於韓公曰：「大功之所就，大名之所居，君子於此，有讓道焉。則前之定議於密勿者，

㊀ 校者按：「升」字當作「身」。

胡不待富於服闋之後？後之抗爭於簾前者，胡不留富於請外之時？幸得同心之侶，與協恭以允濟，而消疑忌於未形，韓公有餘歉焉。」之說也，其於君子之道，名取而不以誠者也。夫苟秉拓達光大之衷，則宗社之事，苟有任之者，奚必在我？韓公固不以狹小之量擬富之必出於此。而天位去留之際，國家禍福之機，當閒不容髮之時，如其恤謙讓之文，遲回而姑待，避怨憎之迹，作意以周旋；則事機一失，變故叢生。庸人誤國以全身，胥此道耳。而公豈屑爲之哉？且夫英宗之嗣，所欲決策者，仁宗之獨斷耳。英宗育於宮中二十八年矣，而皇子之名未正，仁宗之遲回而審可否者已熟。然而廷臣爭請，牘滿公車，未能決之一朝者，有閒之者也。曹后之情，任守忠輩宵人之計，已岌岌矣。則斯舉也，獨任之則濟，分任之則疑。韓公他日或告以蹉跌而身不保。公歎曰：「人臣盡力事君，死生以之，成敗天也，豈可豫憂其不濟。」以此爲心，忘其身矣，而何有於人？功可分，名可讓，而死不可要人而與共；專死也，非專功也，何容輕議哉？

夫富公固非有異志者，而觀其生平，每多周防免咎之意，故出使而發視國書，以免呂夷簡之陷。則奮不顧身，以彊人主，以犯母后，以折姦邪者，誠非富之所能與。使必相待而相讓，不我沮也，而固不能我決也，且從容審量而授我疑也。仰質皇天，昭對皇祖，拊省夢魂，揭日月以正告於天下後世，可爲則爲之，可言則言之已耳。賓賓然以功爲不可獨成，名爲不可獨尸，期遠怨於朋友而坐失事機，爲社稷臣者豈若是？國家之不幸也多矣，伊尹遷桐，萊朱不與；周公破斧，君奭弗聞。富懷不平之心，自愧於君子，而韓公何慽焉？夫韓公不以功名之志期富，其待之也厚矣，惜乎富之未喻也。

宋論卷五

英宗

一

集思廣益，而功不必自己立，大臣之道也。而抑有不盡然者，非光大宅心而忠忱不渝者，其孰能知之？夫博訪於前，以盡人之才；分功於後，以奬人之善；是道也，則亦唯其當而已矣。用人則采公論，而後斷之以其眞；其合者，則曰此衆之所允愜者也。行政則訪羣議，而後析之以其理；其得者，則曰此衆之所襄成者也。此其所當者也。若夫宗社之所以安，大臣之所以定，姦邪窺伺於旁，主心疑貳於上，事機決於俄頃，禍福分於毫釐，則疏遠之臣民，既非其所深喻；卽同朝共事，無敢立異而願贊其成者，或才有餘而志不定，或志可任而才不能勝。徒取其志，則淸謹自矜之士，臨之而難折羣疑；抑取其才，則妄興徼利之人，乘之而倒持魁柄。如是者，離人而任獨，非爲擅也。知之已明，審之已定，握之於幽微之存主；而其發也，如江、河之決，不求助於細流。是道也，伊、周之所以靖商、周，愼守其獨知，而震行无眚，夫孰得而與之哉？三代以還，能此者，唯韓魏公而已矣。

霍光之敢於易位也，張安世、田延年之共成之也。所以然者，光於大臣之道未純，而神志不足以充也。且其居功受賞之情，不忘於事後，則固斷之以獨而不可也。而韓公超然遠矣。人主長矣，而母后之簾不撤；胥小持其長短，謗讟繁興，以惑女主，而英宗之操縱，在其掌中。於斯時也，非獨張昇、曾公亮、趙槩之不能分任其死生，即文、富二公直方剛大之氣，至此而不充。故「決取何日」之言，如震雷之迅發，而叱殿司以速撤；但以孤忠託先君之靈爽，而不假片言之贊助。其坐政事堂，召任守忠，斥其惡而速驅以就竄，必不以告趙槩，而制之以勿敢異同。嗚呼！以如此事，而咨謀於庶尹，會議於堂皇，騰書於章奏，求其事之不僨也，幾何哉？

劉瑾一導淫之小豎耳，非有熒惑宮闈、動搖神器之危機也。韓文倡之，李夢陽成之，九卿隨聲而和之，劉、謝居中而應之；李東陽、王鏊俛仰其閒，亦非素結瑾以徼榮者；而參差（巨柄）〔互持〕㊀，竟以空朝廷而長宵人之氣。況守忠所挾者，垂簾之母后，所欲動搖者，入繼之嗣君。則天位危，而顧命大臣之竄死，在俄頃閒；此何如事，而呼將伯之助，以召不測之憂哉？韓公之獨任於己也，其志之（眞）〔貞〕㊁，盟於夢寐；其道之正，積於生平；其情之定，忘乎生死；其力之大，發以精神。功何必不自己成，名何必不自己立，而初無居功立名之心，可揭日月以告之天下。易曰：「或從王事，知如字光大也。」知光大者之獨行而無所恤，乃可以從王事，臣道之極致也。文、富諸君子，且不難推而置之局外，而況他有所倚哉？趙汝愚之未能此也，非韓侂胄不足以立功，而事權失矣，雖有朱子，不能善其後也。

夫韓公之坦然無懼而以爲己任，非一日也。其請皇嗣也，仁宗曰：「朕有此意久矣！誰可者？」斯

㊀、㊁據校記改。

言也，在仁宗爲偶然之語，而使顧瞻愿謹者聞之，必震慄失守而不敢爭。公且急請其名，以宣示中外，視神器之所歸，如獻醻之爵，唯所應得者而揖讓以將之。此豈文、富諸公所能任？而內無可援引之后妃，下無可居閒之宦寺，則卽有姦邪，亦不能挾以爲名而相忮害。爲仁繇己，豈襲義者之所可與於斯乎？無樂取人善之虛衷，不足以經庶務；無獨行其志之定識，不足以任大謀。剛愎自用者，及其臨事而待命於人。斗筲之器，所受盡而資於缾盎，必然之勢也。

二

濮王典禮之議，古今之公論集焉。夫粗而論之，亦易辨矣；精而論之，言必有所衷，道必有所察，彝倫不容以毫髮差，名義不可以形（勢）〔似〕㊀襲，未易易也。如苟古有可引而引之，言有可以奪彼而抗言之，則匪徒其邪也，其正者亦以斁天理而傷教本。豈易易哉？人之有倫也，有同焉者，有異焉者。同焉者，理之在天下者也。異焉者，理在夫人之心者也。胥天下而親其親，長其長，一也。統之於一，其義昭明，歷古今、統上下、而不容異；無所異，則無所容其辯矣。乃人各親其親，非以天下之所必親而親之。人各長其長，非以天下之所必長而長之。則名同而實異，道同而德異，義理同而性情異。執彼以概此，辯愈繁而心愈離，非精義以悅心者，弗能與於斯。故曰「未易易也」。

以漢宣之於史皇孫，光武之於南頓府君，例英宗之於濮王者，非也。漢宣雖繼孝昭以立，而孝昭不以宣帝爲子，宣帝亦未嘗以孝昭爲父。非若英宗早育於宮中，業已正皇子之名也。光武上繼元帝，序

㊀ 據校記改。

七廟之昭穆而已。光武之生，不逮元帝，遭國中圮，奮起庶宗，自百戰以復漢社稷，其不父元帝而必父南頓，尤烈於漢宣。故必正名南頓府君曰「皇考」，親奉祀焉，不可委之伯叔之子而自忘其所生也。則固與英宗無中興之功烈，而仁宗實爲其禰，異矣。故以二帝擬英宗，而等仁宗於孝昭、孝元，不協於仁宗之心。不協於仁宗之心，則英宗之心亦不協。此温公欲以厚仁宗，而不知適以薄。故曰非也。

若夫歐陽永叔緣「爲其父母」之文，以正濮王皇考之稱，其不中於禮，夫人而知之，而未知其所以非也。爲其父母服期，此大夫以降世祿之家，爲人後者，得伸於其所生爾。天子絶期，不得於此而復制期服。蓋天子者，皇天上帝明禋之所主，七廟先皇禘祫之所依，天下生民元后父母之所託。故於伯叔父之應服期者，生而臣之，沒而從爲諸侯錫衰之禮，尊伸而親屈，是以絶期。而出後於天子，則先皇委莫大之任於其躬，可以奪其所自生之恩德，固與世祿之子僅保其三世之祀者殊也。則使英宗立而後濮王薨，不得爲之服；不得爲之服，則父母之稱，不足以立矣。而時無能以此折永叔之非也。

温公曰「宜準封贈期親尊屬故事，稱爲皇伯，高官大爵，極其尊榮」者，亦非也。濮王之始繇節度使而封郡王，繇郡王而贈濮王，皆以英宗故而受殊禮。則仁宗之爲英宗報本地也，久矣。益其封贈，不爲加榮，即如其前，不爲有闕。子不得以其尊加之於所生，而馭以爵祿；固心之所有憚，而實心之所弗忍者也。則封贈之說，不可行矣。以所生言之，則父也。以族屬言之，則猶之乎凡爲伯父者之爲皇伯也。固爲伯父，不待立名；實非伯父，名非繇我。而爲之名曰皇伯，固不如無爲之名而心可以安。故温公之說，亦曲就而非正也。

至若王珪之言曰：「陛下所以負扆端冕，萬世相承，皆先帝德也。」此言何爲而至於人子之耳哉？以貴爲天子、富有四海、傳之子孫爲德，而不可忘；則是以富貴故，而父非其父；以富貴所不在故，而不父其父。見利忘恩，人之所以異於禽獸者，泯矣。孝子於此，將有懷慙（自）〔負〕㊀痛、追悔出繼之非，敝屣天下，脫之而逃耳。以小人之心，議天倫之大，沒天地祖宗之重任，懷榮其身、庇其子孫之私恩。珪乃昌言此不道之說於廷，而當時猶以爲允，世教之衰，非徒小人之亂之矣。

夫濮王既不可稱考，抑不可稱伯，此中書所爲駁珪等議，而議㊁以當稱何親？珪等窮矣。苟據典禮以求其允愜，自可不窮。濮王已薨，書召㊂弗及矣。若祭，則天子於伯叔無喪畢致祭之禮。濮王自有子孫，世其爵，延其祀，俾奕世勿絕，則所以報本者已遂。而歲時修舉，自屬濮國之小宗，天子弗與焉。天子弗與，則稱謂可絕，又何必致疑於名之何稱，而徒滋聚訟哉？然而英宗有難處者於此：君子之守道也，不昧其初。濮王之薨，英宗嘗執三年之喪矣。未爲天子而父之，已爲天子而不父，則始末不相應。而前之哀戚，以大位而改其素，安能不耿耿焉。此則仁宗之過也。業已方四歲，而育之宮中者二十五年，知之非不深矣。濮王超進大國之封，爲英宗故，立之非不決矣。而不早正皇子之名，別爲濮王立後，以定其世系。仁宗一猶豫，而授英宗以兩不自勝之情。故以韓公之秉正，而俛仰以從歐陽之議，實有其難處者存也。處乎難處，而容以率然之心議之乎？求盡人倫之至者，研義以極其精，乃能存仁以無所憾。孤持一義，不研諸慮以悅諸心，其不勝於邪說也，必矣。況如王珪之以人欲滅天理者乎？

㊀ 校者按：「自」字當作「負」。 ㊁ 校者按：「議」疑當作「詰」。 ㊂ 校者按：「召」疑當作「詔」。

宋論卷六

神宗

一

言有大而無實，無實者，不祥之言也。明主知之，知其拓落而以是相震，則一聞其說，而屏退之唯恐不速。唯智小而圖大，志陋而欲飾其短者，樂引取之，以箝天下之口，而遂其非。不然，望而知其爲妄人，豈難辨哉？

王安石之入對，首以大言震神宗。帝曰：「唐太宗何如？」則對曰：「陛下當法堯、舜，何以太宗爲哉？」又曰：「陛下誠能爲堯、舜，則必有皐、夔、稷、契；彼魏徵、諸葛亮者，何足道哉？」嗚呼！使安石以此對颺於堯、舜之廷，則靖言庸違之誅，膺之久矣。抑誠爲堯、舜，則安石固氣沮舌噤而不敢以此對也。夫使堯、舜而生漢、唐之後邪，則有稱孔明治蜀、貞觀開唐之政於前者，堯、舜固且揖而進之，以畢其說，不鄙爲不足道而遽斥之。何以知其然也？舜於耕稼陶漁之日，得一善，則沛然從之。豈耕稼陶漁之侶，所言善言，所行善行，能軼太宗、葛、魏之上乎？大其心以函天下者，不見天下之小；藏於密以察天下者，不見天下之疏。方步而言趨，方趨而言走，方走而言飛；步趨〔走〕㊀猶相近也，飛則固非可

㊀ 據校記增。

欲而得者矣。故學者之言學，治者之言治，奉堯、舜以爲鎮壓人心之標的；我察其情，與緇黃之流推高其祖以樹宗風者無以異。韓愈氏之言曰：「堯以是傳之舜，舜以是傳之禹」；相續不斷以至於孟子。愈果灼見其所傳者何道邪？抑僅高舉之以誇其所從來邪？愈以俗儒之詞章，安石以申、商之名法，無不可曰堯、舜在是，吾甚爲言堯言舜者危也。

夫堯、舜之學，與堯、舜之治，同條而共貫者也。安石亦知之乎？堯、舜之治，堯、舜之道爲之；堯、舜之道，堯、舜之德爲之。二典具存，孔、孟之所稱述者不一，定以何者爲堯、舜之治法哉？命岳牧，放四凶，敬郊禋，覲羣后，皆百王之常法。唯以允恭克讓之心，致其精一以行之，遂與天同其巍蕩。故堯曰「無名」。舜曰「無爲」。非無可名，而不爲其爲也。求一名以爲獨至之美，求一爲以爲一成之侀，不可得也。今夫唐太宗之於堯、舜，其相去之遠，夫人而信之矣。而非出號令、頒科條之大有異也。藉令堯、舜而舉唐太宗所行之善政，允矣其爲堯、舜。抑令唐太宗而倣堯、舜所行之成蹟，允矣其僅爲唐太宗而止。則法堯、舜者之不以法法，明矣。德協於一，載於王心，人皆可爲堯、舜者，此也。道貞乎勝，有其天綱㊀，湯、武不師堯、舜之已迹，無所傳而先後一揆者，此也。法依乎道之所宜；宜之與不宜，因乎德之所慎。舍道與德而言法，韓愈之所云「傳」，王安石之所云「至簡、至易、至要」者，此也。皋、夔、稷、契以其恭讓之心事堯、舜，上畏天命，下畏民嵒。匹夫匹婦有一善，而不敢驕以所不屑，唐、虞之所以時雍也。顧乃取前人經營圖度之苦心以撥亂扶危者，而淩躐之，栩然曰：「堯、舜之道至易，而無

㊀ 校記「有其天綱」作「存乎大綱」。

難旦夕致也。」商鞅之以脅秦孝公者，亦嘗用此術矣。小人而無忌憚，夫亦何所不可哉？

揚堯、舜以震其君，而誘之以易；揭堯、舜以震廷臣，而示之以不可攻。言愈高者(趙)〔志〕㊀愈下，情愈虛者氣愈驕。言及此，而韓、富、司馬諸公亦且末如之何矣！曹丕曰「吾舜、禹也」，則舜、禹矣。源休曰「吾蕭何也」，則蕭何矣。姦人非妄不足以利其姦，妄人非姦無因而生其妄。妄人興而不祥之禍延於天下，一言而已蔽其生平矣。奚待其潰隄決岸，而始知其不可遏哉？

二

君子之道，有必不爲，無必爲。小人之道，有必爲，無必不爲。執此以察其所守，觀其所行，而君子小人之大辨昭矣。必不爲者，斷之自我，求諸己者也。雖或誘之，而爲之者，必其不能自固而躬冒其爲焉㊁。不然，熒我者雖衆，弗能驅我於叢棘之中也。必爲者，強物從我，求諸人者也。爲之雖我，而天下無獨成之事，必物之從而後所爲以成，非假權勢以迫人之應，則銳於欲爲，勢沮而中止，未有可必於成也。以此思之，居心之邪正，制行之得失，及物之利害，其樞機在求人求己之閒，而君子小人相背以馳，明矣。

夫君子亦有所必爲者矣，子之事父也，臣之事君也，進之必以禮也，得之必以義也。然君子之事父，不敢任孝，而祈免乎不孝；事君不敢任忠，而祈免乎不忠。進以禮者，但無非禮之進，而非必進；得以義者，但無非義之得，而非必得。則抑但有所必不爲，而無必爲者矣。況乎任人家國之政，以聽萬民之治。古今之變遷不一，九州之風土不齊，人情之好惡不同，君民之疑信不定。讀一先生之言，暮夜得

㊀ 據校記改。　㊁ 校記「爲焉」作「惡」。

之，雞鳴不安枕而揣度之，一旦執政柄而遽欲行之，從我者愛而加之膝，違我者怒而墜諸淵，以迫脅天下而期收功於旦夕；察其中懷，豈無故而以一人犯兆民之指摘乎？必有不可問者存矣。夫既有所必爲矣，則所迫以求者人，而所惛然忘者己矣。故其始亦勉自鈐束，而有所不欲爲；及其欲有爲也，爲之而成，或爲之而不成，則喜怒横行，而乘權以逞。於是大不韙之事，其夙昔之所不忍與其所不屑者，苟可以濟其所爲而無不用。於是而其獲疚於天人者，昭著而莫能揜。夫苟以求己、求人、必爲、必不爲之衡，而定其趨嚮，則豈待決裂已極而始知哉？

故王安石之允爲小人，無可辭也。安石之所必爲者，以桑弘羊、劉晏自任，而文之曰周官之法，堯、舜之道；則固自以爲是，斥之爲非而不服。若夫必不可爲者，卽令其反己自攻，固莫之能遁也。夫君子有其必不可爲者，以去就要君也，起大獄以報睚眦之怨也，辱老成而獎游士也，喜諂諛而委腹心也，置邏卒以察誹謗也，毁先聖之遺書而崇佛、老也，怨及同產兄弟而授人之排之也，子死魄喪而捨宅爲寺以丐福於浮屠也。若此者，皆君子所固窮瀕死而必不爲者也。乃安石則皆爲之矣。抑豈不知其爲惡而冥行以蹈汙塗哉？有所必爲，骨彊肉憒，氣溢神馳，而人不能遂其所欲，則荆棘生於腹心，怨毒興於骨肉，迨及一蹪，而萎縮以沈淪，其必然者矣。

夫君子相天之化，而不能違者天之時；任民之憂，而不能拂者民之氣。思而得之，學而知其未可也；學而得之，試而行之未可也；行而得之，久而持之未可也。皆可矣，而人猶以爲疑；則且從容權度以待人之皆順。如是而猶不足以行，反己自責，而盡其誠之至。誠至矣，然且不見獲於上，不見信於友，不見德於民；則奉身以退，而自樂其天。唯是學而趨入於異端，行而沈沒於好利，興羅織以陷正人，畏死亡而媚妖妄，則弗待遲回，而必不以自喪其名節。無他，求之已者嚴，而因乎人者不求其必勝也。唯然，則決安石之爲小人，非苛責之矣。

或曰：「安石而爲小人，何以處夫黷貨擅權導淫迷亂之蔡京、賈似道者？」夫京、似道能亂昏荒之主，而不能亂英察之君，使遇神宗，驅逐久矣。安石唯不如彼，而禍乃益烈。諓諓之辯，硜硜之行，奚足道哉！

三

神宗有不能暢言之隱，當國大臣無能達其意而善謀之者，於是而王安石乘之以進。帝初涖政，謂文彥博曰：「養兵備邊，府庫不可不豐。」此非安石導之也，其志定久矣。

國家之事，相仍者之必相變也，勢也。大張之餘，必仍之以弛；大弛之餘，必仍之以張。善治者，酌之於未變之前，不極其數；持之於必變之日，不毀㊀其度。不善治者反此，而大張大弛，相乘以勝，則國乃速敝。夫神宗固承大弛而勢且求張之日也。仁宗在位四十一年，解散天下而休息之。休息之是也，解散以休息之，則極乎弛之數，而承其後者難矣。歲輸五十萬於契丹，而頫首自名曰「納」；以友邦之禮禮元昊父子，而輸繒帛以乞苟安；仁宗弗念也。宰執大臣、侍從臺諫、胥在廷在野、賓賓嘖嘖以爭辯一典之是非，置西北之狡焉若天建地設而不可犯；國既以是弱矣。抑幸無耶律德光、李繼遷鷙悍之力，而暫可以賂免。非然，則劉六符虛聲恐喝而魄已喪，使疾起而捲河朔以嚮汴、雒，其不爲石重貴者，何恃

㊀ 校記「毀」作「溢」。

哉？於是而神宗若處榛棘之臺，畫然不容已於傷心，奮起而思有以張之；固仁宗大弛之反，授之以決裂之資。然而弗能昌言於衆，以啓勁敵之心，但曰「養兵備邊」，待廷臣之默喻。宰執大臣惡容不與其焦勞，而思所以善處之者乎？

夫神宗之誤，在急以貧爲慮，而不知患不在貧，故以召安石聚斂之謀，而敝天下。然而無容怪也，凡流俗之說，言彊國者，皆不出於聚財之計。太祖亦嘗爲此言矣。飽不宿，則軍易潰；賞不重，則功不興；器仗、甲冑、牛馬、舟車、糗糒、芻槀、椎牛釃酒，不庀不腆，則進不速而守不固。夫孰謂其不然者，要豈有國者之憂哉？漢高起於亭長，無儋石之儲，秦據六國之資，斂九州之賦於關中，而不能與爭一戰㊀之生死，且以爲興亡之大數，置勿論也。劉裕承桓玄播亂、盧循內訌之餘，以三吳一隅之物力，俘姚泓，縛慕容超，拓拔氏束手視其去來，而莫之敢較。唐積長安之金帛米粟，安祿山擁之，而肅宗以朔方斥鹵之鄉，崛起東嚮，驅之速遁。德宗匹馬而入梁州磽确之土，困朱泚而誅夷之。則不待積財已豐，然後可彊兵而挫寇，亦較然矣。

若夫仁宗之過於弛而積弱也，實不在貧也。密勿大臣如其有定識與？正告神宗曰：「以今日之力，用今日之財，西北之事，無不可爲也。仁宗之休養四十年，正留有餘、聽之人心、以待後起之用。而國家所以屈於小醜者，未得人耳。河北之能固圉以待用者，誰恃而可也？綏、延之能建威以制寇者，誰恃而可也？守先皇之成憲，而益之殷憂，待之十年，而二虜已在吾指掌。」則神宗不言之隱，早授以宅心

㊀ 校記「一戰」作「一日」。

定志之弘圖，而戢其求盈無已之妄；安石揣摩雖工，惡能攻無瑕之玉哉？

夫宋之所以財窮於薦賄，國危於坐困者，無他，無人而已矣。仁宗之世，亦孔棘矣。河北之守，自畢士安撤備以後，置之若遺。西事一興，韓、范二公小爲補葺，輒貢「心膽寒裂」之謠，張皇自炫。二公雖可分閫，固不能出張子房、李長源之上。藉使子房執桴鼓以敵秦、項，長源佩櫜鞬以決安、史，勢固不能。而其爲彭、韓、李、郭者何人？宋固不謀也。懷黃袍加身之疑，以痛抑猛士，僅一王德用、狄青，而猜防百至，夫豈無可恃之才哉？使韓、岳、劉、吳生北宋之代，亦且束身偏裨，老死行閒，無以自振；黃天蕩、朱僊鎮、藕塘、和尚原之績，豈獲一展其赳雄邪？唯不知此，而早以財匱自沮，乃奪窮民之銖累，止以供無益之狠戾，而畜其所餘，以待徽宗之奢縱。若其所恃以挑敵者，王韶已耳，徐禧已耳，高遵裕已耳，又其下者，宦者李憲已耳。以兵爲戲，而以財爲彈鵲之珠。當國大臣，無能以定命之訏謨，爲神宗辰告，徒欲摧抑其有爲之志，宜神宗之厭薄已亟，固必曰：「贊仁宗四十餘年養癰之患者，皆此儔也。」言之徒長，祗益其驕而已。

嗚呼！宋自神宗而事已難爲矣。仁宗之弛已久，仍其弛而固不可，張其弛而又已乖。然而酌其所自弛以漸張之，猶可爲也，過此而愈難矣。安石用而宋敝，安石不用而宋亦敝。神宗急進富公與謀，而無以對也。宋之日敝以即於亡也，可於此而決之矣。

四

王安石之未試其虐也，司馬君實於其新參大政，而曰「衆喜得人」，明道亦與之交好而不絕，迨其後悔前之不悟而已晚矣。知人其難，洵哉其難已！子曰：「不知言，無以知人也。」夫知言者，豈知其人之言哉？言飾於外，志藏於中；言發於先，行成於後。知其中，乃以驗其外；考其成，乃以印其先。外易辨，而中不可測；後易覈，而先不能期。然則知言者，非知其人之所言可知已。商鞅初見孝公而言三王，則固三王之言矣。王莽進漢公而言周公，則固周公之言矣。而天下或爲其所欺者，知鞅、莽之言，而不知三王與周公之言也。知言者，因古人之言，見古人之心；尚論古人之世，分析古人精意之歸；詳說羣言之異同，而會其統宗；深造微言之委曲，而審其旨趣；然後知言與古合者，不必其不離矣；言與古離者，不必其不合矣。非大明終始以立本而趣時，不足以與於斯矣。

立聖人之言於此以求似，無不可似也。爲老氏之言者曰「虛靜」。虛靜亦聖人之德也。爲釋氏之言者曰「慈閔」。慈閔亦聖人之仁也。爲申、韓、管、商之言者曰「足兵食，正刑賞」。二者亦聖人之用也。匿其所師之邪慝，而附以君子之治教，奚辨哉？揣時君之所志，希當世之所求，以獵取彝訓，而跡亦可以相冒。當其崇異端、尚權術也，則弁髦聖人以恣其云爲。及乎君子在廷，法言羣進，則抑捃拾堯、舜、周公之影似，招搖以自詭於正。夫帝王經世之典，與貪功謀利之邪說，相辨者在幾微。則苟色莊以出之，而不易㊀其懷來之所挾，言無大異於聖人之言，而君子亦爲之動。無惑乎溫公、明道之樂進安石而與之言也。

夫知言豈易易哉？言期於理而已耳，理期於天而已耳。故程子之言曰：「聖人本天，異端本心。」

㊀ 校記「易」字下有「測」字。

雖然，是說也，以折浮屠唯心之論，非極致之言也。天有成象，春其春，秋其秋，人其人，物其物，秩然名㊀定而無所推移，此其所昭示而可言者也。若其密運而曲成，知大始而含至仁，天奚在乎？在乎人之心而已。故聖人見天於心，而後以其所見之天爲神化之主。知言者，務知其所以言之密藏，而非徒以言也。如其有一定之是非，而不待求之於心，則惻怛不生於中，言仁者卽仁矣；羞惡不警於志，言義者卽義矣；飾其言於仁義之圃，而外以毒天下，內以毀廉隅，皆隱伏於內，而仁義之言，抑可不察㊁。安石之所能使明道不斥絕而與之交者，此也。當其時，秀慧之士，或相獎以寵榮，或相溺於詩酒。而有人焉，言不及於戲豫，行不急於進取，則奉天則以鑒之，而不見其過；將以爲合於聖人之言，而未知聖人之言初不僅在於此。乃揖而進之，謂是殆可與共學者與！實則緐言之隱，與聖人傳心之大義微言相背以馳，尤甚於戲(渝)〔豫〕㊂詭遇之徒。何則？彼可裁之以正，而此不可也。

若温公則愈失之矣，其於道也正，其於德也疏矣。聖人之言，言德也，非言道也，而公所篤信者道。其言道也，尤非言法也，而公所確持者法。且其憂世也甚，而求治也急，則凡持之有故，引之有徵，善談當世之利病者，皆嘉予之，而以爲不謬於聖人之言。於明道肅然敬之矣，於安石竦然慕之矣，乃至於蕩閑敗度之蘇氏，亦翕然推之矣。侈口安危，則信其愛國；極陳利病，則許以憂民；博徵之史，則喜其言㊃之有餘；雜引於經，則羡其學之有本。道廣而不精，存誠而不知閑邪，於以求知人之明，不爲邪慝之

㊀ 校記「名」作「各」。　㊁ 校記「察」作「窮」。　㊂ 編者按：「戲渝」當作「戲豫」，與上文一律。　㊃ 校記「言」字作「才」字。

所欺，必不可得之數矣。凡彼之言，皆聖人之所嘗言者，不可一槩折也。唯於聖人之言，洗心藏密，以察其精義；則天之時，物之變，極乎深而研以其幾。然後知堯、舜、周、孔之治教，初無一成之軌則，使人揭之以號於天下。此之謂知言，而人乃可得而知，固非溫公之所能及也。窮理，而後詭於理者遠；盡性，而後淫於性者詘；至於命，而後與時偕行之化，不以一曲而蔽道之大全。知言者「窮理盡性以至於命」之謂也。明道早失之，而終得之。溫公則一失已彰，而又再失焉；悔之於安石敗露之餘，而又與蘇氏爲緣。無他，在㊀知其人之言，而不知古今先哲之言也。

五

熙、豐新法，害之已烈者，青苗、方田、均輸、手實、市易，皆未久而漸罷；哲、徽之季，姦臣進紹述之說，亦弗能強天下以必行；至於後世，人知其爲虐，無復有言之者矣。其元祐廢之不能廢，迄至於今，有名實相仍行之不革者，經義也，保甲也；有名異而實同者，免役也，保馬也；數者之中，保馬之害爲最烈。

保馬者，與民以值使買馬，給以牧地而課其孳生以輸之官。洪武以後，固舉此政於淮北、山東，而廢牧苑。愚民貪母馬之小利於目前，幸牧地之免征於後世，貿貿然而任之。迨其子孫貧弱，種馬死，牧地徙，閒歲納馬，馬不能良，則折價以輸，一馬之值，至二十五金，金積於閹寺，而國無一馬，戶有此役，則貧餓流亡，求免而不得，皆保馬倡之也。夫馬，非其地弗良，非其人弗能牧也。水旱則困於芻粟，寒

㊀ 校記「在」字作「唯」字。

暑則死於疾疫。唯官有牧苑，而羣聚以恣其游息；官有牧人，而因時以蠲其疾；官有牧資，而水旱不窮於飼；則一虛一盈，孳產自倍。自成周以迄於唐，皆此制也。漢、唐車騎之盛，用捍邊陲，而不憂其匱，柰何以誘愚民而使陷於死亡哉？行此法者，曾不念此爲王安石之虐政，徒以殃民而無益於國馬，相踵以行，禍延無已，故曰害最烈也。

保甲之法，其名美矣，好古之士，樂稱說之；飾文具以塞責之俗吏，亟舉行之。以爲可使民之親睦而勸於善邪？則非片紙尺木之能使然矣。以爲團聚而人皆兵，可以禦敵邪？則寇警一聞而攜家星散，非什保之所能制矣。以爲互相覺察而姦無所容邪？則方未爲盜，誰能詰之；既已爲盜，乃分罪於鄰右，民皆重足以立矣。以爲家有器仗，盜起而相援以擒殺之邪？則人持數尺之仗、蝕（鏑）〔鏽〕㊀之鐵，爲他人以與盜爭生死，誰肯爲之？責其不援而加以刑，賕吏猾胥且乘之以索賄，而民尤無告矣。如必責以器仗之精，部隊之整，拳勇者賞之，豪桀者長之；始勸以梟雄，終任以嘯聚。當熙、豐之世，乘以爲盜者不一，而禍（危）〔尤〕㊁昭著者，則鄧茂七之起，殺掠徧於閩中，實此致之也。溺古不通之士，無導民之化理、固國之洪猷，寶此以爲三代之遺美，不已愚乎！

免役之愈於差役也，當溫公之時，朝士已羣爭之，不但安石之黨也。民寧受免役之苛索，而終不願差役者，率天下通古今而無異情。驅遲鈍之農人，奔走於不習知之政令，未受役而先已魂迷，既受役而弗辭家破，輸錢畢事，酌水亦甘，不復怨杼柚之空於室矣。故免役之害日增，而民重困者，有自來也。

㊀、㊁ 據校記改。

自宇文氏定「租、庸、調」之三法以徵之民也，租以田，庸以夫。庸者，民之應役於官，而出財以輸官，爲雇役之稍食也。庸有征而役免矣。承平久而官務簡，則庸恆有餘，而郡庫之積以豐，見於李華所論清河之積財，其徵也。及楊炎行「兩稅」之法，概取之而斂所餘財歸之內帑，於是庸之名隱，而雇役無餘資。五代僭僞之國，地狹兵興，兩稅悉充軍用，於是而復取民於輸庸之外，此重征之一也。安石唯務聚財，復行雇役之法，取其餘羨以供國計，而庸之外又征庸矣。然民苦於役，乃至破產而不償責，抑不復念兩稅之已輸庸，寧復納錢以脫差役之苦。繇是而或免或差，皆瑣屑以責之民；民雖疲於應命，然止於所應派之役而已。朱英不審，而立「一條鞭」之法，一切以輸之官，聽官之自爲支給。民乍脫於煩苛，而欣然以應。乃行之漸久，以軍興設裁減之例，截取編徭於條鞭之內，以供邊用。日減日削，所存不給，有司抑有不容已之務，酷吏又以意爲差遣，則條鞭之外，役又興焉。於是免役之外，凡三徵其役，槩以加之田賦，而游惰之民免焉。至於亂政已亟，則又有均差之賦而四征之。是安石之立法，已不念兩稅之已有雇貲；而温公之主差役，抑不知本已有役，不宜重差之也。此歷代之積弊已極，然而民之願雇而不願差者，則脂竭髓乾而固不悔也。

若夫經義取士，則自隋進士科設以來，此爲正矣。納士於聖人之教，童而習之，窮年而究之，涵泳其中而引伸之。則耳目不淫，而漸移其不若之氣習。以視取青妃白，役心於浮華蕩冶之中者，貞淫之相去遠矣。然而士不益端，學不益醇，道不益明，則上之求之也亡實，而下之習之也不令也。六經、語、孟之文，有大義焉，如天之位於上，地之位於下，不可倒而置也。有微言焉，如玉之韞於山，珠之函於淵，不可淺而獲也。極之於小，而食息步趨之節，推求之而各得其安也。擴之於大，經邦制遠之猷，引伸之而各盡其用也。研之於深，保合變化之眞，實體之而以立其誠也。所貴乎經義者，顯其所藏，達其所推，辨其所異於異端，會其所同於百王，證其所得於常人之心，而驗其所能於可爲之事，斯焉尙矣。乃司試者無實學，而干祿者有鄙心，於是而王鏊、錢福之徒，起而爲苟成利試之法。法非義也，而害義滋甚矣。大義有所自止，而引之使長；微言有所必宣，而抑之使隱；配之以比偶之詞，絡之以呼應之響，竊詞賦之陋格，以成㊀窮理體道之文，而使困於其中。始爲經義者，以革詞賦之卑陋，繼乃以詞賦卑陋之成局爲經義，則侮聖人之言者，白首經營，傾動天下，而於道一無所覿。如是者凡屢變矣。而因其變以變之，徒爭肥癯勁弱於鏡影之中，而心之不靈，已瀕乎死。風愈降，士愈偸，人爭一牘，如兔園之册，復安知先聖之爲此言者將以何爲邪？是經義之納天下於聾瞽者，自成、弘始，而潰決無涯。豈安石之爲此不善哉？

合此數者觀之，可知作法之難矣。夫安石之以成憲爲流俗而亟改之者，遠奉堯、舜，近據周官，固以脅天下曰：「此聖人之教也。」夫學聖人者，得其精意，而古今固以一揆矣。詩云：「思無疆，思馬斯臧。」此固㊁自牧畜之證，而保馬可廢矣。子曰：「苟子之不欲，雖賞之不竊。」此不責民以弭盜之證也，而保甲徒勞矣。周官行於千里之畿，而胥盈於千，徒溢於萬，皆食於公田，此民不充役之驗也。則差役之虐政捐，而免役之誅求亦止矣。記曰：「順先王詩、書、禮、樂以造士。」則經義者，允爲良法

㊀ 校記「成」作「域」。 ㊁ 校記「固」作「國」。

也。而曰順者，明不敢逆也。爲瑣瑣之法以侮聖言者，逆也。紬其逆，而士可得而造，存乎其人而已矣。誠得聖人之精意以行之，而天下大治。自立辟以擾多辟之民，豈學古之有咎哉？

六

老氏之言曰：「以正治國，以奇用兵。」言兵者師之，爲亂而已矣。王韶請擊西羌、收河湟，以圖夏，王安石稱爲奇策而聽之。誠奇矣。唯其奇也，是以進無尺寸之功，而退有邱山之禍也。以奇用兵而利者有之矣。正不足而以奇濟之，可以暫試，不可以常用；可以脫險，不可以制勝；可乘疲寇而速平，不可禦彊敵而徐效。如其用之，抑必有可正而後可奇也。舍正用奇，而恃奇以爲萬全之策，此古今畫地指天之妄人，誤人家國者所以積也。論者皆咎陳餘之不用李左車也，使餘用左車之策，韓信抑豈輕入其阱中者？前（車）〔軍〕㊀偶涉，伏起受挫，信亦自有以制之。以漢之彊、信之勇，加肥弱之孤趙，井陘小蹶，四面環攻，餘固無術以繼其後，惡足以救其亡哉？一彼一此，一死一生，視其力而已矣。唯在兩軍相持而不犯，不㊁須臾之頃，姑試其奇，發於其所不及防而震撓之，可矣。然而其不可震撓者，固自若也。議之於朝廷，傳之於天下，明示以奇，而延之歲月以一試，吹劍首者之一吷而已矣。

夏未嘗恃西羌以爲援，西羌未嘗導夏以東侵，河、湟之於朔方，不相及也。拓拔、赫連端視劉裕之拔姚泓而不爲之動，知裕之（道）〔適〕㊂爲己滅泓也。則使宋芟盡羣羌，全有河湟之士，十郡孤懸，固不能守，祇爲夏效驅除，其能乘風席捲，進叩諒祚之壘乎？如其能大舉以西征與！擇大將，整六師，壓諒

㊀ 據校記改。　㊁ 校記「犯不」作「相下」。　㊂ 據校記改。

祚之疆以討僭逆之罪，而諒祚據賀蘭以自保，於是遣偏師掠西羌以潰其腹心，是或一策也，收蜀者棧道、劍門夾攻之術也。然而西羌各保其穴，固且阻頓而不能前。今一矢不及於銀、夏，而遠涉沙磧河、洮之險，薄試之於羌，一勝一負，一叛一服，且不能制羌之死命，夏人睥睨而笑之。然且栩栩自矜曰：「此奇策也。」安石之愚，不可砭矣。

在昔繼遷死，德明弱，儻從曹瑋之請，捕滅之，可以震讋契丹者，彼一時也，席太宗全盛之餘，外無澶州納賂之辱，宋無所屈於契丹，內無軍士各散居㊀歸農之令，兵雖力未有餘，而尚未自形其不足。且繼遷肉袒稱臣，與契丹爲脣齒，則威伸於德明而契丹自震，固必然之勢也。抑謂兵不可狃於不戰，而以征夏之役，使習勇而不倦；亦其時夙將猶存，部曲尚整，有可用之資，勿以不用窳之也。今抑非其時矣。弛不虞之防，狎安居之樂者，凡數十年。徒以羣羌散弱，乘俞龍珂內附之隙，徼幸以圖功；然且謀之五年而始城武勝，七年而始降木征。操彈雀之弓，欲射猛虎，惡足以自彊，而使彼畏我以不相侵乎？木征之降未幾，而孱懦之秉常且憑淩而起，宋之死者六十萬人。其於正也，無毫髮之可恃，而孤持一奇以相當，且其奇者，又非奇也。然而不敗者，未之有也。

是故奇者，舉非奇也。用兵者，正而已矣。不以猜疑任將帥，不以議論爲謀略，不以文法責進止。峙芻糧，精甲仗，汰老弱，同甘苦，習擊刺，嚴營陳，堂堂正正以臨之，攻其所必救，搏其所必爭。誠有餘也，而後臨機不決，閒出奇兵以迅薄之，而收速效。故奇者，將帥應變之權也，非朝廷先事之算也。趙充國

㊀ 校記「居」作「甲」。

曰：「帝王之兵，以全取勝。」此之謂也。老氏者，持機械變詐以徼幸之祖也，師之者，速斃而已矣。

七

國民之交敝也，自苛政始。苛政興，足以病國虐民，而尚未足以亡；政雖苛，猶然政也。上不任其君縱欲以殄物，下不恣其吏私法以戕人，民怨漸平，而亦相習以苟安矣。惟是苛政之興，衆論不許，而主張之者，理不勝而求贏於勢，急引與己同者以爲援，羣小乃起而應之，竭其虔矯之才、巧黠之慧、以爲之効。於是汎濫波騰，以導諛宣淫蠱其君以毒天下，而善類壹空，莫之能挽。民乃益怨，釁乃倏生，敗亡沓至而不可禦。嗚呼！使以蔡京、王黼、童貫、朱勔之所爲，俾王安石見之，亦應爲之髮指。而羣姦尸祝安石、奉爲宗主、彈壓天下者，抑安石之所不願受。然而盈廷皆安石之仇讐，則呼將伯之助於呂惠卿、蔡確、章惇諸姦，以引凶人之旅進，固勢出於弗能自已，而聊以爲緣也。勢漸迤者趨愈下，志蕩於始而求正於末者，未之有也。是故苛政之足以敗亡，非徒政也，與小人爲類，而害乃因緣以蔓延。倡之者初所不謀，固後所必至也。

夫欲使天下之無小人，小人之必不列於在位，雖堯、舜不能。其治也，則惟君子勝也。君子勝而非無小人。其亂也，則惟小人勝也。小人勝而固有君子。其亡也，則惟通國之皆小人。通國之皆小人，通國之無君子，而亡必矣。故苛政之興，君子必力與之爭；而爭之之權，抑必有所歸，而不可以泛。權之所歸者，德望兼隆之大臣是已。大臣不能持之於上，乃以委之於羣工，於是而爭者競起矣。其所爭者正也，乃以正而爭者成乎風尚，而以爭爲正。越職弗問矣，雷同弗問矣。以能言爲長，以貶削爲榮，以罷閒爲樂，任意以盡言，而惟恐不給。乃揆其所言，非能弗相刺謬也；非能弗相勦襲也；非能無已甚之辭，未然而斥其然也；非能無蔓延之語，不然而強謂然也。撟舉及於纖微之過，訐謫及於風影之傳，以激天子之厭惡，以授羣小之反攻，且躍起而自矜爲君子，而君子小人遂雜糅而莫能致詰。如攻安石者，無人不欲言，無言不可出，豈其論之各協於至正，心之各發於至誠乎？乃至懷私不逞之唐坰，反覆無恆之陳舜俞，亦大聲疾呼，咨嗟涕洟，而惟舌是出。於是人皆乞罷，而空宋庭以授之小人。迨乎蔡京、王黼輩興，而言者寂然矣。通國無君子，何怪乎通國之皆小人哉？

乃其在當日也，非無社稷之臣，德重望隆，足以匡主而倚國是，若韓、富、文、呂諸公者，居輔弼之任，而持之不堅，斷之不力，如先世李太初之拒梅詢、曾致堯，王子明之抑王欽若、陳彭年，識皆有所不足，力皆有所不逮。而以潔身引退，倒授其權於新進之庶僚，人已輕而言抑瑣，不足聳人主之聽，祇以益安石之橫。且徒使才氣有裨之士，挫折沈淪，不爲國用；而驅天下干祿者，懲其覆軌，望風遙附，以羣陷於邪。諸公過矣，而韓公尤有責焉。躬任兩朝定策之重，折母后之垂簾，斥權奄以獨斷，德威樹立，亙絕古今。神宗有營利之心，安石挾申、商之術，發乎微已成乎著，正其恩怨死生獨任而不可委者。曾公亮、王陶之瑣瑣者，何當榮辱，而引身遽退，虛端揆以待安石之縱橫哉？韓公尤過矣！雖然，抑非公之過也。望之已隆，權之已重，專政之嫌，先起於嗣君之肺腑。則功有不敢居，位有不敢安，權有不敢執，身有不可辱，公亦末如之何也。夫秉正以拒邪，而使猝起爭鳴之安石不得逞者，公之責也。斥曾公亮之姦，訟韓公之忠，以覺悟神宗安韓公者，文、富二公之責也。乃文之以柔居大位，無獨立之操；富抑以顧命不與，懷同堂之忌；睨韓公之遠引，而隱忍忘言。及安石之狂興，而姑爲緩頰，下與小臣固爭緒論，不得，則乞身休老，而自詡不汚，亦將何以質先皇而謝當世之士民乎？韓公一去，而無可爲矣。白日隱而繁星熒，嘒彼之光，固不能與妖孛競燿也。

夫神宗有收燕、雲定銀、夏之情，起仁宗之積弛，宋猶未敝，非不可圖也。和平中正之中，自有固本折衝之道。而籌之不素，問之莫能酬荅，然且懷私以聽韓公之謝政，安得謂宋有人哉？無大臣而小臣瓦解；小臣無可效之忠，而胥小高張；皆事理之必然者。司馬、范、呂諸公強挽已發之矢而還入於彀，宜其難已。然則宋之亡也，非法也，人也。無人者，無大臣也。李太初、王子明而存焉，豈至此乎？

八

論人之衡有三：正邪也，是非也，功罪也。正邪存乎人，是非存乎言，功罪存乎事。三者相因，而抑不必於相値。正者其言恆是，而亦有非；邪者其言恆非，而亦有是；故人不可以廢言。是者有功，而功不必如其所期；非者無功，而功固已施於世。人不可以廢言，而顧可以廢功乎？論者不平其情，於其人之不正也，凡言皆謂之非，凡功皆謂之罪。乃至身受其庇，天下席其安，後世無能易，猶且摘之曰：「此邪人之以亂天下者。」此之謂「不思其反」。以責小人，小人惡得而服之？已庇其身，天下後世已安之而莫能易，然且任一往之怒，效人之訶誚而訶誚之；小人之不服，非無其理也，而又惡能抑之？

章惇之邪，灼然無待辨者。其請經制湖北蠻夷，探神宗用兵之志以希功賞，宜爲天下所公非，亦灼然無待辯者。然而澧、沅、辰、靖之閒，蠻不內擾，而安化、靖州等州縣，迄今爲文治之邑，與湖、湘諸郡縣齒，則其功又豈可沒乎？惇之事不終，而麻陽以西，沅、溆以南，苗寇不戢，至今爲梗。近蠻之民，軀命、妻子、牛馬、粟麥莫能自保。則惇之爲功爲罪，昭然不昧，胡爲樂稱人之惡，而曾不反思邪？

乃若以大義論之，則其爲功不僅此而已也。語曰：「王者不治夷狄。」謂沙漠而北，河、洮而西，日南而南，遼海而東，天有殊氣，地有殊理，人有殊質，物有殊產，各生其所生，養其所養，君長其君長，部落其部落，彼無我侵，我無彼虞，各安其紀而不相瀆耳。若夫九州之內，負山阻壑之族，其中爲夏者，其外爲夷，其外爲夏者，其中又爲夷，互相襟帶，而隔之絕之，使胸腋肘臂相亢悖而不相知，非無可治，而非不當治也。然且不治，則又奚貴乎君天下者哉？君天下者，仁天下者也。仁天下者，莫大乎別人於禽獸，而使貴其生。苗夷部落之魁，自君於其地者，皆導其人以駤戾淫虐，沈溺於禽獸，而掊削誅殺，無閒於親疏，仁人固弗忍也。則誅其長，平其地，受成賦於國，滌其腥穢，被以衣冠，漸之摩之，俾詩、書、禮、樂之澤興焉。於是而忠孝廉節文章政事之良材，乘和氣以生，夫豈非仁天下者之大願哉？以中夏之治夷，而不可行之九州之外者，天也。其不可不行之九州之內者，人也。惟然，而取蠻夷之土，分立郡縣，其功溥，其德正，其仁大矣。

且夫九州以內之有夷，非夷也。古之建侯也萬國，皆冠帶之國也。三代之季，暴君代作，天下分崩。於是而山之陬，水之濱，其君長負固岸立而不與於朝會，因異服異制以趨苟簡。至春秋時，莒、杞皆神明之裔，爲周之藩臣，而自淪於夷。則潞甲之狄，淮浦之夷，陸渾之戎，民皆中國之民，君皆諸侯之君，世降道衰，陷於非類耳。昭蘇而釁祓之，固有待也。是以其國旣滅，歸於侯服，永爲文教之邦，而彝倫攸叙。故春秋特书以大其功。岂云王者不治，而任其为梗于中区乎？永嘉之后，义阳有蛮夷号，仇池有戎名，迨及荡平，皆与汴、雒、丰、镐无异矣。然则辰、沅、澧、靖之山谷，负险阻兵者，岂独非汉、唐政教敷施之善地与？出之泥滓，登之云逵，虽有诛戮，仁人之所不讳。而劳我士马，费我刍粮，皆以保艾我与相接壤之婦子。劳之一朝，逸之永世，即有怨咨，可弗避也。君天下者所宜修之天职也。

夫章惇之立心，逢君生事以邀功，诚不足以及此。而既成乎事，因有其功；既有其功，终不可以为罪。迄于今日，其所建之州县，存者犹在目也。其沿之以设，若城步、天柱诸邑之棊布者，抑在目也。而其未获平定，为苗夷之穴，以侵陵我郡邑者，亦可睹也。孰安孰危，孰治孰乱，孰得孰失；徵诸事，问诸心，奚容掩哉？概之以小人，而功亦罪，是亦非，自怙为清议，弗能夺也。虽然，固有不信于心者存矣。

宋論卷七

哲宗

一

極重之勢，其末必輕，輕則反之也易，此勢之必然者也。順必然之勢者，理也；理之自然者，天也。君子順乎理而善因乎天，人固不可與天爭，久矣。天未然而爭之，其害易見；天將然而猶與之爭，其害難知。爭天以求盈，雖理之所可，而必過乎其數。過乎理之數，則又處於極重之勢而漸以嚮輕。君子審乎重以嚮輕者之必漸以消也，爲天下樂循之以不言而辨，不動而成，使天下各得其所，嶷然以永定而不可復亂。夫天之將然矣，而猶作氣以憤興，若旦夕之不容待，何爲者邪？古之人知此也，故審於生民塗炭之極，察其數之將消，居貞以俟，徐起而順衆志以圖成。湯之革夏，武、周之勝殷，率此道也。況其非革命改制之時乎？

漢武帝銳意有爲，而繁苛之政興，開邊牟利，淫刑崇侈，進羣小以荼苦其民，勢甚盛而不可撲也。然而溢於其量者中必餒，馳於其所不可行者力必困，怨浹於四海者，心必怵而不安。故其末年罷兵息役，弛刑緩征，不待人言之洊至，而心已移矣，圖已改矣。其未能盡革以復文、景之治者，霍光輔孝昭起而承之，因其漸衰之勢，待其自不可行而報罷。於是而武帝之虔劉天下者，日消月沈，不知其去而自已。無他，唯持之以心，應之以理，一順民志，而天下不見德，大臣不居功，順天以承祐。承天之祐者，自無不利也。

考神宗之初終，蓋類是矣。當其始也，開邊之志，聚財之情，如停水於胣土之隄而待決也。王安石乘之以進，三司條例使一設，而震動天下以從其所欲。於是而兩朝顧命之老，且引退而不能盡言；通國敢言之士，但一鳴而卽逢貶竄；羣小揣意指而進者，喧不可息也。此勢之極重者也，然而固且輕矣。安石之所執以必爲者，爲之而無效矣。河不可疏，而淤田不登矣；田不可方，而故籍難廢矣；青苗之收息無幾，而逋欠積矣；保馬之孳息不蕃，而苑牧廢矣；民怨於下，士怨於廷，而徹乎上聽矣。高遵裕之敗，死尸盈野，棄甲齊山，而天子且爲之痛哭矣。安石則不肖之子撓之於內，反面之黨訟之於廷，神宗亦不復以心膂相信。鄧綰、呂嘉問且嬰顯罰，王安禮糾兄之過，而亟進升庸。手實、方田，自安石創者，皆自神宗而報罷矣。使神宗有漢武之年，其崩不速，則輪臺之詔，必自己先之，弗待廷臣之亟諫。蓋否極而傾，天之所必動，無待人也。幾已見矣，勢已移矣。則哲宗立，衆正升，因其欲熸之餘燄，撤薪以息之者，平其情，澄其慮，抑其怒張之氣以涖之。其不可行者，已昭然其不可行；無所利者，已昭然其有害；斂而弗爲之修，弛而弗爲之督，三年之中，如秋葉之日向於凋，坐而待其隕矣。而諸君子積怒氣以臨之，弗能須臾忍也，曾霍光之弗若，奚論古先聖哲之調元氣而養天下於和平哉？

牛之鬬虎，已斃而鬬之不已，牛乃力盡而死。安石既退，呂惠卿與離叛而兩窮。呂申公、司馬温公以洎孫固、吳充，漸起而居政地。彼蔡確、章惇、王珪、曾布之流，無安石博聞彊識之學、食淡衣麤之節，豈元祐諸公之勁敵哉？操之已蹙者，畏之已甚；疾之已亟者，疑之已深；授之以不兩立之權，而欲自居於畸重，則昔之重在彼者輕，而今之重在諸公者，能長保其重哉？天方授我，而我不知，力與天爭，而天且去之矣。夫豈有蒼蒼不可問之天哉？天者，理而已矣；理者，勢之順而已矣。此之不察，乃曰：「天祚社稷，必無此慮。」天非不祚宋也，謀國者失之於天，而欲強之於人以居功而樹德者爲之也。

二

畢仲游之告温公曰：「大舉天下之計，深明出入之數，以諸路所積錢粟，一歸地官，使天子知天下之餘於財，而虐民之政可得而蠲。」大哉言乎！通於古今之治體矣。温公爲之聳動而不能從。不能從者，爲政之通病也，温公不免焉。其病有三：一曰惜名而廢實，二曰防弊而啟愚，三曰術疏而不逮。

天子不言有無，大臣不問錢穀，名之甚美者也。大臣自惜其清名，而又爲天子惜，於是諱言會計，而一委之有司。是未察其立說之義，而蒙之以爲名也。不言有無者，非禁使勿知之謂也。不於有而言無以求其溢，不於無而計有以妄爲經營。知其所入，度其所出，富有海內，不當言無也。不問錢穀者，非聽上之糜之，任下之隱之，而徒以自標高致也。出入有恆，舉其大要，業已喻於心，而不屑屑然問其銖累也。若乃賓賓然若將浼己而去之，此浮薄子弟之所尚，而可以爲天子、可以爲大臣乎？自矜高潔之名，而忘立國之本，此之謂惜名而廢實。習以爲尚，而賢者誤以爲道之所存，其惑久矣。

爲弼成君德之說者曰：天子不可使知國之富也，知之則侈心生。於是而幸邊功、營土木、耽玩好、濫賜予之情，不可抑止。李林甫、丁謂之導君以驕奢，唯使知富而已。禁使勿知，而常懷不足之心，則不期儉而自儉。之說也，尤其大謬不然者。天子而欲宣欲以侈乎，豈憂財之不足而爲之衰止哉？高緯、孟昶、劉鋹僅有一隅，物力凡幾，而窮奢以逞。漢文惜露臺之費，非憂漢之貧也。奄有九州之貢稅，卽不詳知其數，計可以恣一人之揮斥者，雖至愚暗，不慮其無餘。唐玄、宋眞既有汰心，侵令日告虛枵，抑且橫征別出。夫嚬眉坐歎而相戒以貧，鄙野小人施之狂子弟而徒貽其笑。欲止天子之奢，而勿使知富，則將使其君如土木偶人，唯人提掇而後可乎？爲新法者，本以北失燕、雲，西防銀、夏爲憂，則亦立國之本圖，固不當以守財坐嘆，導其君以抱璧立枯也。此防弊者之迂疏，爲謀已下也。

乃若術疏而不逮，則雖博練如溫公，吾不能信其不然矣。天子之不能周知出入之數、畜積之實者有故：方在青宮之日，既無以此爲其所宜聞而詳告者矣；迨其嗣立，耽宴樂而念不及之者勿論已；卽在厲精之主，總其要不能察其詳，抑以此爲有代我以來告者，而弗容亟問也。若大臣則亦昔之經生，學以應人主之求者耳。乃其童之所習，長之所游，政暇公餘之所涉獵，卽不以宴遊聲色蕩其心，而所聞所知者，概可見矣。下者，詞章也；進而上焉，議論也；又進而上焉，天人性命之旨也。卽及於天下之務，亦上推往古數千年興廢得失之數，而當世出納之經制，積聚之盈歉，未有過而問者。故億其有，而不知其未必有也；億其無，而不知其未嘗無也；知其出，而不知其出之何所支也；知其入，而不知其入之何所藏也；知其散，而不知合其散者之幾何也；知其合，而不知合之散者幾何也。雖以溫公經濟之實學，上溯威烈，下迄柴氏，井井條條，一若目擊而身與之；然至於此，則有茫然若羣川之赴海，徒見其東流，而不知歸墟者何天之池矣。則雖欲臚列租稅之所登，度支之所餘，內府之所藏，州郡之所積，計其多寡，而度以應人主有爲之需，固有莫捫朕舌而終以吃吶者。則學之不適於用，而一聽小人之妄爲意計也，其能免乎？

夫王安石之唯不知此也，故妄億國帑之虛，而以桑、孔之術動人主於所不察。元祐諸公欲詘其邪，而惛然者亦安石耳。則相惘相偵，勿問貞邪，而各以時競，何異兩盲之相觸於道，其交諍也必矣。夫唯大臣之不以此爲務，而俾天子之卒迷也，故其害有不可勝言者。守之者，胥隸也，掌之者，奄宦也；腐之者，暗室也；籍之者，蠹紙也；湮沈而不可問，盜竊而不可詰。嗚呼！此皆蔀屋小民粟粟而穫之，絲絲而織之，銖銖而經營之，以效立國久長之計，使獲免於夷狄盜賊之摧殘者。而君臣上下交置之若有若無之中，與糞土均其委棄；智者所不能自已，抑仁者所不忍忘者也。天子大臣非山椒水涘擕杖觀雲之畸士，而曰此非所宜知也。則孔子曰「足食足兵」，其爲俗吏之嚆矢與？丁謂上會計錄以後，至熙寧元年，六十年矣。中歷仁宗四十一年之節儉，民無流亡，國之所積可知也。青苗、均輸、農田、水利之所獲，一部婁之於泰山。諸君子不能舉此以勝安石之黨，且舌撟而不能下，徒以氣矜，奚益哉？

三

易曰：「天下之動，貞勝者也。」貞勝者，勝以貞也。天下有大貞三：諸夏內而夷狄㊀外也，君子進而小人退也，男位乎外而女位乎內也。各以其類爲辨，而相爲治，則居正以治彼之不正，而(爭)〔貞〕㊁

㊀「諸夏」「夷狄」四字刻本闕，據校記補。　㊁據校記改。

勝矣。若其所治者貞，而所以治者非貞也，貪於不正，以求物之正；蕭望之之於恭、顯，劉琨之於聰、勒，陳蕃之於宦寺，不勝而禍不旋踵；小勝而大不勝，終以裁及其身，禍延於國。故君子與其不貞而勝也，寧不勝而必固保其貞。元祐諸公昧此，以成紹聖以後之禍。善類空，國事亂，宗社亦繇以傾，亦慘矣哉！

新法之爲民病，甚矣。諸公順民之欲，急起而改之，不謂其非貞也。卽疑於改父之非孝，而奉祖宗之成憲，以正先君之闕失，亦不可謂非孝之貞也。乃改之者，諸公不自任其責，嗣君不與聞其謀，舉而仰聽於太后。於是盈廷之士，僉曰后，堯、舜也；普天之下，胥曰后，堯、舜也；乃至傳之史册，而後世道聽之說，猶曰后，堯、舜也。取后而躋之堯、舜，曰后，堯、舜矣；其可抑堯、舜而匹之后，曰堯、舜，后邪？故曰：「儗人必於其倫。」倫者，不相奪也。諸公躋后而堯、舜之，羣小抑后而呂、武之；以倫求之，呂、武雖不肖，猶其等倫，而堯、舜懸絕焉。則呂、武之說，足以爭勝而亡忌。倫也者，類也；天之生是使別也。草與木並植，而芝蘭之芳，不可以爲梁棟；鳥與獸並育，而翟雉之美，不可以駕戎車；天子與后敵尊，而母后之賢，不可以制道法。非是者，自喪其貞，而欲以勝物，匪徒小人之反噬有辭也；天所弗佑，祖宗之靈所弗憑依，天下臣民亦懷疑而其情不固。不貞者之不勝，古今之通義，不可違也。

哲宗之立，雖僅十齡，乃迨高后之殂，又七年矣。后一日不亡㊀，帝一日不得親政㊁，則此七年者，月之朗於夜，非日之昱於晝也。且晝雖陰，而以炤物，其能俾人洞見者，視月遠矣。天子雖幼，而以涖

㊀「后一日不亡」五字刻本闕，據校記補。 ㊁「親政」二字刻本闕，據校記補。

衆，其能俾人信從者，視后多矣。而不但此也，位尊權重，可以唯其所爲，然且憚於惡而強爲善者，自非上哲，亦唯其名而已。夫爲惡而惡之名歸之人而已不與，則無所憚，而有委罪之路。爲善而善之名歸之人而已不與，則不能強，而徒挾不平之情。實則資己之權藉以爲之，名則去之，嚴父不能得之於子，而爲人臣者，欲以得之㊀君，不已悖乎？

新法之弊，神宗之暮年亦自知之矣。永樂之敗，悔不用王安禮之言。王安石子死魄喪，其志已衰。王雱、呂惠卿自相齮齕，而神宗已厭之矣。鄧綰、呂嘉問穢迹彰明而見黜矣，蒲宗孟詆司馬君實而見訶矣，孫固、呂公著漸進而登兩府矣。則使當國者述神宗之志，以遺詔行之，蠲青苗之逋欠，弛保馬之孳生，緩保甲之練習，以次而待哲宗於識知之後，告以民(圭)〔生〕㊁之艱苦，示以祖法之寬弘，次第而除之；使四海慕新主之仁，而不掠美以歸牝雞之啼曙㊂，夫豈不可必得者？計不出此，擁女主以行其志，后一日不死㊃，天子一日隅坐晝諾，如秉筆之內豎，奉敎而行。卽以韓維、蘇軾、劉摯、朱光庭輩處此，其能頫首以聽焉否邪？故人謂温公守貞有道而未通乎變者，非也。温公之所不足者，正未能貞也。貞之大者，天之經也，地之義也，人之彝倫也，事之綱紀也。以陰禦陽，以女制男，何殊乎以夷狄令中國㊄，以小人治君子乎？坤之初六曰：「履霜，堅冰至。」當坤之初，陰無失德，非有堅冰之禍；而發端之始，與乾相革，則所秉不正，在希微之閒，而詭於其塗，不可以復喧和高朗之宇，固無待血戰而始知其害也。

㊀ 校記「之」下有「於」字。　㊁ 據校記改。　㊂「牝雞」「啼曙」四字刻本闕，據校記補。
㊃「女主」「不死」四字刻本闕，據校記補。　㊄「女」「男」「夷狄令中國」七字刻本闕，據校記補。

溫公胡不聞焉？

嗚呼！國之將亂也，黃髮耆臣老死而無與繼者。神宗之季年，韓、富二公先後而逝，文潞公雖存，年已遲暮，且仁柔以召物議，衆望所不歸也。使有秉國鈞者，如韓公於英、仁二廟嗣立之初，持德威以翼戴，當元祐三四年閒，撤太后之簾，以興革之權、進退之柄，歸之天子；則羣小無言可執，無隙可乘，而國定矣。溫公權藉既輕，道亦遜焉，徒恃愚氓浮動之氣，遷客躍起之情，迫於有爲而無暇擇焉，其能濟乎？權輕者，非勢之勝也；道遜者，非理之貞也。捷反捷覆，捷興捷廢，天下皆喪其貞，則女㊀貞之失先之也。故曰古今之通義，不可違也。

四

置一說之短長，以通觀一時之措施，則其治亂安危，可未成而決其必然於先，曠千載而信其所以然於後，無有爽也。哲宗在位十有五年，政出自太后者凡八年，哲宗親政以還凡六年。紹聖改元而後，其進小人、復苛政，爲天下病者，勿論矣。元祐之政，抑有難於覆理者焉。紹聖之所爲，反元祐而實效之也。則元祐之所爲，矯熙、豐而抑未嘗不效之，且啟紹聖而使可效者也。嗚呼！宋之不亂以危亡者幾何哉？

天子進士以圖吾國，君子出身以圖吾君，豈借朝廷爲定流品分清濁之場哉？必將有其事矣。事者，國事也。其本，君德也。其大用，治教政刑也。其急圖，邊疆也。其施於民者，視其所勤而休養之，

㊀「女」字刻本闕，據校記補。

視其所廢而修明之，拯其天災，懲其吏虐，以實措之安也。其登進夫士者，養其恬靜之心，用其方新之氣，拔之衡茅，而相勸以君子之實也。豈徒紹聖哉，元祐諸公之能此者幾何邪？所能卓然出其獨至之忱，超出於紛紜爭論之外而以入告者，劉器之諫覓乳媼而已，伊川請就崇政、延和講讀，勿以暑廢而已，范淳夫勸帝以好學而已。自是而外，皆與王安石已死之灰爭是非，寥寥焉無一實政之見於設施。其進用者，洵非不肖者矣，乃一唯熙、豐所貶斥之人，皇皇然力爲起用，若將不及。豈新進之士，遂無一人可推轂以大任之，樹百年之屏翰者；而徒爲嶺海遷客伸久鬱之氣，遂可無曠天工乎？其恤民也，安石之新法，在所必革矣。頻年豈無水旱？而拯救不行；四海豈無冤民？而清問不及；督行新法之外，豈無漁民之墨吏？而按劾不施；觸忤安石之餘，豈無行惠之循良？而拔尤不速。西陲之覆敗孔棘，不聞擇一將以捍其侵陵；契丹之歲幣屢增，不聞建一謀以杜其欺侮。夫如是，則宋安得有天下哉？一元祐諸公揚眉舒憤之區宇而已矣。

馬、呂兩公非無憂國之誠也，而剛大之氣，一洩而無餘。一時蠖屈求伸之放臣，拂拭於蠻煙瘴雨之中，悁悁自得。(出)〔上〕㊀不知有志未定之沖人，內不知有不可恃之女主㊁，朝不知有不修明之法守，野不知有難仰訴之疾苦，外不知有睥睨不逞之彊敵，一舉而委之夢想不至之域。羣起以奉二公爲宗主，而日進改圖之說。二公且目眩耳熒，以爲唯罷此政，黜此黨，召還此人，復行此法，則社稷生民鞏固無疆之術不越乎此。嗚呼！是豈足以酬天子心膂之託，對皇天，質先祖，慰四海之孤惸，折西北之狡

㊀ 據校記改。 ㊁「女主」兩字刻本闕，據校記補。

寇，而允稱大臣之職者哉？

吾誠養君德於正，則邪自不得而窺；吾誠修政事以實，則妄自無從而進；吾誠愼簡干城之將以固吾圉，則徼功生事之說自息；吾誠釐剔中飽之弊以裕吾用，則掊克毒民之計自消；吾誠育士以醇靜之風，拔賢於難進之侶，爲國家儲才於百年，則姦佞之覬覦自戢，而善類之濯磨自弘。曾不出此，而夜以繼日，如追亡子：進一人，則曰此熙、豐之所退也；退一人，則曰此熙、豐之所進也；興一法，則曰此熙、豐之所革也；革一法，則曰此熙、豐之所興也。然則使元祐諸公處仁、英之世，遂將一無所言，一無所行，優游而聊以卒歲乎？未見其有所謂理也，氣而已矣。氣一動而不可止，於是呂、范不協於黃扉，雒、蜀、朔黨不協於羣署，一人煢立於上，百尹類從於下，尙惡得謂元祐之猶有君，宋之猶有國也！而紹聖諸姦，駕駟馬騁康莊以進，莫之能禦矣。反其所爲者，固師其所爲也。是故通哲宗在位十四年中，無一日而不爲亂媒，無一日而不爲危亡地，不徒紹聖爲然矣。

當其時，耶律之臣主亦昏淫而不自保，元昊之子孫亦偸安而不足逞；藉其不然，靖康之禍，不能待之他日也。而契丹衰，夏人弱，正漢宣北折匈奴之時會。乃恣通國之精神，敝之於一彼一此之短長，而弗能自振。嗚呼！豈徒宋之存亡哉？無窮之禍，自此貽之矣。立乎今日，以覆考哲宗之代之所爲，其言洋溢於史册，以實求之，無一足當人心者。苟明於得失之理，安能與登屋遮道之愚民同稱慶快邪？

夫君子之自立也有節，而應天下也有道。心之無私，不待物之不我辱而後榮；爲之有實，不待法之無所獘而後治。故入其朝，觀其所爲；讀其書，觀其所成。聚天下之聰明才力，以奉一人而理萬物，不期正而無不正，然後其興也，必也。此則君子以自靖而靖天下者也。豈徒伊、呂哉？兩漢之盛，唐、宋之初，無有不然者。夫誰如哲宗在御之世，貿貿終日，而不知將以何爲也！

宋論卷八

徽宗

一

徽宗之初政，粲然可觀，韓忠彥爲之，而非韓忠彥之能爲之也。未幾而向后殂，任伯雨、范純禮、江公望、陳瓘以次廢黜，曾布專，蔡京進，忠彥且不能安其位而罷矣。銳起疾爲而不能期月守，理亂之樞存乎向后之存沒，忠彥其能得之於徽宗乎？循已覆之軌者傾，仗非其所仗者躓。以仁宗之慈厚居心，而無旁窺懷妬之小人，然且劉后殂，而張耆、夏竦不能復立於廷，王德用、章德象以與劉后異而急庸。若高后晨隕，羣姦夕進，攻擊元祐，不遺餘力，前事之明鑒，固忠彥等所在目方新者。仍擁一母后㊀以取必於盛年佻達之天子，仗者非所仗也。則邢恕、章惇、蔡卞雖已竄死，豈無繼者？禍烈於紹聖，而貞士播棄終身，以恣噂沓之狂夫動搖社稷，後車之覆，甚於前車，亦酷矣哉！

忠彥雖爲世臣，而德望非溫公之匹，任伯雨諸人亦無元祐羣賢之夙望。一激不振，士氣全積，舉天下以冥行而趨於泥淖，極乎靖康，無一可用之材，舉國而授之（宦人）〔非類〕㊁，無足怪者。將雪之候，先

㊀「母后」兩字刻本闕，據校記補。　㊁據校記改。

有微温，其温也，豈暄和之氣哉？於是而諸君子之處此也，未易易矣。太后不可恃也，忠彦斯不可恃也，李清臣、蔣之奇之雜進，愈不可恃也；曾布之與忠彦互相持於政府，彌不可恃也。然而温詔之頒，起用之亟，固自朝廷發矣。范忠宣曰：「上果用我矣，死有餘責。」伊川曰：「首被大恩，不供職，何以仰承德意。」蘇子瞻海外初還，欣然就道。夫固有不可恝於君臣之際者，知其不可恃，而猶欣躍以從，亦君子宅心之厚與！

雖然，酌之以道，規之以遠，持之以貞，而善調元氣以使無傷，固有道焉。天下有道，道在天下，則身從天下以從道。天下無道，道在其身，則以道愛身，而卽爲天下愛道。以道愛身者，喜怒不輕動於心，語默不輕加於物，而進退之不輕，尤其必愼者也。執之仇仇，而知仇仇者之必不我力，不可得而執也。愛而加膝，念加膝者之無難投淵，不以身試淵也。夫且使昏庸之主，知我之不以訢訢而動，弗得以我爲賴寵。夫且使邪佞之黨，見我之遲遲以進，弗得疑我之力爭。夫且使天下之士，惜其名節，念榮寵之非榮，而不辱身以輕試。夫且使四海之民，知世之方屯，隱忍以茹荼苦，而不早計昇平，以觸苛虐而重其災。故范淳夫勸蜀公之不赴，而尹和靖疑伊川之易就，非獨爲二公愛其身也，爲天下愛道，而道尚存乎天下也。

以愛君之切，而不忍逆君之命；以憂國之至，而迫欲爲國宣力；以恤民之篤，而輒思爲民請命；則小人之占風而趨、待隙而鑽者，固將曰：彼猶我也。一虛一實㊀迭相衰王，而凶威可試，不遺餘力，以捋采

㊀ 校記「實」作「盈」。

而盡劉之；昏庸之主，亦將曰：此呼而可來者，麾而可去，天下安得有君子哉？唯予言而莫違，否則竄之誅之，永錮而無遺種，亦不患國之無人也。後生者，不得與於直道之伸，亦將曰：先生長者，亦嘗亟於進矣。則弗待君之果明，臣之果直，未㊀進而獲進焉，無不可也，奚必與世齟齬哉？於是而小人有可藉之口，庸主有輕士之情，人士無固窮之節。朝爲無人之朝，野爲無人之野。則大觀以後，迄於靖康，醉夢傾積，無有止訖，終無一人焉，能挽海宇之狂趨以救死亡，不亦痛與！

宋之不靖也，自景祐而一變矣。熙寧而再變，元祐而三變，紹聖而四變，至是而五變矣。國之靡定，不待智者而知也。乃數十年來，小人迭進，而公忠剛直之臣，項背相依㊁。然求其立難進易退之節，足以起天子之敬畏，立士類之坊表者，無其人焉。騏驥與駑駘爭駕，明星與螢火爭光，道已貶，身已媟，世安得而不波流，國安得而不瓦解哉？韓忠彥孤立以戴女主㊂，而望起兩世之傾危，諸君子何其易動而難靜也！伊川貶，而尹和靖、張思叔諸學者皆罹僞學之禁。韓侂胄之惡，自此倡之。則非禍中於國家，而且害延於學術矣。建中靖國之初政，有識者所爲寒心也，奚粲然可觀之有？

二

政之善者，一再傳而弊生，其不善者，亦可知矣。政之善者，期以利民，而其弊也，必至於厲民。立法之始，上昭明之，下敬守之，國受其益，人受其賜。已而奉行者非人，假其所寬以便其弛，假其所嚴以售其苛，則弊生於其閒，而民且困矣。政之不善者，厲民以利國，而其旣也，國無所利，因以生害，而

㊀ 校記「未」作「求」。 ㊁ 校記「依」作「次」。 ㊂「女主」兩字刻本闕，據校記補。

民之厲亦漸以輕。立法之始，刻意而行之，令必其行，禁必其止，怨怒積於下而不敢違，已而亦成故事矣。牧守令長之賢者，可與士民通議委曲，以苟如其期會而止，而不必盡如其法。若其不肖者，則雖下不恤民嵒，上亦不畏國法，但假之以濟其私，而塗飾以應上，亦苟且塞責而無行之之志。則其爲虐於天下者，亦漸解散而不盡如其初，則害亦自此而殺矣。故卽有不善之政，亦不能操之數十年而民無隙之可避。繇此言之，不善之政，未能以久賊天下；而唯以不善故，爲君子所爭，乃進小人以成其事，則小人乘之以播惡，而其禍乃延。故曰：「有治人，無治法。」則亂天下者，非亂法亂之，亂人亂之也。

蔡京介童貫以進，與鄧洵武、温益諸姦勦紹述之邪說，推崇王安石，復行新法。乃考京之所行，亦何嘗盡取安石諸法，督責吏民以必行哉？安石之晝謀夜思，掇求衆論，以曲成其申、商、桑、孔之術者，京皆故紙視之，名存而實亡者十之八九矣。則京之所爲，固非安石之所爲也。天下之苦京者，非其苦安石者也。是安石之法，未足以致宣、政之禍；唯其雜引呂惠卿、鄧綰、章惇、曾布之羣小，以授賊賢罔上之秘計於京，則安石之所以貽敗亡於宋者此爾。載考熙、豐之時，青苗、保甲、保馬、市易之法，束溼亟行，民乃毀室鬻子，殘支體，徙四方，而嘑號徧野。藉令迄乎宣、政，無所寬弛，則天下之氓，死者過半，揭竿起者，不減秦、隋之季。乃紹聖踵行，又二十餘年，而不聞天下之怨毒倍於前日。方臘之反，毆之者朱勔花石之擾，非新法迫之也。此抑可以知政無善惡，俱不足以持久，倚法以求贏，徒爲聚訟而已矣。

神宗之求治也迫，安石之欲售其邪僻之術也堅，交相鶩而益之以戾氣，力持其是，以與君子爭，無從欲偷安之志以緩之，故行之決而督之嚴，吏無所容其曲折，民無所用其推移，則如烈火之初炎，而無幸存之宿艸。及哲宗而以怠心行之，及徽宗而抑以侈心行之矣。則吏民但可有盈餘以應誅求，飾文具以免勘督者，自相遁於下而巧避之。且如保甲之法，固可以一紙報成功；青苗之息，固可洒派於戶口土田。醉夢之君，狹邪之相，苟足其欲，而以號於人曰：「神宗之所爲，吾皆爲之矣。」而民之害，亦至此而稍紓矣。

繇此言之，政無善惡，統不足以持久。吏自有其相沿之習，民自有其圖全之計。士大夫冒譴以爭訟於庭而不足，里胥(牖)〔編〕㊀戶協比以遁於法而有餘。故周公制六官，敍六典，纖悉周詳，規天下於指掌，勒爲成書，而終不以之治周。非不可行也，行之而或遁之，或乘之，德不永而弊且長也。人主而爲國計無疆之休，任賢而已矣；大臣而爲君建有道之長，進賢而已矣。所舉賢，而以類升者，卽不如前人之懿德，而沿流風以自淑，必不爲蟊賊者也。所舉不肖，而以類升者，豈徒相效以邪哉？趨而愈下，流而愈淫，卽求前人之不肆而不可得。嗚呼！安石豈意其支流之有蔡京哉？而京則曰：「吾安石之嫡系也。」諸君子又從而目之曰：「京所法者，安石也。」京之惡乃益以昌矣。故善治天下者，章民者志也，貞民者教也，樹之百年者人也。知善政之不足恃，則非革命之始，無庸創立己法；知惡政之不可久，則雖苛煩之法，自可調之使馴。讀一先生之言，欲變易天下而從己，吾未見其愈於安石也，徒爲蔡京之口實而已。

㊀ 據校記改。

三

靖康之禍，自童貫始。狡夷不可信而信之，叛臣不可庸而庸之，逞志於必亡之契丹，而授國於方張之女直。其後理宗復尋其覆軌，以訖其大命。垂至於後，猶有持以夷攻夷之說取敗亡者，此其自蹈於凶危之阱，昭然人所共喻矣。而宋之一失再失以隕命者，不僅在此。藉令徽宗聽高麗之言，從鄭居中、宋昭之諫，斥童貫、王黼之姦，拒馬植、張瑴之請，不以一矢加遼，而且輸金粟、起援兵、以衞契丹，能必耶律淳之不走死乎？能必左企弓之固守燕山而不下乎？能使女直不壓河北而與我相迫乎？能止女直之不馳突渡河而嚮汴乎？夫然，則通女直之與不通，等也；援遼之與夾攻，等也。童貫與受其敗，而宋之危亡，非但貫之失算也。

輟夾攻之計以援遼，遼存而爲我捍女直，此一說也，宋豈能援契丹而存之者？以瓦解垂亡之契丹，一攻之，而童貫敗於白溝矣；再攻之，而劉延慶、郭藥師敗於燕山矣。攻之弗能攻也，則援之固弗能援也。不可以敵熸火將熄之蕭幹，而可以拒燎原方熾之粘沒喝乎？拒契丹而勿援，拒女直而勿夾攻，則不導女直以窺中國之短長，守舊疆以靜鎮之，此一說也，近之矣。乃使女直滅遼，有十六州之地，南臨趙、魏，以方新不可遏之鋭氣，睥睨河朔之腴土，遣一使以索歲幣，應之不速而激其忿怒，應之速而增其狎侮。抑能止鋒戢鋭，畫燕自守，而不以吞契丹者齕我乎？然則夾攻也，援遼也，靜鎮也，三者俱無以自全。蓋宋至是而求免於女直也，難矣。

自澶州講和而後，畢士安撤河北之防，名爲休養，而實以啟眞宗粉飾太平之佚志，興封祀、營土木者十八載。仁宗以柔道爲保邦之計，劉六符一至，而增歲幣如不遑，坐銷歲月於議論之中者又四十一年。神宗有自彊之志，而爲迂謬之妄圖，內敝其民於掊克，而遠試不教之兵於熙河。契丹一索地界，則割土以畀之，而含情姑待，究無能一展折衝之實算。元祐以還，一彼一此，聚訟盈廷，置北鄙於膜外者又二十餘年。閫無可任之將，伍無可戰之兵，城堡湮穨，戍卒離散。徽宗抑以嬉遊敗度，忘日月之屢遷。凡如是者幾百年矣。則攻無可攻，援無可援，鎮無可鎮。請罷夾擊之師者，罷之而已；抑將何以爲旣罷之後畫一鞏固之謀邪？故曰童貫誤之，非徒童貫誤之也。

雖然，宋卽此時，抑豈果無可藉以自振者乎？以財賦言，徽宗雖侈，未至如楊廣之用若泥沙也。盡天下之所輸，以捍蔽一方者，自有餘力。以兵力言，他日兩河之衆，村爲屯、里爲砦者，至於飄泊江南，猶堪厚用。周世宗以數州之士，乘擾亂之餘，臨陣一麾，而彊敵立摧，亦非教練十年而後用之也。以將相言，宗汝霖固陶侃之流匹也。張孝純、張叔夜、劉子羽、張浚、趙鼎俱已在位，而才志可徵。劉、張、韓、岳，或已試戎行，或崛起草澤，而勇略已著。用之斯效，求之斯至，非無才也。有財而不知所施，有兵而不知所用。無他，唯不知人而任之，而宋之亡，無往而不亡矣。

不知猶可言也，不任不可言也。是豈徒徽宗之闇，蔡京之姦，敗壞於一旦哉？自趙普獻猜防之謀，立國百餘年，君臣上下，惴惴然唯以屈抑英傑爲苞桑之上術。則分閫臨戎者，固以容身爲厚福，而畏建功以取禍。故平方臘，取熙河，非童貫以奄宦無猜，不敢尸戰勝之功。嘵嘵者滿堂也，而窺其戶，久矣闃其無人矣。雖微童貫挑女直以進之，其能免乎？漢用南單于攻北單于，而匈奴之禍訖；閉關謝絕西域，矣。

而河西之守固；唯其爲漢也。廟有算，閫有政，夾攻可也，援遼可也，靜鎮尤其無不可也。唯其人而已矣。

四

姦人得君久，持其權而以傾天下者，抑必有故。才足以代君，而貽君以宴逸；巧足以逢君，而濟君之妄圖；下足以彈壓百僚，而莫之敢侮；上足以脅持人主，而終不敢輕。李林甫、盧杞、秦檜皆是也。進用之始，卽有以聳動其君，而視爲社稷之臣；旣用之，則信嚮而尊禮之；權勢已歸，君雖疑而不能動搖之以使退。故高宗置刀韡中以防秦檜，而推崇之益隆；盧杞貶，而德宗念之不衰；李林甫非楊國忠之懷忮以相反，玄宗終莫之輕也。而其時盈廷之士，無敢昌言其惡，微詞譏諷而禍不旋踵矣。而蔡京異是。

徽宗之相京也，雖嘗賜坐而命之曰：「卿何以教之？」亦戲也。實則以弄臣畜之而已。京之爲其所欲爲也，雖奉王安石以爲宗主，持紹述之說以大殘善類。而熙、豐之法，非果於爲也，實則以弄臣自處而已。其始進也，因與童貫遊玩，持書畫奇巧以進，而託之紹述，以便登揆席。其云紹述者，戲也。所師安石以周官飾說者，但「唯王不會」之一言，所以利用夫戲也。受寵旣深，狂嬉無度，見安妃之畫像，形之於詩；縱稚子之牽衣，著之於表；父子相仍，迭爲狎客。乃至君以司馬光謔臣，臣以仁宗謔君，則皆灼然知其爲俳優之長，與黃幡綽、敬新磨等。帝亦豈曰此可爲吾任社稷者？京、攸父子亦豈曰吾爲帝腹心哉？唯帝之待之也媟，而京、攸父子之自處也賤，故星變而一黜矣，日中有黑子而再黜矣，子用而父以病免，不得世執朝權矣。在大位者侯蒙、陳顯，斥之爲蟊賊，而猶優游以去；宂散之臣如方軫，草澤之士如陳朝、陳正彙，訶之如犬豕，而猶不陷於刑。未嘗有蟠固不可搖之勢也。徽宗亦屢欲別用人代之矣。而趙挺之、何執中、張商英之瑣瑣者，又皆懷私幸進，而無能效其尺寸。是以寵日以固，位日以崇，而耆老不死，以久爲賊於天下。計自其進用以迄乎南竄之日，君亦戲也，臣亦戲也。嗣之者，攸也、絛也；偕之者，王黼也、朱勔也、李邦彥也；莫非戲也。花鳥、圖畫、鐘鼎、竹石、步虛、受籙、倡門、酒肆，固戲也；開熙河、攻交阯、延女直、滅契丹、策勳飲至、獻俘肆赦，亦莫非戲也。如是而欲緩敗亡之禍，庸可得乎？

故有李林甫，不足以斬肅宗之祚；有盧杞，不足以陷德宗於亡；有秦檜，不足以破高宗之國。京無彼三姦之鷙悍，而禍乃最焉。彼之爲惡者，猶有所爲以箝服天下；而此之爲戲者，一無所爲也。彼之得君者，君不知其姦，而姦必有所飾；此之交相戲者，君賤之而不能舍之，則無所忌以無不可爲也。即無女直，而他日起於草澤，王善、李成、楊么之徒，一呼而聚者百餘萬，北據太行，南蹂江介，足以亡宋而有餘矣。擐狡彊銳起之天驕，尚延宋祚於江左，幸也。雖然，唯其戲也，含詬忍恥以偷嬉宴，則其施毒於士民者亦淺，固有可以不亡者存焉。京年八十，而與子孫竄死於南荒，不得視林甫、杞、檜之保軀命於牖下也。足以當之矣。

五

楊龜山應詔而出，論者病之，亦何足以病龜山哉？君子之出處，唯其道而已矣。召之者以道，應之者以道，道無不可，君子之所可也。徽宗固君也，進賢者，君之道也。蔡京固相也，薦賢者，相之道也。

相薦之，天子召之，爲士者無所庸其引避。天下雖無道，而以道相求，出而志不行，言不庸，然後引身而退，未失也。龜山何病哉？當其時，民病亟矣，改紀一政而緩民之死，卽吾仁也；國危迫矣，匡贊一謀而救國之危，卽吾義也。民卽不能緩其死，而吾緩之之道不靳於言；國卽不能救其危，而吾救之之方不隱於心；則存乎在我者自盡，而不以事之從違爲憂。君子之用心，自有弗容已者。徽宗雖闇，而猶吾君；蔡京雖姦，而猶吾君之相；相薦以禮，相召以義，奚容逆億其不可與有爲而棄之。病龜山者，將勿隘乎？

雖然，試設身以處，處龜山之世，當重和之朝廷，而與當時在位之人相周旋，固有大難堪者。不知龜山之何以處此也？易於艮之三曰：「艮其限，列其夤，厲熏心。」曷厲乎？厲以其熏也。立孤陽於四陰之中，上無與應，熏之者莫非陰濁也，故危也。孔子之道大矣，非可凌躐而企及者。然而其出也，以衞靈公之荒淫，而固有蘧瑗、史魚在也。則立乎其廷，周回四顧，而可與爲緣者不乏，則羣小之熏，不能亂君子之臭味。故季斯、公山弗擾、佛肸皆可褰裳以涉；而女樂一歸，則疾舍宗國而不爲忍。何也？姦邪者，君子之所可施其檃括；而同昏之朝，腥聞熺然，環至以相熏，則欲姑與之處，而無以自置其身。孔子且然，況不能爲孔子者乎？龜山方出之時，何時邪？徽宗如彼矣，蔡京如彼矣，蔡攸、王黼、童貫、梁師成之徒又如彼矣。而一時人士相趨以成乎風尙者，章醮也，花鳥也，竹石也，鐘鼎也，圖畫也。清歌妙舞，狹邪冶遊，終日疲役而不知倦。觀乎靖康禍起，虜蹂都城，天子嘑號，萬民震慄，而抄劄金帛之役，洪芻、王及之輩，皆一時自標文雅之士，劫宮娥以並坐，歌謔酣飲，而不以死爲憂。則當時豈復有姦邪哉？聚鳥獸於君門，相爲躑躅而已。龜山以嚴氣正性之儒者，孤立於其閒。槐棘之下，誰與語者？待漏之署，誰與立者？歲時往還之酬荅，誰氏之門可以報謁？棘棘及膚，叢錐刺目，彼則無慙，而我能自適乎？莊生曰：「攖而後寧。」亦必有以寧也，亦必相攖而後相拒以寧也。不能攖我，而祇以氣相熏染，厲而已矣，奚寧哉？念及此，則龜山之出，誠不如其弗出矣。

於是而尹和靖之堅不欲留，尚矣。艮之上曰：「敦艮，吉。」超出羣陰之上，與三異志，而時止則止，非道之必然，心之不得不然也。道生於心，心之所安，道之所在。故於亂世之末流，擇出處之正者，衡道以心，而不以心倣道；無以熏其心而心泰矣。尙奚疑乎？

六

勢極於不可止，必大反而後能有所定。故易曰：「傾否，先否後喜。」否之已極，消之不得也，傾之而後喜。惜其傾而欲善保其終，則否不傾而已自傾。謀國者，志非不忠，道非不正，不忍視君之瑣尾、民之流離，欲因仍而補救之，其說足以聳動天下。乃弗能救也，而祇甚其危亡，則唯惜傾而靳於傾者使之然也。

宋至徽宗之季年，必亡之勢，不可止矣。匪徒女直之彊不可禦也，匪徒童貫之借金亡遼之非策也，尤匪徒王黼受張瑴之降以挑狡虜也。君不似乎人之君，相不似乎君之相，垂老之童心，冶遊之浪子，擁離散之人心以當大變，無一而非必亡之勢。於是而宇文虛中進罪己之言，吳敏、李綱定內禪之策，不可謂非消否之道也。乃汴都破，二帝俘，愈不可挽矣。內禪者，死守之謀也。死守則必有死守之具矣。

任廟算者唯綱，綱之外無人矣；任戎閫者唯种師道，師道之外無人矣。盡綱之謀，竭師道之勇，可以任此乎？朱子固已論之曰：「不足恃也。」且微徒綱與師道也，嬰孤城，席解散之勢，一日未亡，一日有處堂之計。人心不震，規畫不新，雖諸葛孔明不能止荆州之潰，雖郭子儀不能已陝州之奔。何也？勢已傾者不傾，而否亦不傾也。亂起於外者，制之以中；亂集於中者，制之以外。處於有餘之地，而後可以自立；可以自立，而後可以禦人。先王衆建諸侯，以爲藩屏，時巡其守，王迹以通，五服四方皆天子之外舍也。故幽王死於宗周，而襄王存於氾水。春秋記之曰：「天王出居於鄭。」居者，其所宜居也。舉天下而皆其所居，則皆其所自立矣。皆其所居，而拘攣於不可久居者以自困；則有餘之地，皆非其地，有餘之人，皆非其人，畏傾而傾必及之。否豈有自消之理哉？

徽宗南奔以避寇，勢迫而不容弗避，避之尙未足以亡也。以勢言之，頭不剸者命不傾；以理言之，死社稷者，諸侯之道也，非天子之道也。諸侯棄其國而無國，天子棄都城而固有天下，未喪其世守也，故未大失也。其成乎必亡者，內禪而委位於欽宗也。委位於欽宗，則徽宗非天下之君矣。本不可以爲人之君，而又委位以自失其柄，爲蕭然休老之人。則處有餘之地而非其地，撫有餘之人而非其人。權藉之所歸，據之以抗彊虜者，猶然孑處危城之嗣主。是出奔猶未失，而內禪之失，不可救矣。唐玄宗走蜀，而太子北走朔方，猶太子也。玄宗猶隱繫東南人心，而人知有主。太子雖立，而置身於外，以收西北之心，故可捲土重來以收京闕。欽宗受內禪之命，是天子固在汴京，走而東者，已非天子也。盈廷之士，類皆讒賊之餘，嬰城之衆，徒戀身家之計。綱以此曲徇其意，擁欽宗以遲回於棧豆。爲之名曰「效死弗去」。肩貨賄以惜遷徙之愚氓，羣起讙呼，以偸一日之安。懷、愍之覆轍，憯莫之懲，以冥行而蹈之，不亦悲乎！

嚮令內禪不行，徽宗卽出，人知吾君之尙在，不無奮死之心；帝持大柄以旁招，尙據河山之富；羣小抱頭以駭散，不牽築室之謀；太子受鉞以撫軍，自效廣平之績；揆其時勢，較康王之飄泊濟州者，尙相什百也。唯綱昧此，惜此四面受敵之孤城，仍此議論猥繁之朝廷，率此姦邪怙黨之僉壬，殉此瞻戀穠華之婦稚。虜兵乍退，歌舞仍前。夫且曰：「微綱之使有君而有國也，安得此晏處之休哉？是奠已潰之宗祊而寧我婦子也，功施不朽矣。」盤庚曰：「胥動以浮言。」非此謂與？

徽宗以脫屣自恣之身，飄然而去，翩然而歸，旣不能如德宗之在奉天。欽宗以脃弱苟延之命，有召不應，有令不行，抑不能如肅宗之在靈武。都城官吏軍民，以浮華安佚之累，倏然而憂，俄然而喜，終不能如朔方、邠、寧之軍，憤起反攻，以圖再造。禍在轉盼，而猶爲全盛之圖，綱何未之思也！其在當日者，城連萬雉，闕啟千門，雞犬方寧，市廛未改，不忍棄之一朝，而思奉一人以固守，夫豈非憂國恤民之至意？而目前之殷盛，一俄頃之浮榮；轉盼之凋殘，成灰飛之幻夢。卒使兩君俘，六宮虜，金帛括盡，凍餓空城，曾不得逸出以謀生，而上下交絕其大命。如是而以爲不忍，其忍也，不已慘乎？故所咎於綱者，有所惜而忘所大惜也。邪說行，狂夫逞，斁天之痛，綱其罪之魁與！

宋論卷九

欽宗

一

扶危定傾有道，於其危而扶之，不可得而安也；於其傾而定之，不可得而正也。傾危者，事勢之委也，末也；所以致傾危者，本也。循其所以危，反之而可以安；矯其所以傾，持之而可以正。故扶危定傾者，其道必出於此。雖然，本之與末，有發端而漸啓者，有切近而相因者。則正本之圖，有疏有親，有緩有急，必審其時而善持之。不然，則窮泝其本而不足以救其末，無益也。發端而漸啓者，其始之弊，未至於此，相沿以變，而並失其舊，乃成乎切近相因之害；於此圖之，而已得傾危之本。若其始之所啓，雖害繇此以漸興，而時移勢易，無所復用其匡正，其本也，而固非其本矣。

今夫河之爲患，遏之於末流，不得也。神禹爲之疏之，循其本矣。然載始者，壺口也，而冀州平。泝其橫流於中州者，則抑以底柱以東，出山而溢於滎、漯者，爲衆流之本。若其發源崑崙，在西極之表者，豈非河之大源哉？而於彼窮之，終不能已兗、豫之汜濫。故言治河者，未有欲窮之於其源者也。

靖康之禍，則王安石變法以進小人，實爲其本。而蔡京之進，自以書畫玩好介童貫投徽宗之好，因躐大位，引羣小導君於迷，而召外侮。其以紹述爲名，奉安石爲宗主，繪形館閣，配食孔廟者，皆假之以彈壓衆正，售其佞倖之私而已矣。夫安石之脩申、商之術，以漁獵天下者，固期以利國而居功，非懷私而陷主於淫惑，此其不可誣者也。安石之志，豈京之志，京之政，抑豈安石之政哉？故當靖康之初，欲靖內以禦外，追其禍本，則蔡京、王黼、童貫、朱勔亂於朝，開釁於邊，允當之矣。李邦彥、白時中、李梲、唐恪之流，尸位政府，主張割地，罷入衞之兵，撤大河之防者，皆京、貫輩同氣相求、因緣以進者也。出身狹邪，共習嬉淫，志苶氣枵，抱頭畏影，而蘄以苟安，豈復知有安石之所云云者？師京、貫之術，以處凶危，技盡於請和，以恣旦夕之佚樂而已。京、貫等雖漸伏其罪，而所彙引之宵人，方興未殄。則當日所用爲國除姦者，唯昌言京、貫之爲禍本，以斥其黨類，則國本正，而可進羣賢以決扶危定傾之大計，唯此而可以爲知本矣。骨已冷，黨已散，法已不行，事勢已不相謀之安石，其爲得爲失，徐俟之安平之後而追正之，未爲晚也。舍當前腹心之蠱，究已往萌蘗之生，龜山、崔鷗等從而和之，有似幸國之危以快其不平之積者。而政本之地叢立者皆疲茸淫蕩之纖人，顧弗問也。則彼且可挾安石以自旌曰：「吾固臨川氏之徒也。彈射我者，元祐之苗裔，求伸其屈者，非有憂國之忱者也。」熒主聽，結朋黨，固寵利，壞國事，惡能復禁哉？

楊國忠受戮於馬嵬，而唐再造，無庸究李林甫之姦也。辨學術，正人心，善風俗，定綱紀，前不能伸於建中靖國之初，而事已大敗，乃洩其久蘊之忿怒，所本者，非本矣。遼絕而不相及，泮渙而不相濟，何爲者邪？迨及建炎之後，安石之說不待攻擊而自銷亡，亦足以知安石之不足攻，而非靖康之急務矣。

竭忠盡力，直糾京、貫之黨，斥其和議之非，以爭存亡於廟算，言不溢而事不分，此之謂知本。

二

女直脅宋以割三鎮、割兩河，宋廷之臣，爭論不決，於其爭論而知宋之必亡也。抑以知宋亡而貽中國之禍於無已也。李邦彥、聶昌、唐恪之徒，固請割地以緩須臾之死者勿論已。徐處仁、吳敏以洎李伯紀、楊中立之堅持不割之策，義正矣。雖然，抑有能得女直之情，而自善其不割之計者乎？不得其情，雖爲之計無補也，況乎其無能爲保固三鎮、兩河之計也。

脅人以割地者，契丹之脅石晉也，秦人之脅三晉也，皆未能得而須其自割也。契丹脅石晉於求(緩)〔援〕㊀之日，地猶王從珂之地，而兩非所有。秦人之脅三晉，三晉雖弱，抑嬰城固守，必覆軍殺將、曠日持久而後得之，故脅其割而後得不勞。而女直之勢異是。自敗盟南侵以來，馳突於無人之境，至一城則一城潰，一城潰則一路莫不潰矣。欲三鎮卽可得三鎮，欲兩河卽可得兩河，何爲嘵嘵然競使命之脣舌，而莫能使其必從邪？嗚呼！當時議者盈廷，曾無一人焉察及於此，中國之無人久矣，禍乃延及無窮而不可遏矣。

遼之旣滅，女直之志已得，未嘗有全舉中國之成心也。宋人召之挑之，自撤其防以進之，於是而欲逞志於宋，乃且無定情焉。而教之以脅地脅賂者，郭藥師也。藥師者，亦習乎契丹之所以加宋者，而欲效之女直，求地耳，求賂耳，求爲之屈耳。是故終女直之世，止於此三者。而大河以南，國破君俘，城空千

㊀ 據校記改。

里，且舉以授之張邦昌、劉豫而不欲自有，夫豈貪之有所止，而戢自焚之兵哉？永嘉以來，南北分而夷、夏各以江、淮爲守，沿而習之，局定於此，志亦僅存乎此也。汴京破而立張邦昌、劉豫者，修石晉之故事也。和議成而畫淮以守者，循拓拔氏之已迹也。蓋自苻堅潰敗以後，王猛之言，永爲定鑒。故拓拔佛貍臨江而不敢渡。正統之名，天式臨之；天塹之設，地固限之；雖甚鴟張，罔有越志。然則宋持其不敢擅有中夏之情，苟須地必待我之割之也，則固有以處此矣。不割三鎮，必有以守三鎮。不割兩河，必有以守兩河。欲守三鎮、兩河，必固守大河以爲之根本。欲守大河，必備芻糧，繕城堡，集秦、隴、吳、蜀、三楚之力以衞京邑。此之不謀，但曰「祖宗之疆土，不可與人」。卽不與之，不能禁其不取。空談無實，坐廢遷延，而三鎮、兩河不待割而非己有矣。輕騎馳突於汴京，而宗祧永喪矣。疆土任人之吐茹，而何割與不割之有哉？

然而女直之所欲者，且自三鎮而止。彼且曰：「天以中原授中原之主，吾不得而力爭。」故撻嬾、兀朮，人異其志，金山之匹馬，且以得返爲幸，完顏亮馬一南牧，而羣下叛離以致之死。然則處當日之情形，勿問三鎮也，勿問兩河也，抑可弗問汴京之守與不守也。名號存，呼召集，親統六師以與相頡頏；充彼之欲，得河北而其願已畢，氣已折，力已疲，且安坐而飽飫以嬉遊，天下事尚可徐圖其大定。卽令不克，亦豈授女直以意想不及之弋獲，而無所訖止乎？意想不及之獲，可以獲矣。立邦昌，而邦昌不能有；立劉豫，而劉豫不能有；大河以南人無主，而戴之以爲君，則江、淮以南，何不可戴之以爲君？蒙古氏乃以知天之無有定情，地之無有定域，而惟力是視，可有者無不可有矣。嗚呼！不測其不敢深求之情，弱者靡、彊者囂，縱使氾濫而流及於廣遠，天且無如人何，而萬古之綱維以裂。故曰中國之無人，非一晨一夕之故也。

謝安石之知及此矣，故以一旅抗百萬之衆而不懾。自立也有本，則持重以待之，而其鋒自折。氣矜取勝，茫然於彼已之情僞，徒爲大言以聳衆聽，流俗驚爲偉人，而不知其無當於有無之數也。是可爲大哀也矣！

三

上與下交爭者，其國必傾。惟大臣能得之於上，而不使與下爭；惟君子能輯之於下，而不使與上爭。聽其爭而不能止者，具臣也。以身爲爭之衡，而上下交因之以爭者，自居於有爲有守，而實以貽上下之裁。衰亂之世，恆多有之，是人望之歸也，而有道者弗取焉。

凡爭之興，皆有名可據，有故可循。而上不見信，下不相從，乃相持而不相下。迨乎爭矣，則意短而言長，言順而氣烈。氣之已烈，得失、利害、存亡、生死皆所不謀，而憤興於不自已。故盤庚之誥曰：「而胥動以浮言。」言勿問是非，一浮而是者已非，有道者甚畏天下之有此，而豈其以身爲之的乎？氣之浮也，必乘乎權，而後其動也無所復憚。上之權，以一人而爭天下，以其崇高也；下之權，以匹夫而爭天子，以其衆多也。權者，勢之所乘；發以氣，乘以勢，雖當乎理，而亦爲亂倡。故曰「其國必傾」。漢、唐之季，其傾也皆然，而宋爲甚。上之爭下也，斥之、詘之、竄之、禁之，乃至刊之於籍，勒之於石，以大聲疾呼而告天下。自熙寧以後，一邪一正，皆歸於此，而王安石、司馬光實以身受其衡。於是而下之爭起矣。登屋拔樹，喧呼以爭命相之權者，其流風所鼓，乃至萬衆奔號，蹙君門而爲李綱鳴其不平。上既違之，下乃憤之；下且競之，上愈疑之。交相持，而利害生死俱所不恤。

夫新法之病民，迫欲司馬之相以蠲除之者，猶情理之正也。然而朝廷之用舍，國政之興革，豈此喧呶一往之氣所可取必者哉？至若綱之得衆心者，惟請內禪，守京都，保市廛廬舍之鮮華，偷朝菌蟪蛄之宴樂。而他日者，括金帛，掠子女，百萬生齒流離於雨雪洊至之下，死者過半，則固不如早捐其總於貨賄之情，遠避凶危，以保妻子，尚可生生自庸也。而婦人稚子感綱之德，交（質）〔贊〕㊀於室，以動蚩蚩之衆，攘臂而前，蔑君民之禮，踐蹂宮門，國其尚可以安存乎？

且夫司馬之不得行其志者，正以此也。故哲宗親政之後，天子厚其疑忌，以爲是率亂民而脅上以相己者，固已目無君上。則勒名黨碑之首，盡反元祐之爲，以恣章惇、蔡京之姦，皆此致之。若綱，識雖不足，忠則有餘，闇主姦臣，固無得閒以相爲讐忌；而一竄再竄，志終不伸。迄高宗之世，可以白矣，而指爲朋黨，以宋世不再舉之刑，施之陳東。無他，惟伏闕呼號者不逞，而與天子爭權，迹已逆而心終不可白矣。

温公律己之嚴，非有所召致，而引兒童走卒以爲羽翼，固已。卽在綱也，危亡在目，殷憂在心，抑必不操劵以致陳東，使率衆以頌己。其當衆情沸騰之下，固且無如之何，而不足爲二公病。雖然，君子靜㊁天下之人心以靖國者，固有道矣。盡忠以與君謀，其可贊以必行者，言不容長也。秉正以與僚友謀，其

㊀ 據校記改。　㊁校記「靜」作「輯」。

所引以自任者，旁無所待也。同乎我者受之，而得當以行，喜勿遽也。異乎我者聽之，裁之在我，怒勿形也。退而緘之於心，不以忼慨之容動衆，而使依己以爲宗也。不用而奉身以退，不自暴白其心，而激人以歸怨於上也。失職之士，怨恣之民，達其憤，恤其隱，而勿引之以使盡其不平之鳴也。夫然，則謀定而人不知，功成而言不洩。忠不行，道不試，而微罪以去，恆有餘地以待君之悟，而無所激以成乎不可已之爭。則朝野兵民，各居靜以待命，雖有巨姦猾寇，亦弗能窺我之涯際，而閒宵小以起收其利。如其終不見信於天子，不勝於姦邪，則亦天也。吾之自靖自獻者無尤，則一死以報宗祊而無媿。而士民囂陵之戾氣，無自而開，則禍亦不永。君子之以靖共爾位，邀神聽之和平者，此而已矣。以此求之，豈徒綱哉？溫公固未之逮矣。

謝安石抗桓溫，郤苻堅，而民不知感。郭子儀厄於程元振，困於魚朝恩，而衆不爲伸。种師道耄老無能，而褰帷呼躍。成敗之殊，其持之者異也。已亂者先已其爭，爭不甚者危不亟，存乎任國事者之有道也。子曰：「君子無所爭。」已且不爭，況使君與民挾己以爲爭端乎？

四

曹操之雄猜也，徐庶以劉先主之故，終身不爲一謀。操能殺荀彧，而不能殺庶，委順可爲也。然猶曰庶未嘗觸操之忌也。司馬昭之很也，阮籍爲艸表，而以箕、潁之節期之。昭能殺稽康，而不能殺籍，隱默可爲也。然猶曰微辭而未斥言之也。郅惲上書王莽，陳讖緯，諫其復漢室而歸臣服。莽弗能殺，而及見光武之興，婉曲可爲也。然猶曰詭託符命以術制莽也。馬伸於張邦昌之僭立，上申狀以請復辟，至再至三而不已，邦昌懼而從之；弗畏於逆臣，弗懼於狡虜，弗憂於吳幵、莫儔之羣小，志至氣充，不知有死，而死亦終弗及焉。然則士苟有志，昭昭然揭日月而行之，夷、齊扣馬之諫，奚必武王而後可施哉？

嗚呼！士不幸而生於危亡之世，君已俘，宗廟已墟，六宮盡辱，宗子無餘，舉國臣民寄死生於〈他人〉〔異類〕㊀之手，而聽其嚼齧，姦宄施施且擁叛逆而爲主，不死而何以自堪。乃自梅執禮、吳革、劉韐、李若水、張叔夜之外，非有可死之幾，死且無裨於名義。故張浚、趙鼎、胡寅唯匿形免汚以自全，無死地也。伸居臺諫之職，欲求死地以致命，則唯有直責邦昌使奉康王之一說，可以自慰其夢魂而無疚憾。忤邦昌者，死地也。邦昌之從己而避位，非伸之所取必者也。豈有人方求爲天子，而助逆者又進騎虎之說以怵之，可以筆舌力爭奪其尊富哉？故曰死地也。稍一遲回，而姑爲隱忍矣。以死爲心，以成敗委命，以綱常名義自任，而不求助於人，則亦何不可揭日月以行，而言猶囁嚅乎？

子曰：「邦無道，危行言孫。」無道者，君不明，而猶故國之君；俗不美，而猶中國之俗；非國破君辱逆臣竊位之謂也。言孫者，道不可亟明，則以微言待後；志不可急白，則以謙讓自居；非談笑以道君父之危，緩頰而免亂賊之怒也。當伸之世，操伸之志，以爲伸之所得爲，豈謂此哉？且伸之言，亦未嘗不孫也。其申狀於邦昌也，仍以臺官上申宰相之禮；其進說也，仍期以定策立元輔之功。則以視段秀實之笏擊朱泚也，猶從容而不迫。非伸之氣苶於秀實也，彼已成乎不可挽之勢，而此則有可轉之機也。

㊀ 據校記改。

然使邦昌怙惡而不從，羣姦交懟其異己，則仲亦與秀實同捐其肝腦。其危也，孫也；而其孫也，未嘗不危也。仲於是合乎剛柔之節矣。

夫人之於義也，豈患不知哉？患無其志耳。抑徒患其志之不存哉？患其氣之不充耳。邦昌之不可帝也，天子之不可聽女直立也，爲宋之臣民不可戴邦昌爲君也，夫人而知之，夫人而亦有其心矣。若有所覆而不得露，若有所掣而不得舒，若有所隔而不得吐，皆氣不勝也。故持其志者，以氣配義，而志乃伸。

宋論卷十

高宗

一

光武跳身河北，僅有漁陽一旅，而平定天下者，收羣盜之用也，故有銅馬帝之號焉。宗汝霖之守東京以抗女直，用此術也。考之史册，光武所受羣盜之降，幾二千萬。王莽之季，盜雖蠭起，亦不應如彼其多。蓋降而或復叛，歸於他盜，已而復降，至於三四，以有此數。不然，則建武之初，斥土未廣，何所得粟以飼此衆邪？宗汝霖所收王善等之衆二百餘萬，其聚而有此衆者，亦非盡慓悍貿死之壯夫也。徽宗之世，河北之盜已興。迨及靖康，女直破汴京而不有，張邦昌僭大號而不尸，高宗遠處淮左而不能令。郡邑無吏，吏無法。遊奕之虜騎，往來蹂踐，民莫能自保其命。豪彊者聚衆砦處，而農人無可耕之土，市肆無可居之廛，則相率依之，而據太行之麓，以延旦夕之命。室無終歲之計，甕無宿舂之糧，鳥獸聚而飛蟲遊，勿問彊弱，合而有此數也。聞汝霖受留守之命，依以自活，爲之美名曰「忠義」以撫之，抑豈誠爲忠義者哉？故汝霖之用之也，欲其急也。

光武之用羣盜，唯知此也。故用之以轉戰，而不用之以固守。來者受之，去者不追，迨其有可歸農之日，則自散歸其田里。是以天下旣定，此千餘萬者，不知其何往。用之以轉戰，而不用之以固守者，乘其方新之氣也。來者受之，去者不追㊀，可不重勞吾河內、宛、雒之民，竭貲力以養之也。汝霖之在當日，蓋東京尚有積粟，可支二百萬人一二歲之食，過此而固不能矣。是以汝霖自受命守京，迄於病卒者僅一年，而迫於有爲，屢請高宗歸汴，以大舉渡河，知其乍用而可因糧於敵，不可久處而變生於內也。姦邪中沮，志不遂而鬱邑以隕命。渡河之呼，豈徒慟大計之不成，抑且慮此二百餘萬人非一汴之所能留也。汝霖卒，而復散爲盜，流入江、湘、閩、粵，轉掠數千里，不待女直之至，而江南早已糜爛。非韓、岳亟起而收之，宋必亡矣。

無食不可以有兵，無士不可以得食，不進不可以有士。(得)〔待〕㊁食足而興兵者，處全盛之宇，捍一方之寇，如趙充國之策羌是也。不可以用烏合之衆，攖方張之虜，保已破之國，審矣。念吾之且必窮，知衆之不久聚，憂內之必生變，更無餘法以處此，唯速用其方新之氣而已。急用而捷，所殺者敵也。急進而不利，所殺者盜也。鼓之舞之，使無倒戈內向者，則存乎主帥之恩威。夫此二百餘萬之盜，固皆有山砦可爲退處之穴；而收吾簡練之禁旅，進可爲之援，退亦不忿其反噬。然此要非久留聚處，耗吾芻粟，擾吾農人，以生其狎侮之所能勝。是則汪、黃內蠹，高宗中餒，曠日遷延，遲回汴土，卽令汝霖不沒，而事亦漸難矣。羣盜之流入內地者，韓、岳竭力以芟夷之，殲殺過半，弱者抑散而傭食於四方，然後收其僅存之可用者以爲吾用。非盡此食葚之鴞，可帥之以所嚮無前也。故汝霖亦知獨力任此之不足也，

㊀ 校記「追」字下有「者」字。　㊁ 據校記改。

亟請高宗返駕京闕以彈壓羣桀，且可輦輸東南之粟帛，調發入援之兵卒，而爲可繼之圖。若孤恃汝霖之志義，而無劉裕匡復之〔盛〕〔威〕㊀望以讋羣雄，抑無郭子儀朔方之部曲以立根本，仰給不貲，徒貽怨玩，劉越石之困於段匹磾者，其前鑒也。上無君，內無相，始而盛者漸以衰，悲憤中來，坐視其敗，雖欲不悒悒以自隕天年，其可得乎？

故謂汝霖不死，憑恃此衆可席捲燕、雲者，非能知汝霖茹荼之苦心也。馭之必有其權，養之必有其具，然後此二百餘萬烏合之旅，可收其利而不逢其害。非光武之聰明神武，而欲馴擾不軌之徒，以與虎狼爭生死，豈易言哉！豈易言哉！

二

高宗之畏女直也，竄身而不恥，屈膝而無慚，直不可謂有生人之氣矣。乃考其言動，察其志趣，固非周赧、晉惠之比也。何以如是其餒也？李綱之言，非不知信也；宗澤之忠，非不知任也；韓世忠、岳飛之功，非不知賞也；吳敏、李棁、耿南仲、李邦彥主和以誤欽宗之罪，非不知貶也。而忘親釋怨，包羞喪節，乃至陳東、歐陽澈拂衆怒而駢誅於市，視李綱如仇讎，以釋女直之恨。是豈汪、黃二豎子之能取必於高宗哉？且高宗亦終見其姦而斥之矣。抑主張屈辱者，非但汪、黃也。張浚、趙鼎力主戰者，而首施兩端，前卻無定，抑不敢昌言和議之非。則自李綱、宗澤而外，能不以避寇求和爲必不可者，一二冗散敢言之士而止。以時勢度之，於斯時也，誠有旦夕不保之勢，遲回葸畏，固有不足深責者焉。苟非漢光

㊀ 據校記改。

武之識量，足以屢敗而不撓，則外競者中必枵，況其不足以競者乎？高宗爲質於虜廷，熏灼於慓悍凶疾之氣，俯身自顧，固非其敵。已而追帝者，濱海而至明州，追隆祐太后者，薄嶺而至阜口，去之不速，則相胥爲俘而已。君不自保，臣不能保其君，震慴無聊，中人之恆也。亢言者惡足以振之哉？

靖康之禍，與永嘉等，而勢則殊矣。懷、愍雖俘，晉元猶足以自立者：以外言之，晉惠之末，五胡爭起，亂雖已極，而爭起者非一，則互相禁制，而滅晉之情不果。女直則勢統於一，唯其志之欲爲而無所顧也。以內言之，江南之勢，荆、湘爲其上游，襄、漢爲其右臂。晉則劉弘夙受方州之任，財賦兵戎聽其節制，而無所掣曳，顧、陸、周、賀諸大族，自孫氏以來，世繫三吳之望，一歸琅琊，而衆志交孚，王氏合族擁衆偕來以相扶掖。宋則雖有廣土，而無綏輯之人，數轉運使在官如寄，優游偃息，民不與親，而無一兵之可集、一粟之可支。高宗盱衡四顧，一二議論之臣，相與周旋之外，奚恃而可謀一夕之安？瑣瑣一苗、劉之懷忿，遽奪其位而幽之蕭寺，劉光世、韓世忠翺翔江上，亦落拓而不效頭目之捍。自非命世之英，則孑然孤處，雖懷悲憤，抑且誰爲續命之絲？假使晉元處此，其能臨江踞坐，弗憂繫組之在目前哉？故高宗飄搖而無壯志，諸臣高論而無特操，所必然矣。

於是而知國之一敗而不可支者，唯其孤也。有蕭何在關中，而漢高泗水之敗，得有所歸。有寇恂在河內，而鄧禹長安之敗，散而復合。崛起者且如是矣。若夫唐室屢覆，而朔方有可藉之元戎，江、淮有可通之財賦，儲之裕而任之人者勿猜，非一朝一夕之積矣。宋則奄有九土，北控狡夷，西禦叛寇，而州無綏撫之臣，郡無持衡之長，軍衞爲罪人之梏，租庸歸內帑之藏。吏其土者，浮游以需，秩滿而颺去。

一旦故國傾頹，竄身無所，零丁江介，類海澨以容身。陳東、歐陽澈慷慨而談，其能保九子僅存之一綫，不隨二帝以囚死於燕山乎？傳曰：「周之東遷，晉、鄭焉依。」言其必有依也。詩曰：「池之竭矣，不云自頻。」外已久枯，而中存之勺水一涸而無餘也。宋自置通判於諸州，以奪州鎮之權，大臣出而典郡者，非以逸老，則爲左遷。富庶之江南，無人也；巖險之巴、蜀，無人也；扼要之荆、襄，無人也；樞要之淮、徐，無人也。峩冠長佩，容與於天下，賢者建宮牆以論道，其次飾亭榭以冶遊，其下攘民財以自潤。天子且安之，曰：「是雖不肖，亦不至攘臂相仍，而希干吾神器者也。」則求如晉元以庸懦之才，延宗祉而免江、淮之民於左衽，不亦難乎？故以走爲安，以求和爲幸，亦未可遽責高宗於一旦也。

乃其後猶足以支者，則自張浚宣撫川、陝而奉便宜之詔始。宋乃西望而猶有可倚之形。且掣肘之防漸疏，則任事之心咸振。張、韓、岳、劉諸將競起，以盪平羣盜，收爲部曲。宋乃於是而有兵。不縶其足者，不仆其身；不劉其枝者，不槁其本。故垂及秦檜椓削之餘，而逆亮臨江，高宗不爲駭走，且下親征之詔。則使前此者，有威望之重臣鎮江、淮，以待高宗之至，亦未必氣沮神銷之至於如斯也。

首其謀者，唯恐天下之不弱；繼其後者，私幸靡散之無憂。國已蹙，寇已深，而尸位之臣，爭戰爭和，(戚)〔穴〕㊀中相訟，無一人焉，徵諸路勤王之潰散，改覆轍以樹援於外。宋本不孤，而孤之者，猜疑之家法也。以天子而爭州郡之權，以全盛而成貧寡之勢，以垂危而不求輔車之援，稍自樹立，而秦檜又以是惑高宗矣。和議再成，依然一畢士安之策也。岳飛誅死，韓世忠罷，繼起無人，閫帥聽短長於文吏，

㊀ 據校記改。

依然一趙普之心也。於是舉中原以授蒙古，猶掇之矣。豈眞天驕之不可嚮邇哉？有可藉之屏藩，高宗猶足嗣唐肅之平安、史；無猜忌之家法，高宗猶足似唐德之任李晟。故壞千萬世中夏之大閑者，趙普也。以太祖之明，而浸潤之言，巳沁入於肺腑。況後之豢養深宮，以眇躬涖四海者乎？光武不師高帝之誅夷，上哲能之，非可期於中材以下也。

三

言有綱，道有宗；綱宗者，大正者也。故善言道者，言其宗而萬殊得；善言治者，言其綱而萬目張。循之而可以盡致，推之而可以知通，傳之天下後世而莫能擿其瑕璺。然而抑必有其立誠者，而後不僅以善言著也。且抑必聽言者之知循知推，而見之行事者確也。抑亦必其勢不迫，而可以徐引其緒；事不疑，而可以弗患其迷也。如是，則今日言之，今日行之，而效捷於影響。乃天下之尙言也，不如是以言者多矣。疏庸之士，剽竊正論，亦得相冒以自附於君子之言；宗不足以爲萬殊之宗，綱不足以爲萬目之綱，尋之不得其首，究之不得其尾，汎然而廣列之，若可以施行，而莫知其所措。天下有樂道之者，而要爲鞶帨之華，亦奚用此喋喋者爲哉？

高宗南渡，李伯紀之進言數矣。其言皆無可非也。顧其爲綱宗者，報君父之讐也，復祖宗之宇也。又進而加詳焉，遠小人，親君子也；議巡幸，決戰守也；擇將帥，簡兵卒也；撫河北，鎭荆、襄也。如綱之言，循之推之，以建中興之業，允矣其無瑕璺矣。故天下後世無有得議其非者，而咎高宗之不用。雖然，以實求之，而奚足以當綱宗哉？足以立綱宗而非其誠，則綱宗者，虛設之綱宗，固無當也。

君父之痛，士宇之蹙，誠不容已者。然其容已與不容已，繫乎嗣君之志而已。有其志，不待言也；無其志，言無益也。有其志而不知所以爲之，弗示以方，固弗能奬也。故此二言者，人皆可言，人皆可信，而究止於空言也。進而加詳，則固願終其說以導之而出於迷途，天下後世之所樂聽，或亦高宗之所欲聞乎！其云親君子，遠小人，尚矣。苟非淸狂不慧者，孰以爲不然？乃君子小人，有定名而無定指者也。以小人爲君子，而君子矣；以君子爲小人，而小人矣。故諸葛出師表必目列其人以當之。今不直簡賢而求其進，斥姦而請其退，則奚以知汪伯彥、黃潛善之非君子，而趙鼎、胡寅之非小人邪？議巡幸，決戰守，急矣。而行伍之憑藉，孰爲干城？彊敵之爭趨，何從控禦？芻糧何庤以不匱？器仗何取以求精？豈天子匹馬以前，疲卒扶羸以進，遂足定百年之鼎，成三捷之功乎？擇將帥，簡兵卒，尤其要者。抑就涖戎行而數奔者擇之邪？無亦求之偏裨，求之卒伍，求之草澤而擇之邪？天子自擇之邪？綱可代爲之擇邪？天子自擇之，則亦非不有所任用矣。綱可代擇之，則胡不心維口誦於坐論之下，如趙普之爲太祖謀者，而但虛懸一擇之之號，以聽人之詭遇乎？驚奔之餘，兵卒之不足久矣。集之必有其方；部之伍之，必有其制；敎之練之，督之綏之，必有其將。河北之南來，閩海、楚、蜀之新募，必有其可使戰可使守之勢。合其散而使壹，振其弱而使彊，必有其道。綱誠以一身任安危之寄，則躬任之，默識之，日積月累，以幾於成，尤非大聲疾呼，懸一榜、下一令之所能勝也。則尤不可以空言效也。撫河北，鎭襄、鄧，誠形勢之不容緩矣。河北之待撫，豈徒號於上曰「吾不割也」，衆志遂以成城乎？其吏民爲朝廷守者，孰可任也？孰未可任，而急須別揀將㊀帥以任之也？張所、傅亮固未足以勝任。卽令任之，而所以安所、亮而使盡其力者何術也？襄、鄧之財賦兵戎，其可因仍者何若？其所㊁補葺者何從？專任而無旁撓者何道？凡此，皆就事而謀之，因勢而圖之，非可一言而據爲不拔之策。國政在握，成敗在於目睫，迫與天子謀之，進羣策以酌之，固有密藏於夙夜而研幾於俄頃者，豈建鼓而亡子可追哉？乃綱但琅琅乎其言之矣。一言而氣已竭矣。則汪、黃之黨且笑之曰：是老生之常談，謂飢當食，而爲無米之炊者也。惡足以拯吾君於危殆而措之安哉？於斯時也，二帝俘矣，兩宮陷矣，自河朔以嚮江、淮，數千里城空野潰，飄搖徐、兗之郊，內顧而零丁孑處。綱以一身繫九鼎之重，則宜以一言而析衆論之歸。猶且組練篇章，指未可遽行之規畫，以祈免乎瑕璺。夫豈賈、董際漢盛時，高論以立令名之日？則言之善者，不如其無言也。

夫宋之所以浸弱浸削至於亡者，始終一綱宗之言，坐銷歲月而已。繼綱而獻策者，楊中立、胡敬仲猶是也。後乎此而陳言者，劉共父、眞西山猶是也。乃前乎此而倡之者，景祐以來，呂、范諸公以洎王介甫之邪僻，蘇子瞻之縱橫，無非是也。以擬諸道，皆提其宗；以考諸治，皆挈其綱；孰得指其瑕璺者？而求其言之卽可行，行之卽可效者，萬不得一焉。故曰：「其言之不怍，則爲之也難。」不怍者，可正告於天下後世，而不違於綱宗之大正者也。叩其所以爲之而不得，則難矣。夫言也，而僅以祈免於怍也與哉？陸敬輿以奏議輔德宗，而反奉天之駕，一議爲一事而已，非建立綱宗、統萬殊萬目於數紙之中

㊀ 校記「將」作「牧」。　㊁ 校記「所」作「須」。

也。斯則誠爲善言者乎！

四

屈身逆亂之廷，隱忍以圖存社稷，人臣之極致也，而抑視乎其所處矣。測其有可圖之幾，以待天下之變，姑且就之，兩處於有餘之地，以存其身與其祿位，而遽許之爲行權以濟險；則名義之途寬，而忠孝之防裂，君子所必嚴爲之辨者也。其所處者可以置吾身，身雖危，猶安也。安其身而動，動而利，可以出君父於險；動而不利，不喪其身之所守；則生死成敗，皆可以自靖，如是者尙矣。其次，則身非可安，而無可安之士，乃以身試不蠲，而思以濟其志。志之得，則可以大有爲於天下；志之不得，猶不以身爲罪罔，而毁分義之防。故陳平、周勃俛仰於呂后之側，非徒志在安劉也。惠帝崩，後宮之子，猶高帝之苗裔，可以爲君者，依之以待呂氏之變，而伸其誅鋤，固未嘗一日辱其身於異姓也。王導之於蘇峻，王坦之、謝安之於桓温，忍其熏灼，陽與相親，賊未簒，吾君尙在，弗容立異以激禍之成。峻誅、温死，而其志伸；峻不誅，温不死，晉祚已移，終弗能救，而後死之，未晚也。「蘇武節」之誚，不足以爲之病矣。狄仁傑之仕於僞周也，廟已改，君已囚，無可仕矣。而仁傑當高宗之世，未與大臣之列，則舍武氏不仕，而更無可執國柄、進忠賢、以爲興復之基。灼知其逆，而投身以入，不恤垢辱以與從逆之臣齒，非但一死之不惜，操心愈隱，懷貞愈烈，尤非夫人之所可託者也。審此，則呂好問、朱勝非無所逃其同逆之辜，不能爲之揜覆矣。

好問自中丞遷少宰，參國政久矣。張邦昌受虜册以簒大位，此何時也？馬伸等犯死以爭，而好問無言；趙鼎、胡寅潔身以逃，而好問不出㊀。邦昌舞蹈以受冕旒，好問從容而充陪列。已知衆志之不歸，乃問邦昌曰：「眞欲立邪？否邪？」邦昌遽有「不敢當」之對。則亦探邦昌不決之情，而姑爲變計。然則高宗不繫人望於濟州，通國且戴邦昌以爲主，好問受僞命之已久，又奚以自拔於逆廷哉？夫好問之心，固非若吳幵、莫儔之誇佐命也；亦非決志不汚，如洪皓之誓死以不從劉豫也。權處於進可宋、退可邦昌之歧途，以因風而草偃；則募人通帛書於高宗，亦游移兩全之巧，無往而不足以自容。及王賓擿發已窮，猶曰：「世被國恩，受賢者之責。」將誰欺邪？且使於邦昌無「眞立」之問，於高宗無尺帛之書，宋遂終無如邦昌何哉？密奏不足爲有無，嗣君非因其擁戴，唯此七尺之軀，一汙而終不可浣。好問曰：「閉門潔身，實不爲難。」潔身而身存之非難，潔身而身死之豈易乎？果其爲段司農不辱之身，則又能閉門而全其軀命邪？以此質之，好問之論定矣。

若夫朱勝非者，尤不足齒於士類者也。苗、劉，二健卒耳。權藉不重，黨類不滋，逆謀不夙，所欲逞志者，王淵、康履而止。浸淫及上，遂敢廢人主而幽之蕭寺。勝非躬秉大政，繫百僚之望，使有不可奪之節，正色立朝，夫二賊者，詎敢爾哉？乃內禪之舉，勝非且尸陪列之長，爲下改元之詔。德不重，才不贍，志不固，賊之藐之也久，故其脅之也輕，而勝非之從也易。乃使其禍不懲，則宋之危也亦亟矣。夫二賊所挾持以逞者，其心可洞見也。女直臨江而思渡，江東之不保在旦夕矣。二賊豈有爲宋守吳、會之心乎？始立嬰兒以待變，女直至，則弑高宗，執子旉以納降；女直不至，則徐攬衆權，要九錫而規篡。藉

㊀ 校記：「不出」作「不去」。

令三方之義師不星馳而至，賊勢已成，虜兵且進，勝非其能事從中起，梟賊首以復辟乎？如其能之，則他日之自辯曰：「偸生至此，欲圖今日之事。」固可解也。而悲憤始於張浚，成謀定於呂頤浩，奮勇決於韓世忠，勝非何與焉？其志欲圖者，果何圖也？察所懷來，一憑道、范質之心而已，勝非之生，無豪毛之益也。如其死也，則以明夫苗、劉之爲賊，而激忠義之人心以起，誠重於泰山矣。無靖康之禍，有所奉之君，名義自己而立衡，存亡卽於己而取決。事易於邦昌挾女直之勢，而抑無好問通閒道之書。事定之餘，優游以去，而貶竄不加焉，宋安得復有王章哉？

士所出身以事者，君也；所以事君者，身也。身之已辱，功且不足以蓋之，而況其不足以言功也。身之所履，因乎心之所安；心之所安，因乎時之所處。有以處身而心乃裕，有以處心而事乃貞。大白不緇，有其大白者存也。屈以求伸，有其必伸者在也。功名授之事外之人，節義存乎當局之正。好問死，不患擁戴康王之無將相；勝非死，不患革除明受之無義師。王蠋捐軀而齊復振，翟義夷族而漢復興。死且非徒死而無益也，然而非果於義者之所期也。立身則有本末矣，立朝則有風裁矣，立志則有衾影矣。安能一日緩頰於亂賊之前，以觀望其情，而徐圖轉計哉？留餘地以待他日之辯，辯則辯矣，吾不知其啓口之際，何以自捫其心也！

五

兀朮渡江而南，席卷吳、會，追高宗於四明，東迤海濱；其別將追隆祐太后，南至於虔州之皁口，西掠楚疆，陷岳、潭，而武昌在其懷袖。當是時也，江南糜爛，宋無一城之可恃，韓、岳浮寄於散地，而莫能自堅。此苻堅所幾幸而不得，拓拔佛狸所遷延而憚進者也。舉天下而全有之，奚待蒙古於他日哉？然而兀朮急於渡河而歸，高宗且可畫淮而守，此可以知國家安危之機，非一朝一夕之故矣。

女直之不能久處江東也，若有所怵惕，而夢寢不安。非其欲之有所厭也，非其力之不足恃也；攻有餘而守不足者，無與故也。杜充之降，疑有與矣。而充不足以當有無之數，孑然自以其身降，而號令不能及衆；則女直之不能憑藉以有江、淮，深知之矣。深入國境而能因而據之者，必有擁衆降附代爲招集之人。故劉整、呂文煥降於蒙古，而後宋不能免於土崩。地非其地也，人非其人也，風土之剛柔，山川之險易，人心之向背，乍履其地而無以相知。安能孤軍懸處，設守令，索芻糧，以無憂其困？師行千里而不見敵者，心必危；烏合以附而無任其安輯者，信之必不固。則兀朮之方勝而懼，得地而不敢有，所必然矣。

夫宋之得此，於天下雖無片土之安，而將帥牧守相持以不爲女直用，固有以致之也。其於士大夫也，亦幾失其心矣；然而誅夷不加也，鞭笞愈不敢施也。祖宗之家法定，姦邪雖逞，而天子不爲之移，則姦邪亦知所禁㊀而弗能播其凶德。其於武臣也，猜防之而不使展其勇略，是以弱也；然而有功而未嘗故挫抑之，有過而未嘗深求之，危困而未嘗割棄之，敗衄而未嘗按誅之。待之也既使有餘，而馭之也亦有其制。不使之擅部曲而聽其去來，不使之幸寇存以脅吾權寵。不縱之於先而操之於後，則怨不深；不操之已窮而縱之使傲，則情不悖。故武人猶思媚於君，而部曲不從逆以靡。天下之大勢，十已去其八九，而士心協，民志定，軍情猶固；宋之所以立國百餘年如一日，而瀕危不改其恆也。

㊀ 校記「禁」字下有「戒」字。

至於史嵩之、賈似道起，盡毁祖宗之成法，理宗汶弱而莫能問，士心始離，民心始散。將帥擅兵，存亡自主，而上不與謀，然後望風瓦解。蒙古安驅以入，晏坐以撫，拾天下如一羽而無所疑。不然，劉、呂雖降，安能舉我所豢養之吏士直前相搏，而樂附狡夷如其父兄也哉？斬刈亟，則小人易激；鞭笞用，則君子亦離。部曲衆而封賞早，則去來自恣；孤旅危而應援絕，則反噬必深。上與下泮渙而不相知，敵乃坐收之，而反爲吾腹心之患。宋之亂政，至蔡京當國、童貫臨戎而極矣。而凡數者之病猶未劇也。是以高宗跳身航海而終不亡也。

六

人之爲言也，貿貿而思之，繇繇而弗絕，天可指，地可畫，聖人可唯其攀引，六經可唯其摭拾，而以成乎其說。違道之宜而以爲德，大害於天下而以爲利。探其所終，必不能如其言以行，而輒欲行之。時而有達情以體物、因勢以衡理者，主持於上，必不聽之以行，乃以號於天下曰：「吾說之不行，世衰道降，無英君哲相志帝王之盛治者使然也。」於是而有傳於世，乃使殃民病國之邪臣，竊其說以文其惡，則民之憔悴，國之敗亡，舉繇乎此。要其徒以賊民而無能利國，則亦終莫能如其說以行也，祗爲亂而已矣。

當建炎之三年，宋之不亡如縷，民命之死生，人心之嚮背，岌岌乎求苟安而不得矣。有林勳者，勒爲成書，請行十一之稅。一夫限田五十畝，十六夫爲井，井賦二兵一馬，絲麻之稅又出其外。書奏，儌一官以去。嗚呼！爲勳干祿之資，則得矣。其言之足以殺天下而亡人之國，亦慘矣！時亦知其不可而弗行，而言之娓娓，附古道以罔天下，或猶稱道之弗絕。垂至於賈似道，而立限以奪民田爲公田，行經界以盡地力而增正賦，怨讟交起，宋社以墟，蓋亦自此啟之也。

古之言十一者，曰中正之賦。而孟子曰：「輕之者貉道也。」漢乃改之爲三十而一。然則漢其貉乎？何以一人陶濟萬室之邑，歷千年而不憂其匱也？夫以天下而奉一人，禮際祿廩宮室車服之費，則已約矣，非百里一邦，制度繁殷之比也。而不但此也，古者建國分土，民各輸於其都，自遠郊而外，道里之遠者，即在王畿，亦五百里而近。莫大諸侯，不過二百餘里而已。而大夫之有采地者，即其都邑以出納。唯然，則名十一而實亦十一已耳。自漢合四海以貢天府，郡縣去天子之畿，有逾於五千里者矣。其以輸塞下養兵衞民者，又過於是。逆流而漕，車輿驢馬任輦以行，其費不貲。使必盈十一以登太倉，三倍而不足以充。故合計民之所輸將，名三十而實且溢於十一矣。且欲立取民之制，求盈於十一，民之膏脂盡於此，而尚足以生乎？今使勳計其畝田，令輸十一於京、邊，勳其能之而無怨邪？抑徒爲此不仁之言，以導君於貪暴邪？況乎古之十一者，有田有萊，有一易再易之差，則亦名十而實二十。漢之更制，乃以革李悝之虐，而通周制之窮，百王之大法也。其何容輕議哉？

至欲於一井四百五十畝之中，賦二兵一馬，以充戎行，不知勳之將以何爲也。將以戮與？則毆愿懦之農人，以與閔不畏死之盜賊、樂殺無厭之(外)夷〔狄〕㊀，貿軀命於喋血屠肝之地，一兵死而更責一兵，不殺盡農人而不止。無誅夷之峻法以督之，則聞金鼓而駭潰，國疾以亡。將以戍與？則荷戈而趨數千里之絕塞，饑寒冰雪，僅存者其餘幾何？抑且重爲徵發，而南畝之餘以耕者，又幾何也？三代之

㊀ 據校記改「外夷」爲「夷狄」。

兵，所戍者，百里之疆埸也；所戰者，乍相怨而終相好之友邦也；所爭勝負者，車中之甲士也；追奔不窮日，俘馘不盡人。乃欲以行之後世流血成渠之天下，雖微仁人，亦不禁爲之慟哭矣。若馬，則國有坰牧，而益以商賈之征，固未嘗責農人供戎車之用。勳欲更取盈焉，商鞅、李悝所不忍爲而欲爲之，亦可謂覆載不容之凶人矣！

夫勳固曰：「此先王之法也。」從而稱之者，亦曰：「此先王之制也。」建一先王以爲號，而脅持天下之口，誠莫有能非之者。而度以先王之時，推以先王之心，其忍此乎？抑使勳自行之，而保民之不揭竿以起乎？且使行之於勳之田廬，而勳不棄產以逃乎？夫亦捫心而自問乎？

奉一古人殘缺之書，掠其迹以爲言，而亂天下者，非徒勳也。莊周之言泰氏也，許行之言神農也，墨翟之言大禹也。乃至御女燒丹之言黃帝也，篡國之大惡而言舜、禹也，犯闕之巨盜而言湯、武也，皆有古之可爲稱說者也。古先聖王之仁育而義正者，精意存乎象外，微言善其變通，研諸慮，悅諸心，徵之民而無怨於民，質之鬼神而無恫於鬼神，思之愼而言之訥，惡容此吮筆濡墨求充其幅者爲哉？前乎勳而爲王安石，亦周官也；後乎勳而爲賈似道，亦經界也。安石急試其術而宋以亂，似道力行其法而宋亡。勳唯在建炎鶩竄不遑之日，故人知其不可行而姑置之。陳亮猶曰：「考古驗今，無以加也。」嗚呼！安得此不仁之言而稱之也哉？

七

紹興諸大帥所用之兵，皆羣盜之降者也。高宗渡江以後，弱甚矣。張浚、岳飛受招討之命，韓、劉繼之。於是而范汝爲、邵靑、曹成、楊么之衆皆降而充伍，乃以復振。走劉豫，敗女直，風聞驚竄之情，因以有定。蓋羣盜者，耐寒暑，攖鋒鏑，習之而不驚；甲仗具，部隊分，仍之而無待；故足用也。不然，舉江南廂軍配囚罷弱之衆，惡足以當巨寇哉？

乃考之古今，用羣盜者，大利大害之司也。受其歸者有權，收其用者有制。光武收銅馬而帝，曹操兼黃巾而彊，唐昭用朱温而亡，理宗撫李全而削。盜固未可輕用也。以弱而受彊，則賓欺其主；以彊而受彊，則相角以機；以彊而受弱，則威生其信。無故而來歸者，詐也。挫於彼而歸於此者，弗能爲助者也。以名相服，而無其實者，乍合而終離也。故欲撫羣盜者，必先之以勦；而羣盜之欲降也，抑先戰勝而後從。雖已爲我之部曲，猶以彊弱與我爭主客之權。唐何挾以受朱温？宋何恃以受李全？温與全且睥睨我而倒持其制，翺翔自得，復將誰與禁之？唯紹興諸帥之知此也，風馳雨驟而急與之爭。一敗之，再敗之，無不可敗之盜，而後無不可受。羣盜豈徒畏我哉？抑信其可恃爲吾主，而可無衂折死亡之憂矣。此其受之之權也。

若夫所以用之者，尤有可用不可用之辨焉。均爲盜，而既爲之長矣，固褎然自大，而以爲我有此衆也。受命歸降，而又崇其秩以統其衆，則雖有居其上以控制之者，尊而不親，而不能固保其尊。其來也，因之而來；則其去也，因之而去。其順也，因之而順；則其逆也，因之而逆。天子且擁虛名，元戎徒爲旒綴。夫且肉袒而市我於敵，夫且懷姦而代我以興，矧望其策心戮力以死相報乎？故盜可用，而渠帥不可用也。

乃〔竟〕〔尤〕㊀有固不可用者，卽其戰志無他，而必不可圖功。蓋其初起也，皆比閭之儔伍，無權藉以相事使，而羣推一人以爲長；此一人者，何以能折桀傲之衆使不離哉？固有工於爲盜之術，而衆乃弭耳以聽。其爲術也，非有規恢天下之略也；抑非智勇過人，而戰無不勝也。不以敗爲憂，不以走爲恥，不以旦此夕彼爲疑。進之務有所鹵獲以飽衆，退之知不可敵，而急去以全其軍。得地而無固守之情，以善其規避；一戰而不求再戰，以節其勞疲；志在偸以求全其部曲，而不期乎功之必成。於是徜徉不幸㊁之地，憑恃山川之險，以免其人於屠戮之苦，而有旁掠之利。於是貿貿而起者，樂推奉而戴之爲尊。夫如是，欲使之爭封疆於尺寸，貿身首以立功，未有能勝者也。敗亦走，勝亦走，無所不走者，無所不掠。甚則坐視國家之傾危，而乘之收利。或叛或篡，皆其習氣之無恆，熟用之而不恤者也。威不足以讋之，恩不足以懷之，非徒唐昭、宋理之無以馭之也；卽光武亦奚能洗滌其頑詭，使媚己以共死生哉？故光武於赤眉之帥，誚以「鐵中錚錚」，唯待以不死；曹操收黃巾之衆，終不任以一將之功。而朱溫、李全仍擁部曲，屹爲巨鎭，進則敗而退則逆，爲盜魁者，習與性成，終不能悛也。

紹興諸帥用羣盜而廢其長，張用、曹成、黃佐僅得生全，范汝爲、楊么皆從斬馘，李成、劉忠寧使之北降劉豫，而不加收錄。則根既拔者枝自靡，垢已滌者色以新。人皆吾人也，用唯吾用也，指臂相使之形成，以搏擊有餘力矣。宋之撫有江、淮，貽數世之安，在此也。盪滌盡，則民力裕；戰勝頻，則士氣張；大憝誅，則叛逆讋；部曲衆，則分應周；控制專，則進退決。故以走劉豫，挫兀朮，而得志於淮、汴。垂及

㊀據校記改。　㊁校記「幸」作「爭」。

異日，完顏亮猶不能以一葦杭江而逞，皆諸帥決於滅賊之功也。非高宗之志變，秦檜之姦售，宋其興矣。

八

上有不能言之隱，下有不能變之習，賢者且奉之以爲道之綱，姦人遂乘之以售其伎害之術。迨乎害之已著，且莫知弊之所自，而但曰：「知人其難！」故賢爲姦惑，而庸主具臣勿論也。夫豈然哉？

嘗讀胡氏春秋傳而有憾焉。是書也，著攘夷尊周之大義，入告高宗，出傳天下，以正人心而雪靖康之恥，起建炎之衰，誠當時之龜鑑矣。顧抑思之，夷不攘，則王不可得而尊。王之尊，非唯諾趨伏之能尊；夷之攘，非一身兩臂之可攘。師之武，臣之力，上所知，上所任者也。而胡氏之說經也，於公子翬之伐鄭，公子慶父之伐於餘邱，兩發「兵權不可假人」之說。不幸而翬與慶父終於弑逆，其說伸焉。而考古驗今，人君馭將之道，夫豈然哉？前之胤侯之於夏，方叔、召虎、南仲之於周；後之周亞夫、趙充國之於漢，郭子儀、李光弼之於唐；抑豈履霜弗戒，而必於「今將」也乎？「天下有道，征伐自天子出。」自出者，命自上行之謂也。故易曰：「在師中，王三錫命。」錫命者王，在師中者「長子」。在其中，任其事，而以疑忌置之三軍之外，恩不浹，威不伸，乍然使之，俄然奪之，爲「弟子」而已。弟子者，卑而無權之謂也。將而無權，輿尸之凶，未有免焉者也。唯胡氏之言如此，故與秦檜賢姦迥異，而以志合相獎。非知人之明不至也，其所執以爲道者非也。

然此非胡氏專家之說也。宋之君臣上下奉此以爲藏身之固也，久矣。石守信、高懷德之解兵也，曹翰之不使取幽州也，王德用、狄青之屢蒙按劾也，皆畜葅醢之心，而不惜長城之壞。天子含爲隱慮，文臣守爲朝章。胡氏沿染餘風，沁入心膂，得一秦檜而喜其有同情焉。嗚呼！夫豈知疑在岳、韓，而信在滔天之秦檜，其子弟欲爲之蓋愆，徒觸怒以竄死，而終莫能挽哉？

檜之自虜歸也，自謂有兩言可以聳動天下。兩言者：以河北人歸女直，河南人歸劉豫也。是其爲說，狂騃而必不可行。匪直貽千秋之笑罵，高宗亦怒而榜其罪於朝堂。然而胡氏以管仲、荀彧期之，高宗終委國而聽之，雖不知人，寧至于是！夫檜所欲遣歸女直、劉豫者，非汎謂淪處江東之士民也。凡扈從南來分節建旄諸大帥，皆夾河南北之部曲，各有其軍。而高宗宿衞之旅，不能與較盈虛。高宗懲苗、劉之難，心惴惴焉。檜以爲盡遣北歸，則枝弱者幹自彊，而芒刺之憂以釋。蓋亦與胡氏春秋之旨相符。特其姦計未周，發言太驟，故高宗亦爲之愕異。而韓、岳之勳名尚淺，高宗亦在疑忌相參之際，故不卽以爲宜。而胡氏促膝密談，深相契合者，猶未可卽喻之高宗也。

已而羣盜平矣，諸帥之軍益振矣，屢挫女直之功日奏矣。三軍之歸嚮已深，萬姓之憑依已審，士大夫之歌咏已喧，河北之企望已至，高宗之忌之也始甚。檜抑術愈工，志愈慘，以爲敺之北而不可者，無如殺之罷之，權乃盡削而事易成。故和議不成，則岳飛之獄不可起，韓世忠之兵不可奪，劉光世、張俊不戢翼而效媚以自全。高宗之爲計也，以解兵權而急於和；而檜之爲計也，則以欲堅和議而必解諸將之兵；交相用而曲相成。在廷之臣，且以爲子翬、慶父之禍可永杜於百年。嗚呼！亦孰知檜之別有肺腸，睥睨宗祏，使不死，烏可制哉？

九

高宗決策選太祖後立以爲嗣，道之公也，義之正也，保固宗祧之大計也。而其議發於上虞丞婁寅亮。疏賤小臣，言出而天子之位定，大臣無與者，宋之無人久矣！寅亮之言，定一代之綱常，協千秋之公論，誠偉矣哉！顧其爲人，前此無學術之表見，後此無德業之傳聞，固非議定於誠，以天下爲己任者也。高宗於此，猶在盛年，度以恆情，必逢惡怒。越位危言，曾不憂及罪罟，夫寅亮何以任此而無疑哉？蓋高宗之畜此志久矣，其告范宗尹者明矣。故溢傳於外，寅亮與聞而深信之，以爲先發夫人之所未發者，功可必，名可成，有榮而無辱也。是謀也，宗尹聞之，中外傳之，寅亮處下位而深知之。在位大臣充耳結舌，曾無有能贊一言者，故曰宋無人也。

夫宗尹誠不足道矣。張德遠新平內難，任授分陝，趙惟重系屬本支，尊參坐論；君有志而不能知，君有美而不能成，君有宗社生民之令圖而不能決。所謂「焉用彼相」者，責奚辭哉？故高宗之任二相也不專，謀和與戰也不定，以其無憂國之忱也。乃使自虜來歸之秦檜，一旦躐級其上，而執誅賞之大權，誠有以致之者，而不足深怪也。

治末者先自本，治外者先自內。匡君之失者，必奬其善。欲行其志者，必有以大服君民上下之心。當其時，雪二帝之恥，復祖宗之地，正夷夏之防，誠切圖矣，而抑猶其末也。闡太祖之幽，蓋太宗之愆，立義自己，以感天人之丕應，付畀得人，以垂統緒於靈長者，本也。故張子房當艸昧之初，而亟垂家法；李長源當擾亂之世，而決定嫌疑。然後天子知有憂國如家之忠愛，而在旁之浸潤不入；宵人知我有贊定大策之元功，而甌臾之流丸自止。自宮中以迄四海，咸知國家之祚胤方新。而謀自我成，道惟君建，則傾心壹志以待我之敷施。身居百僚之長，日與密勿之謀，曾此弗圖，而藉手望輕志末之小臣，進而與天子商天位之簡畀，是猶足推誠委國，爭存亡勝敗於彊敵者乎？

張德遠之不及此，猶有說也。皇子旉之速斃，有物議焉，不敢稱立嗣於高宗之前，有所避也。趙惟重何爲者，而亦懵然弗問耶？高宗之世，將不乏人，而相爲虛設久矣。其賢者，皆矜氣近名，一往而無淵停嶽立之弘猷者也。高宗幾信幾疑，而不見其可恃。故汪、黃、秦、湯術雖陋，志雖邪，而猶傾心吐意，以遠衆直行，敢於自任，無遲回濡待之情。是以去此取彼，而從之若崩。藉令得韓、范以爲肺腑之臣，則引社稷之存亡於一身，生死以之，而密謀皆夙，夫豈姦回之能遽奪哉？濟濟盈廷，而不能爲寅亮之言，其爲上所輕而斥之竄之，不伸其志，非其自處者之自致乎？

十

自宋以來，州縣之庭立戒石銘，蜀孟昶之詞也。黃庭堅書之，高宗命刻石焉。讀者僉曰：「勵有司之廉隅，恤生民之疾苦，仁者之言也。」嗚呼！儒術不明，申、韓雜進，夷人道之大經，蔑君子之風操，導臣民以喪其忠厚和平之性，使懷利以相接而交怨一方者，皆此言也。孟昶僭僞亡國之主，無擇而言之，可矣。君天下者，人心風化之宗也，而可揭此以正告天下乎？

夫謂吏之虐取於民者，皆其膏脂，謂夫因公而科斂者也，峻罰其鍰金者也，納賄而鬻獄者也，市賈而無值者也。若夫俸祿之頒，惟王所詔，吏不自取也。先王所制，例非特創也。小人耕而以其有餘養君子，君子治而受其食以勸民事。取之有經，班之有等，民不怨於輸將，上不勸於督責。天尊地卑，而其義定；典敍禮秩，而其分明。若曰是民之膏脂也，則天子受萬方之貢賦，愈不忍言矣。率此言也，必天下之無吏而後可也。抑將必天下之無君，而後無不可矣。是之謂夷人道之大經也。

君子之道，以無傷於物者自旌其志，苟非人所樂與者，一介不取，弗待於人之靳之也。如其所受之祿，斥言之曰此民之膏脂矣，惡有君子而食人之膏脂者乎？上旣酬而升之，揖而進之，寄之以民社，而謂之曰：「吾取民之膏脂以奉汝。」辱人賤行，至於此極，欲望其戒飭自矜，以全素履，其將能乎？是以謂毀君子之風操也。

易動而難靜者，民之氣也。得利爲恩，失利則怨者，民之情也。故先王懼其懷私挾怨之習不可滌除，而政之所揚抑，言之所勸戒，務有以養之，而使泳游於雍和敬遜之休風，以復其忠順之天彝。故合之於飲烝，觀之於鄉射，逸之於大蜡，勞之於工作，敍之以禮，裁之以義，遠之於利，禁之於爭，俾怨讟不生，而民志允定。今乃揭而示之曰：「凡吏之受祿於國者，皆爾小民之膏脂也。」於是乍得其歡心，而疾視其長上。其情一啟，其氣一奔，則將視父母之食於其子者，亦其子之膏脂；趨利棄義，互相怨怒，而人道夷於禽獸矣。先王以君子長者之道期天下，而人猶自棄，則克己自責，以動之於不言之化。今置其土木、狗馬、聲色、宴遊之糜民財者，曾不自省；而以升斗之頒，指爲朘削，倡其民以囂陵訽誶之口實，使賊其天良，是之謂導臣民以喪其忠厚和平之性也。

迪君子以仁民者，教之有術也；進賢士以綏民者，選之有方也；飾吏治以勿虐民者，馭之有法也。

仁不能教，義不能擇，法不能整，乃假禍福以恐喝之曰：「上天難欺。」無可如何，而恃鬼神之幽鑒。惟孟昶以不道之身，御交亂之衆，故不得已而姑爲詛咒，爲人君者而焉事此乎？

王者之道，無不敬而已。敬天，而念天之所鑒者，惟予一人而已，非羣工庶尹之得分其責也。敬民，而念民有秉彝之性，不以懷利事其長上，務奬之以坦然於好義也。敬臣，而念吾之率民以養賢者，禮必其至，物必其備，辭必其順，而與共盡天職勤民事也。天子敬臣民，臣民相胥以敬天子，而吏敬其民以不侮，民敬其吏以不詈。無不敬者無不和，則雖有墨吏，猶恥譏非；雖有頑民，猶安井牧。畏清議也，甚於鬼神；賤貨財也，甚於鞭撻。以寬大之心，出忠厚之語，平萬族之情，定上下之紀，夫豈卞急刻峭之夫所得與也？君子出其言不善而千里違之，詛怨之言，何爲在父母斯民者之庭哉？

二

盡南宋之力，充岳侯之志，益之以韓、劉錡、二吳，可以復汴京、收陝右乎？曰，可也。由是而渡河以進，得則復石晉所割之地，驅女直於塞外；不得，亦據三關，東有滄瀛，西有太原，仍北宋之故宇乎？曰，不能也。凡得失之數，度之於彼，必察其情；度之於此，必審其勢；非但其力之彊弱也。情有所必爭，力雖弱，未可奪也，彊者勿論已；勢有所不便，力雖彊，未可恃也，弱者勿論已。

以河南、陝右言之：女直之初起也，積怨於契丹而求洩，既勝以還，亦思奪其所有之燕、雲而止。及得燕而俯視河朔，得雲而下窺汾、晉，皆伸臂而可收也，遂有吞幷關南之志。乃起海上，捲朔漠，南掩燕南，直數千里，斗絕而難於遙制，故乘虛襲取三河、兩鎭，而所欲已厭矣。汴、雒、關、陝，宋不能守，勢可坐擁神皐，而去之若鶩，不欲自有，以授之叛臣，則中原之士非其必爭之地，明矣。朱僊一敗，捲甲思奔，非但其力之不足也，情不屬也。而宋自收羣盜以後，諸帥憤盈，東西夾進，東清淮、泗，略梁、宋，有席捲之機；西扼秦、鳳，指長安，有建瓴之勢；岳侯從中而銳進，交相輔而不慮其孤，走兀朮，收京闕，畫河以守新復之疆，沛然無不足者，故可必也。

以河北、燕南言之：女直自敗盟而後，力未能得，而脅割於衆，以其爲燕之外護也，以其爲芻糧金帛之所取給也，以其士馬之可撫有而彌彊也。郭藥師一啟戎心，而女直垂涎以歆其利，久矣爲必爭之地矣。軍雖屢折，而宿將未凋，餘威尙振。使宋渡河而北，則悉率海上之梟，決死以相枝拒，河阻其歸，敵擢其進，求軍之不覆沒者，十不得一也。宋之諸將，位相亞，權相埒，力相等，功亦相次。岳侯以少年崛起而不任爲元戎者，以張俊之故爲主將，從中而沮之也。韓、劉、二吳，抑豈折節而安受其指麾？則雁行以進，麋駭而奔，功不任受，咎亦無歸。故五國合從之師衄於函關，山東討卓之兵阻於兗、豫，九節度北伐之軍潰於河南，其不如劉裕孤軍直進，擒姚泓、俘慕容超者，合離定於內，而成敗券於外，未有爽焉者也。乃欲合我不戢，攖彼必爭，當百戰之驕虜，扼其吭而勿憂其反噬乎？若此，則雖高宗無疑畏之私，秦檜無腹心之蠹，張俊、劉光世無從旁之撓，且將憂爲吳明徹淮北之續，退且河南之不保；而遙指黃龍，期飲策勳之爵，亦徒有此言，而必不能幾幸者也。

是故易言㊀鬼方之伐，憂其難爲繼也；春秋許陘亭之次，謂其可以止也。自趙普沮曹翰之策，而

㊀校記「言」作「憊」。

燕、雲不可問矣。自徽宗激郭藥師之叛，而河北不可問矣。任諸帥閫外之權，斥姦人乞和之說，棄㊀其所不爭，攻其所不可禦，東收徐、兗，西收關、隴，以環拱汴、雒而固存之；支之百年，以待興王之起，不使完顏氏歸死於蔡州，以導蒙古之毒流四海，猶有冀也。然抑止此而已矣。如曰因朱僊之捷，乘勝渡河，復漢、唐之區宇，不數年而九有廓清，見彈而求鴞炙，不亦誕乎！

一二

相臣而立武功，周公而後，吾未見其人也。帥臣而求令譽，吾未知吉甫之果能稱焉否也？帥臣之得令譽也有三：嚴軍令以禁掠奪，爲軟語以慰編氓，則民之譽歸之；修謙讓以謹交際，習文詞以相酬和，則士之譽歸之；與廷議而持公論，屏姦邪以交君子，則公卿百僚之譽歸之。岳侯之死，天下後世胥爲扼腕，而稱道之弗絕者，良繇是也。唯然，而君子惜之，惜其處功名之際，進無以效成勞於國，而退不自保其身。遇秦檜之姦而不免，卽不遇秦檜之姦而抑難乎其免矣。

易曰：「安其身而後動，定其交而後求。」謂名之不可亟居，功之不可乍獲也。況帥臣者，統大衆，持大權，立大功，任君父安危存亡之大計，則求以安身而定上下之交，尤非易易矣。身不安則志不寧，交不定則權不重。志不寧，權不重，則力不足以宣，而撓之者起。撓之者起，則欲忘身以救君父之危，而不能畢遂其事；非但身試不測之淵而逢其沈溺也。君非大有爲之君，則才不足以相勝；不足以相勝，則恆疑其不足以相統。當世材勇之衆㊁歸其握，歷數戰不折之威，又爲敵憚；則天下且忘臨其上者之

㊀ 校記「棄」作「乘」。　㊁ 校記「衆」字下有「旣」字。

有天子，而唯震於其名，其勢旣如此矣。而在廷在野，又以恤民下士之大美競相推詡。猶不審，而修儒者之容，以藝文抒其悲壯。於是浮華之士，聞聲而附，詩歌詠歎，洋溢中外，流風所被，里巷亦競起而播爲歌謠，且爲庸主宵人之所側目矣。乃君之有得失也，人之有賢姦也，廟算之有進止也，廷臣無匡救之力，引己爲援，己復以身任之；主忌益深，姦人之媢疾益亟，如是而能使身安以效於國者，未之有也。

故漢之功臣，發縱指示，一聽之蕭、張，絳、灌無文，不與隨、陸爭春華之美。郭子儀身任安危，知李泌、崔祐甫之賢，而不與納交以結君子之好；知元載、魚朝恩之惡，而不相攻訐以觸姦佞之機。李光弼改紀其軍政，而不競其長；僕固懷恩固屬其部曲，而甘與爲伍。乃以廢斥之餘，一旦躍起，而卒拯吐蕃之難。以是動，而動罔不利也；以是求，而求無不得也。岳侯誠有身任天下之志，以奠趙氏之宗祊，而胡不講於此耶？

宋氏之以猜防待武臣，其來已夙矣。高宗之見廢於苗、劉而益疑，其情易見矣。張浚之徧而無定，情已見乎辭矣。張俊、劉光世之以故帥先達不能相下，其隙已成矣。秦檜之險，不可以言語爭、名義折，其勢已堅矣。而且明張紀律，柔聲下氣，以來牛酒之歡迎；而且綴采敷文，網羅文士，以與張九成等相爲浹洽；而且內與諫臣迭相揚詡，以辨和議之非；而且崖岸自矜，標剛正之目，以與姦臣成不相下之勢；而且譏評張俊，歷詆羣將，以折張浚之辨。合宰執、臺諫、館閣、守令之美，而皆引之於身，以受羣言之贊頌。軍歸之，民歸之，游士、墨客、清流、名宿莫不歸之。其定交盛矣，而徒不能定天子之交；其立身卓矣，而不知其身之已危。如是而欲全其社稷之身以衞社稷也，庸可得乎？

嗚呼！得失成敗之樞，屈伸之閒而已。屈於此者伸於彼，無兩得之數，亦無不反之勢也。故文武異用，而後協於一。當屈而屈者，於伸而伸，非迫求而皆得也。故進退無恆，而後善其用。岳侯受禍之時，身猶未老。使其韜光斂采，力謝衆美之名；知難勇退，不爭旦夕之功；秦檜之死，固可待也。完顏亮之背盟，猶可及也。高宗君臣，固將舉社稷以唯吾是聽，則壯志伸矣。韓、劉錡、二吳不懲風波之獄，而畜其餘威以待㊀，承女直內亂以躡歸師，大河以南，無難席捲。卽不能犂庭掃穴以靖中原，亦何至日蹙月削，以迄於亡哉？故君子深惜岳侯失安身定交之道，而尤致恨於譖岳侯者之適以殺岳侯也。悠悠之歌誦，毒於謗訕，可畏矣夫！知畏之，則所以弭之者，亦必有其道矣。

一三

岳鵬舉郾城之捷，太行義社，兩河豪傑，衞、相、晉、汾，皆期日興兵以會北討，秦檜矯詔班師，而事不成。然則檜不中沮，率此競起之衆，可以長驅河朔乎？曰：所可望者，鵬舉屢勝之兵，及劉錡、韓世忠、二吳之相爲犄角耳。若所謂豪傑義社者，固無能爲也。奚以明其然邪？義兵之興，始於翟義，嗣其後者爲徐敬業，其志可嘉，而其成敗固可覩矣。故定大略、戡大難、摧大敵、成大功者，無所恃於此焉。

夫恃人者，無之而可恃也，久矣。所恃者彊於己乎？則是己固弱也。己弱而恃人，盼盼然(目)〔日〕㊀有所望，而其志不堅。弱者爲主，彊者爲賓，敵且攻其弱而主潰；彊者失主，而駭散以失其彊，莫能救己也。所恃者弱於己乎？則弱固不可恃也。己不弱而猶資弱以自輔，弱者不能勝敵，敵一當之而靡，則

㊀ 校記「而畜其餘威以待」作「而共畜餘威以待時」。 ㊀ 據校記改。

勢且先挫，而三軍之氣爲之餒；敵人之氣，以勝而益爲之增；己雖彊，氣不勝而必傾矣。定大略、戡大難、摧大敵、成大功者，力足以相格，智足以相乘，氣足以相震，一與一相當，有死無生，有前無卻，上不恃天時，下不恃地利，而後可以決勝於白刃之下，復奚恃而可哉？

況乎義兵者，尤其不足恃者也。義軍之興也，痛故國之淪亡，悲衣冠之滅裂，念生民之塗炭，惻怛發中而不惜九族之肝腦者，數人而已。有聞義之名，而羨之以起者焉；有希功之成，而幾幸其得者焉。其次，則有好動之民，喜於有事，而跳踉以興者焉。其次，則有徼幸掠獲，而乘之以規利者焉。又其次，則有弱不能自主，爲衆所迫，不能自已者焉。又其次，則佃客廝養，聽命於主伯，弗能自免焉。其名曰萬，而實不得半也。卽其實有萬，而可戰者，不得千也。可戰者千，而能不大勝則前、小挫則卻者，不得百也。無軍令以整齊之，則遊奕無恆；無芻糧以饋給之，則掠奪不禁。遊奕無恆，則敵來而不覺；掠奪不禁，則民怨而反戈。故以王莽、武氏之易誅，而翟、徐旋起而旋仆，況女直之驍戾馳突而不易當者乎？梁興渡河率之，而有垣曲、沁水之捷者，非其果足以勝也。義軍之號，皆稱「岳氏」，梁興往而爲之聲援，女直不辨其非眞，而爲之震動。垣曲、沁水之守，抑河北初降之餘燼，非海上鷙擊之雄也，是以往而得志。浸令一試再試，情形盡見，女直且出銳師以擣之，則糜爛無餘，所必然矣。一方既熸，而勃然以興者，皆茶然以返；屢前屢挫，則吾三軍之氣，亦沮喪而失所憑依。當日之未至於此也，班師故也。今試設身而審女直與宋彼已之情形，其坌涌而前，翻飛而散，不烱然在心目之閒乎？義祉恃大軍以成㊀，

㊀ 校記「恃大軍以成」作「恃大軍以起滅」。

故鵬舉一班師，而數十萬人不知何往。大軍恃義社以進止，則義社一敗衂，而大軍不足以孤存。兩相恃則兩相失，女直以專壹之兵，直前而無待，左披右靡，又惡足以當之？

夫用衆不如用獨久矣。故謝安石力卻桓沖入援之兵而勝，苻堅兼帥鮮卑、氐、羌、河西之衆而亡。揭竿以爲幟，揮鉏以爲兵，野食鶉棲以爲屯聚，此羣羊距虎之形也，而安可恃也？宗汝霖之用羣盜，猶之可也。已爲盜，則不畏死者也。因爲盜，則自我洗滌之，其不任爲兵者可汰也。爲盜而有渠帥，則固可使就吾束伍也。去家爲盜，則無身家之累，不以敗爲憂。故諸帥收之於江南，而藉其用。若義社，則既以義爲名矣，汰之不忍其無歸，帥之不能以行法。進退唯其意，而我不任爲之主，則馭之也難矣。馭之且難，而況可恃之乎？宋之將亡也，江、湘、閩、廣之閒，起者衆矣，而終不救硇門之禍。文信國無可恃而後恃之，不得已之極思，非有可恃者之所宜恃也。

一四

勢無所藉，幾無所乘，一念猝興，圖度天下，而期必於爲天子者，自古迄今，未之或有。帝王之興也，無心干祿，而天命自歸，先儒之言詳矣，非虛加之也。帝堯之世，岳牧盈廷，九男非皆敗類，耕稼陶漁者，而謂帝將禪我乎？武王養晦，年已耄矣，使大命未就而崩，非不壽也，沖人方弱，保國不遑，而況及天下？然且俟之十三年，而後秉鉞以麾，假之年而贊其精魄，天也，非武王之可必也。故聖王無取天下之心，而乘時以御，因之而已。聖人且不可必，而況下此者乎？

一介之士，策名於當時者，或爲偏裨，或爲文吏，目之所規，心之所成，雖拓落而不可涯量，而其大概可知也。生死屈伸，榮辱貴賤，且乘於不測之數。志所至者，望之而不能必至；志所未至者，姑試之而漸進焉，非其所期也。使方小得志之日，遽踸踔以躍起，曰：「吾將奄有方國，南面以馭四海之英尤，使俯首而稱臣妾。」一非狂人其孰念及此？藉其有此，必蹶然一起而疾就誅夷。故以知亂臣賊子之成乎篡奪者，亦初無此固獲之情也。曹操之自言，「死而題征西將軍之墓」，豈盡欺人哉？橋玄未嘗期以天子，而操感其知己，則出身仕漢之初，無窺奪劉宗之志，明矣。知此，則人主之馭臣，防其所不必防，而不防其所防者，非明於豫防之道者也。

秦檜專政之暮年，大起刑獄，將盡殺張、趙、胡、洪諸公，逮及宗室。當斯時也，諸公竄處遐方，不得復進一議，論和議之非，於檜無忤也。和已成，諸將之兵已解，檜總百揆，膺世祿，其所欲者無不遂也。檜死，而高宗忽㊀釋趙汾，召還遷客，則檜之深甚諸公，非必逢君也。檜之誅逐異己，不欲憖留一人者，豈僅快一時之忿忮哉？徧置其黨於要津，而不使宋有一親臣之可倚，骨鯁已空，發蒙振落者疾起而收之，檜之厚植其勢者，勢無不成也。高宗之年已耄矣，普安拔自疏遠，未正嫡嗣之名；一旦宮車晏駕，檜猶不死，則將拔非所立之沖幼暫立之，旋起奪之；外有女直以爲援引，內有羣姦以爲佐命，趙氏宗祊，且在其心目之中，易於掇芥。檜之志，豈待吹求而始見哉？

乃當靖康之年，始立臺端，與馬伸等共請女直立趙後，未嘗念及此也。及其自虜來歸，受撻懶旨，力主和議，亦祇求和成而居功受賞已也。卽至逢高宗之欲，班北伐之師，解諸將之兵，獨立百僚之上，

㊀ 校記「忽」作「急」。

猶未能遽取必於邪逆之成也。已而諸賢竄矣，岳侯死矣，韓世忠謝事閒居，劉錡、二吳斂手聽命，張俊總領諸軍之願不遂，而亦廢處矣。所欲爲者，無不可爲；所不可致者，無不致也。周回四顧，知天下之無能如己何，高宗亦惴惴然不知所以馭己；然後睥睨神器，而以誅逐先試其凶威。勢之所激，鼠將變虎，亦奚待操心已久而後成乎大惡哉？故易曰：「履霜，陰始凝也；馴致其道，至堅冰也。」馴致者，初非所至而漸以成乎至也。

嗚呼！宋之猜防其臣也，甚矣！鑒陳橋之已事，懲五代之前車，有功者必抑，有權者必奪；卽至高宗，微弱已極，猶畏其臣之彊盛，橫加鍥削。乃檜以文墨起家，孤身遠至，自可信其無他。而艴從中決，成亘浸以滔天，成乎蕭衍、楊堅之勢。高宗藏刃鞾中，思與爭死，而莫能自振，固非前此所能逆睹。則欲辨霜冰於早，亦奚辨而可哉？

夫霜非冰也，而陰森慘冽之氣，一夕流空，則愴然怵栗之情，自感人之志氣，欲辨之，亦何難辨之有乎？不可辨者，志也；所可辨者，人也。志，無定者也。志於正者，勢溢而志或以淫；志於邪者，力窮而志因以詘。人，有定者也。賢者之志雖已移，而必有所憚不敢爲；姦人之志雖未萌，而必有所恃以操其利。故察之於始，檜非有操、懿之心，勿容苛論也。考之於其所行，不難爲石敬瑭、劉豫之爲者，豈有察之而不易知者乎？

其被囚而北也，與何㮚、孫傅、司馬朴同繫，而獨不見殺；其羈於女直也，與洪皓、朱弁同留，而不與同拘；其脫身以返也，保有其妻孥，而盡室以安歸；則其狎凶狠之驕虜，使帖然聽己之徜徉者，可畏也。

張浚、趙鼎、李綱、胡寅皆高宗患難之君臣，屢退屢進，而莫能相捨；朝野兵民衆望所歸，而共倚其成；檜一得志，而屏息竄逐，莫敢與爭者，可畏也。岳侯所收羣盜，方戰中原，將士樂爲之死，而削之、斥之、囚之、殺之，曾莫有敢爲之鳴控者，可畏也。韓世忠擁數萬之衆，脫高宗於幽縶，上得君心，下孚羣望；而獨於檜不能一詞相拒，俯首解兵，苟以自全者，可畏也。張俊位望最隆，與檜合謀，夷岳氏之族，思得其兵，而檜轉盼相違，奪兵去位，曾不能以夙約責檜，而帖耳伏從，尤可畏也。挾此數可畏之才，欲爲則爲之，爲之甫成而又進爲之；力甚鷙，機甚巧，其銳往而無定情也甚狡，其執持扼要而操以必得也甚堅；則不必久懷篡奪之心，乘乎可篡而篡焉，復何所戢而中止乎？

主和議者，前有汪、黃，後有湯、史，而人敢與爭者，有可爭之勢也。君不固信者，無可信之術也。故旋用旋黜，而終不勝公論之歸。檜獨盡箝天下之口，盡反數十年之爲，狡夷且入其牢籠，六軍皆安其解散，爪牙角距，豈一旦之能快搏噬哉？當其時，覩其面目，觀其設施，聞其言說，苟有庸心於鑒微知著者，奚問其志哉？卽其人而知之有餘矣。堅冰者，非霜志也，勢也。或馴致之，或不終致之，存乎辨之者爾。弗庸猜防也，弗庸禁制也，尤弗進而問其心也，固已辨矣。胡康侯之爲檜欺也，據目前之志，忘馴致之變，宜其惑已。

一五

以勢震人者，其傾必速；震之而不震者，其守必堅。其閒必有非望之禍，與之相乘；非望之福，與之相就。非一幸而一不幸也，理之所必有，勢之所必致也。楚虔之於乾谿，夫差之於黃池，苻堅之於淝水，完顏之於瓜步，傾之速也，有合符焉。其恃威以震人者均，故其速傾均也。是以羊祜得西陵而固守，高熲聞陳喪而班師，拓拔佛狸臨江而不渡，周世宗得淮南而許和。誠知夫極盛於外者，中且枵而難必起，自固其本，而後可徐圖於後也。知此，則人震己以不可禦之勢，而凝立以待其自斃者，固必有道矣。

德不足以綏，義不足以正，名無可執，釁無可乘，竭己之威力以加於人，是浮動之氣也。氣者，一浮而無乎不動者也；合數十萬人而動其浮氣，則一夫蹶起，而九軍之情皆蕩。況乎不恤其內之已空，而淫於外，授人以餘地，使無憚以生其心，有不可坐而待其斃者乎？且其極乎盛以相震者，數十萬人也。其士卒，則彊與弱之相閒也；其將領，則忠與姦之相雜也。拊循不能周，而怨起於內也；遷延以相待，而進無所決也。功成而無所專歸，則欲進而情已漫也；奔北而無能盡詰，則雖退而罪可避也。部分進而不相知聞，則無望其相援也。簇進而壅於道路，則名衆而實亦寡也。交相倚而恃人，則自固之謀必（速）〔疏〕㊀也。本以相震，而非以生死相貿，則不受其震而必自沮喪也。如是，則以我孤立之軍，敵彼雲集之旅，制在我而不在彼，明矣。故謝安談笑而待捷書，虞允文乍至而決進戰，非幸也，實有其可以相禦之理也。

然則晉、鄭銳起而嚮楚虔，當無楚矣；趙鞅蹶興而薄夫差，當無吳矣。然而不能者，爲其所震而不知其不足震也。若夫公子比之入，句踐之興，慕容垂之叛，完顏雍之篡，豈可幾幸其必然哉？而一往之氣，不恤其歸；必得之情，不防其失；則不可幾幸者，固可期也。是故居整以御散，用獨以制衆，散者必

㊀ 據校記改。

潰，衆者必離。處靜以待動，奮弱以抗彊，動者必折，彊者必摧。無他，虛與實之分，禍與福之紐也。君子觀於此，而知所以自求，知所以應天下矣。見可憂者非憂也，見可懼者非懼也。所憂者無可憂之形，所懼者無可懼之迹也。姤之危也，始於羸豕；剝之孤也，終以得廬。守其大常，以御其至變，貞勝者，勝之以貞而已。

一六

榮悴之際，難言之已。貧賤者，悴且益難勝也；崇高者，榮愈不能割也。故代謝之悲，天子與匹夫均，而加甚焉。太宗册立愛子，猶不懌，曰：「人心遽屬太子，置我何地？」高宗之於孝宗，未有毛裏之恩也。乃年方盛，而(且)〔早〕㊀育之宮中；天下粗定，而亟建爲冢嗣；精力未衰，而遽授以內禪。迨其退養德壽，歲時歡宴，如周密所記者，和氣翔洽，溢於色笑，翛然無累，忘其固有天下之榮，得不謂高人一等乎？

人之於得失也，甚於生死。一介之士，身首可捐，而不能忘情於百金之產。苟能夷然澹定以處得失，而無悁忮之心，是必其有定力者也。則以起任天下之艱危，睠懷君父之隱痛，復何所顧惜，而不可遂志孤行以立大節？物固莫禦也。然而高宗忘父兄之怨，忍宗社之羞，屈膝稱臣於驕虜，而無媿怍之色；虐殺功臣，遂其猜妨，而無不忍之心；倚任姦人，盡逐患難之親臣，而無寬假之度。孱弱以偷一隅之安，幸存以享湖山之樂。惉滯殘疆，恥辱不恤，如此其甚者，求一念超出於利害而不可得。繇此言之，

㊀ 據校記改。

恬淡於名利之途者，其末足以與於道，不僅尋丈之閒也。

人之欲有所爲者，其志持之已盈，其氣張之已甚，操必得之情，則必假乎權勢而不能自釋。人之欲有所止者，其志甫萌而卽自疑，其氣方動而遽求靜，恆留餘地以藏身，則必惜其精力而不能自堅。二者之患，皆本原於居心之量；而或踰其度，或阻其幾，不能據中道以自成。要以遠於道之所宜而墮其大業，皆志氣之一張一弛者爲之也。夫苟弛其志氣以求安於分量之所可勝，則於立功立名之事，固將視爲願外之圖，而不欲與天人爭其貞勝。故嚴光、周黨、林逋、魏野之流，使出而任天下之重，非徒其無以濟天下也，吾恐其於忠孝之誼，且有所推委而不能自靖者多也。誠一弛而不欲固張，則且重抑其情而祈以自保，末流之弊，將有不可勝言者矣。

己與物往來之衝，有相爲前卻之幾焉。己進而加乎物，則物且退縮而聽其所御；御之者，有得有失，而皆不能不受其御也。己退而忘乎物，則物且環至而反以相臨；臨己者，有順有逆，而要不能勝其臨也。夫苟不勝其臨矣，力不可以相禦與？則柔巽卑屈以暫求免於害者，無所復（容）〔客〕㊀。力可以相禦與？則畏之甚，疑之甚，忍於忮害以希自全。故莊生之沈溺於逍遙也，乃至以天下爲羿之彀中，而無一名義之可恃，以逃乎鋒鏑。不獲已而有機可乘，有威可假，則淫刑以逞，如鋒芒刺於衾簟，以求一夕之安。惟高宗之如是矣。故於其力不可禦者，稱臣可也，受册可也，割地可也，輸幣可也。於其力可禦者，可逐則逐之已耳，可殺則殺之已耳。迨及得孝宗而授之，如脫桎梏而遊於閬風之圃，不知有天子

㊀ 據校記改。

之尊，不知有宗社之重，不知有辱人賤行之可恥，不知有不共戴天之不可忘。蕭然自遂，拊髀雀躍於無何有之鄉，以是爲愉快而已矣。

三代以下，人君之能享壽考者，莫高宗若也。其志逸，其氣柔，其嗜欲淺，而富貴之戕生者無所耽溺，此抑其恬淡知足之自貽也。然而積漸以靡天下之生氣，舉皇帝王霸憖留之宇宙而授之異族㊀，自此始矣。故曰：「無欲然後可以語王道。」知其説者，非王道之僅以無欲得也。退而不多取之利欲者，進而必極其道義之力。自非聖人，則乘權處勢以免天下於凶危者，尚矣。是豈徒人主爲然哉？鷄鳴不起，無所孳孳，進不爲舜，退不爲跖，行吟坐嘯，以求無所染。迨其勢之已窮，則將濫入於跖之徒而不自戢，所必然矣。竄李綱，斬陳東，殺岳飛，死李光、趙鼎於瘴鄉，其爲跖之徒也，奚辭？君子鑒之，尚無以恬然自矜潔己哉！

㊀「異族」二字刻本闕，據校記補。

宋論卷十一

孝宗

一

漢之於匈奴也，高帝圍，呂后嫚，掠殺吏民，烽火通於甘泉，文帝顧若忘之，而姑與款之。垂及於景帝，休養數十年，人心固，士馬充，武帝承之，乃始舉有餘之力，拔將於塞徼，任其方新之氣，以絕幕窮追，而匈奴破敗以遁。東晉之勢，弱不能支，祖逖死，桓温敗，廷議不及中原者數十年。謝安端默凝立，聲色不顯，密任謝玄練北府之兵，而苻堅百萬之師披靡以潰。劉裕承之，俘姚泓，斬慕容超，拓拔、赫連無能與競。使孝宗而知此，亦何至苻離一敗，萎觳而不復振，以迄於宋之亡哉？

孝宗初立，銳志以圖興復，怨不可旦夕忘，時不可遷延失，誠哉其不容緩已。顧當其時，宋所憑藉爲折衝者奚恃哉？摧折之餘，凋零已盡，唯張德遠之孤存耳。孝宗專寄腹心於德遠，固舍此而無適與謀也。然而德遠之克勝其任，未可輕許矣。其爲人也，志大而量不弘，氣勝而用不密。量不弘，用不密，則天下交拂其志，而氣以盛而易虧。故自秦檜擅權以來，唯盛氣以爭得失，而不早自圖惟：虜盟已敗、檜姦已露之餘，事權一旦歸我，而何以操必勝之術？兵孰老而孰壯？將孰賢而孰姦？芻糧何取而不窮？馬仗何從而給用？呼而即應者，何以得吏士之心？合而不乖者，何以成同舟之濟？謀之不夙，則臨事四顧而徬徨；信之不堅，則付託因人而即授。乃自其一竄再竄，顛倒於姦邪之手，君情不獲，羣望不歸，觀望者徒倚而諒其志之難成，媢嫉者側目而幸其功之不就。當其飄搖遠徙，禍切焚身，避影銷聲，於當世無周爰之諮訪；雖曰老臣，而拔起遷謫之中，猶新進也。一旦勃興，與天子訂謀於內，遂欲奮迅以希莫大之功，率一往之情，無可繼之略，豈秉麾建旆，大聲疾呼，張復仇讎、驅匪類之義聲，遂足以抗百戰不摧之驕虜哉？一敗而終不復興，固其所必然者也。

夫孝宗而果爲大有爲之君，德遠而果能立再造之功也，則處此固有道矣。完顏亮南犯而自殪矣，完顏雍新撫其衆而不遑遠圖，未有尋盟索賂之使，渡淮而南。則固可急修內治，擇帥簡兵，繕備積儲，而從容以求必勝之術也。湯思退可逐而未逐；尹穡、王之望可竄而未竄；史浩可戒之以正，而聽其浮沈；虞允文、陳康伯可引與同心，而未遑信任；朱元晦、劉共父可使秉國成，而尙淹宂散。如其進賢遠姦，成畫一之朝章，則國是定，而無伏莽之宵人乘小挫而進其邪說。於是而廟議輯矣，人心翕矣，猶無事遽爾張皇迫於求獲也。楊存中、吳璘雖老，猶可就訪所託之偏裨；張、韓、劉、岳部曲雖凋，猶可求慣戰之材勇。將未得人，草澤不無英尤之士；兵雖已弛，淮、襄、川、陝自多技擊之材。罷湖山之游幸，以鼓舞人心；嚴漁侵之姦欺，以廣儲芻粟。繕淮、泗、襄、漢之城堡，進可戰而退可憑；簡西南谿峒之蠻兵，氣用新而力用壯。經營密定於深宮，威信無猜於閫外，竭十年生聚教訓之勞，收積漸觀釁乘時之效。然後絕其信使，責以駾奔。彼且懷忿而起不戢之兵，我固堅立以待狂興之蹪。如是以圖之，燕、雲即未可期，而東收汴、雒，西掃秦、川，可八九得矣。此之弗慮，猝起德遠於摧抑之餘，積不平之志氣，視舉朝如醉夢，而己獨醒；卻衆議以憤興，而激其妒忌。孝宗企足而望澄淸，德遠攘臂而爭旦夕。孤遣一軍，逍遙而進，橫擊卒然之腰，姑試拚蜂之螫。李顯忠萬里初歸，衆無與親；邵宏淵百戰未經，懷私求試；則苻離之潰，虜不躡迹而相乘，猶其幸也。

蕭思話一潰，而劉宋日削；吳明徹一奔，而陳氏族㊀亡；契丹之送死於女直，女直之輿尸於蒙古，皆是也。宋之不亡，其能幾乎？人言和而我言戰，義足以相勝，名足以相壓。而彊敵窺見其無成謀，則氣益振；異己者坐待其無成績，而互相搖；天下亦共望其有成功，而終不可得。史浩曰：「一失之後，恐陛下不得復望中原。」未必非深識之言也。孝宗在位二十七年，德遠雖沒，未嘗不可有嗣以圖功者，惜哉其一仆而終不能興矣。情愈迫者，從事愈舒；志愈專者，諮謀愈廣；名愈正者，愈盡其實；斷愈堅者，愈周其慮。大有爲之君相，務此而已矣。

二

孝宗奉養德壽宮，極愛敬之忱，俾高宗安老以終壽考，三代以下，帝王事其親者之所未有，爲人後者爲之子，道無以尚矣。夷考嗣立以後，多歷年所，大典數行，徒於所生父母未聞有加崇之舉。奉大義，尊正統，抑私恩，矯定陶、濮邸之失，其可爲後世法乎？

夫議道以垂大法、正大經者，固未可一槩論也。禮曰：「爲人後者，爲所生父母服期。」統之曰所

㊀ 校記「族」作「旋」。

生父母，則於所後者之族屬，雖功緦以降，迄於服絕之遠支而皆期也。名之曰父母，則尊之曰皇、曰帝，立廟以閒所後者之祖考，固不可也。而竟沒其父母之實，夷之所疏遠之族人，抑不可也。光武之於南頓，無所加尊，而不失其親親之報，情伸而義無不正，奚不可哉？然而禮以義起，而求遂其心之所安，非一槩之論可執也。則孝宗於此，未可以英宗之例例之矣。其於秀王偁無追崇之典，可無遺憾也。

王珪之諫英宗曰：「陛下富有四海，傳之子孫，誰所貽而忍忘之？」鄙哉！其爲小人之言也。仁宗以崇高富貴貽之己，而爲父母；濮王無崇高富貴貽之己，而即非父母；然則利之所在，父母歸之，而人理絕矣。而孝宗則異是。太祖之得天下雖幸也，而平西蜀，定兩粤，下江南，距北狄，偃戈息民，布寬政，興文治，以垂統於後，固將夷漢、唐而上之。其曰傳長君以靖簒奪，法雖未善，而爲計亦長。乃德昭不能保其軀命，其子以團練使降爲疏屬，是宋未亡，而太祖之亡久矣。幽明交恫者於茲六世，爲其子孫者，弗能興起，而聊長其子孫，是亦不容已於仁孝之心也。然則自秀王偁以上至於德昭，含不敢言之恤，以徯後之興者，九原當無異心。高宗嗣子雖夭，徽宗八子雖絕，而自眞宗以下，族屬不乏賢者。乃創義以興復之，而歸神器於德昭之裔。是高宗者，非徒允爲孝宗之父，實爲太祖之雲孫者也。秀王悅服，而願以子孫爲其子孫，情之至，卽理之公矣。孝宗壹盡其忱，以致孝於高宗，卽以追孝於太祖，則無所推崇於秀王也，庸何傷？

知此者，然後可以通天下之變，斟酌典禮而無所遺憾於人心。不然，執一槩之說，堅持一理以與天下爭，則有隙以授邪說之岐，而爲所屈服。故張璁、桂萼相反相激而極乎汎濫。故曰「唯忠信可以行禮」一。謂盡己以精義，循物而無違其分也。研諸慮，悅諸心，準諸道，稱諸時，化而裁之存乎變；而及其得也，終合於古人之尺度，而無銖絫之差。夫古人之尺度，固非執一槩之說所可取合也，久矣。

今且有說於此：藩王之子，入爲天子之嗣，迨及踐阼，王猶未薨，若僅高官大爵，稱爲伯叔，則天子之制臣諸父，將使三朝拜表，北面稱臣，如咸丘蒙之說，而豈人子之所忍爲乎？故執一槩之說，未有不窮者也。誠使有此，而當國大臣，早爲之慮，所不容事至周章而羣起以爭得失矣。則唯有一道焉，可以少安，而講之不容不豫也。以先皇之遺詔，册王之次子嗣爵，以守侯度，而迎王入養於宮中，謝老安居，無所與聞，以終其壽〔考〕㊀，其薨也，葬以王，祭以天子，天子廢絕期之制，而行期服於宮中，以是爲恩義兩全之大略，變而能通，心得而道可無違，其庶幾乎！雖然，準諸大義，順乎人子之心，猶未可以此爲不易之經也。自非若孝宗之上纘太祖者，有父在，固不當貪大寶而出繼天子也。

三

人才之摧抑已極，則天下無才；流及於百年之餘，非逢變革，未有能興者也。故邪臣之惡，莫大於設刑網以摧士氣，國乃漸積以亡。迨其後，摧折者之骨已朽矣，毛擊鉗網之風亦漸不行矣，後起者出而任當世之事，宜可盡出其才，建扶危定傾之休烈；而熏灼之氣挫其初志，偪側之形囿其見聞，則志淫者情爲之靡，而懷貞者德亦已孤。情靡者相沿而濫，德孤者別立一不可辱之崖宇，退處以保其貞；於是而先正光昭俊偉之遺風，終不可復。如是者，其弊有三，要以無裨於國者均也。

㊀「考」字據校記增。

其下，目之所睹，耳之所聞，皆見夫世之不可抗志以相攖也，而求一深淵之區宇，以利其游泳。正與邪迭相往復，無定勢矣。而正勝邪，小人之蒙譴也淺；邪勝正，君子之受禍也深。則趨彼避此，以徼所行之利，雖有才可試，亦樂用之於詭隨，而奚有於國事之平陂？

其次，其志亦懷貞而不欲託足於邪途矣。以爲士自有安身利用之術，進不貽君子之譏，退不逢小人之怒，可以處閒散，可以試州郡，可以履臺端，可以位宰執。不導淫以蠱上，不生事以疲民，不排擊以害忠良，不氣矜以激水火。無必進之情，而進之也不辭；無必退之心，而退之也不吝。故當世習與相安，而獲吉人之譽。如是，則才有所不盡效，而抑不求助於才以自輔。其究也，浸染以成風尚而不可問矣，始以容容，終以靡靡矣。

又其上，則固允矣爲秉正之君子矣。觀其所志與其所爲，天下之所想望，後世之所推崇，伊、傅之德業，舍此而不能與焉。故一時有志之士，樂就之以立風軌。然而終不能者，則惟德之孤也。天下無能與其德者，而德孤矣；視天下無能與其德者，因舉天下置之德外，而德愈孤矣。其好善也篤，而立善之塗已隘；其惡惡也嚴，而摘惡於隱已苛。以義正名，名正而忘求其實；以言衞道，言長而益啓其爭。以視先正含弘廣大之道，默以持之如淵涵，愼以斷之如嶽立，操扶陽抑陰之權，密用而姦邪自斂；受智名勇功之集，挹取而左右皆宜；其意似不欲然也，而考其所成，則固不能然也。欲託以伊、周耆定之元功而未逮，卽以絜韓琦、李沆定國是、濟危疑之大猷，而亦有所未遑及此者。使當休明之世，無姦邪之餘威以激其堅忍，無詭隨之積習以觸其惡怒，無異端之競起以勞其瑣辯，無庸懦之波流以待其氣矜，則道以相挾而盛，業以相贊而成，其所就者豈但此哉？故摧抑人才者，雖不受其摧抑，而終爲摧抑，害乃彌亙百年而不息。故曰邪臣之惡，莫有大於此者也。

宋自王安石倡舜殛四凶之説以動神宗。及執大政，廣設祠祿，用排異己，其黨因之搏擊無已。迄於蔡京秉國，勒石題名，錮及子孫，而天下之士，有可用者，無不入於罪罟。延及靖康，女直長驅以入，二帝就俘，呼號出郭。而宋齊愈、洪芻之流，非無才慧，亦有時名，或談笑而書逆臣之名，或挾虜以亂宮嬪之列。於是時也，雖有憤恥自彊之主，亦無如此痿痺不仁者之充塞何矣！高宗越在江表，士氣未復，秦檜復起而重摧之，趙、張、胡、李幾不保其死，羣情震懾，靡所適從，姦慝相沿，取天下之士氣抑之割之者且將百年矣。士生而聞其聲，長而見其形，泛泛者如彼以相搖蕩也，岌岌者如此以相驚歎也，則求其擴心振氣以敻出而規天下於方寸，庸詎能乎？

故孝宗立，奮志有爲，而四顧以求人，遠邪佞，隆恩禮，愼選而篤信之，乃其所得者，大槩可睹矣。陳康伯、葉顒、陳俊卿、虞允文，皆不可謂非一時之選也。內不失身，上不誤國，興可興之利而民亦不傷，辨可辨之姦而主亦不惑。會君之不迷，幸敵之不競，而國以小康。至若周必大、王十朋、范成大、楊萬里之流，亦錚錚表見，則抑文雅雍容，足以緣飾治平而止。絜之往代，其於王茂弘、謝安石、李長源、陸敬輿匡濟之弘才，固莫窺其津涘。卽以視郗鑒之方嚴，謝弘微之雅量，崔祐甫之清執，杜黃裳之通識，亦未可與相項背也。下此，則葉適、辛棄疾之以才自命，有虛願而無定情，愈不足言矣。

推而上之，朱元晦、張敬夫、劉共父三君子者，豈非曠代不易見之大賢哉？乃懲姦邪之巳淫，故崖宇必崇，而器使之途或隘；鑒風波之無定，故潔身念切，而任重之志不堅。正報讎復宇之名，持固本自彊之道，亦規恢之所及，而言論之徒長，其洗心藏密之神武，若有不敢輕試者焉。嗚呼！能不爲亂世所熒，而獨立不悶；然且終爲亂世之餘風所窘，而體道未弘。德之孤，宋之積漸以亂德者孤之也。不得不孤，而終不能不自孤其德，則天下更奚望焉？即使孝宗三熏三沐，進三君子於百僚之上，亦不敢必其定命之訏謨，廓清九有也。藉其摧抑之不深也，則豈但三君子之足任大猷哉？凡當日之能奉身事主而寡過者，皆已豫求尊俎折衝之大用，以蘄免斯民於左衽。惟染以熏心之厲，因其愒翫之謀，日削月衰，坐待萬古之中原淪於異族。追厥禍本，王安石妒才自用之惡，均於率獸食人；非但變法亂紀，虐當世之生民已也。

詩曰：「周王壽考，遐不作人。」如鳶之戾於天也，魚之躍於淵也，各自得也。壽考作人，延及遐遠。故周之衰也，魯、衞多君子之器，齊有天下之才，乃以維中夏，攘四夷，延文、武之澤於不墜。世胄之子，不染患失之風；崛起之英，不抱孤危之恤。沈潛而能剛克，不荏苒以忘憂；彊毅而能弘通，不孤淸以違衆。言可昌，而不表暴於外以（淺）〔洩〕㊀其藏；節可亢，而不過於絕物以廢其用，後世可無傳書，天地且從其志氣。作人者之用大矣！不知出此，而持申、商之法，以解散天下之心而挫其氣。嚚然曰「天下無才也」，然後天下果不能有才也。斯可爲痛哭者也！

四

乾道元年，和議再成，宋與女直無兵革之爭者四十年。論者謂二主皆以仁恕宅心，而天下咸被其

㊀ 據校記改。

澤。嗚呼！此偷安之士，難與慮始之民，樂懷利以罷三軍，而不恤無窮之禍。流俗之言一倡，而天下交和，夫孰能聽之哉？宋之決於和，非孝宗之心也。孝宗嗣立以來，宴寢不忘者興復之舉，豈忍以割地終之。完顏雍雄心雖戢，然抑豈有厭足之欲，顧江左而不垂涎者。故和者皆其所不得已，而姑以息民爲名。貿貿者從而信之，交起而謷之，不亦愚乎？宋與女直，相枕而亡，其幾兆於此矣。

宋自秦檜持權，摧折忠勇，其僅免於死亡者，循牆而走，不敢有所激揚，以徯國家他日干城之用。諸帥老死，而充將領者，皆循文法、避指摘之庸材。其士卒，則甲斷矛撓，逍遙坐食，抱子以嬉，視荷戈守壘之勞，如湯火之不可赴。其士大夫，則口雖競而心疲，心雖憤而氣茶；不肖者耽一日之娛嬉，賢者惜生平之進止；苟求無過，即自矜君子之徒，談及封疆，且視爲前生之夢。如是，則孝宗雖踸踔以興，疾呼心亟，固無如此充耳無聞者何也！故苻離小衂，本無大損於國威，而生事勞民之怨謗已喧囂而起。及其稍正敵禮，略減歲幣，下即以此獻諛，上亦不容不以自安；無可柰何，而委之於命，而一仆不能再起，奄奄衰息，無復生人之氣矣。

女直之初起也，以海上之孤軍，跳梁而不可禦，駸駸而有中夏者，恃其力之彊也。以力立國者，與衰視乎其力。至完顏亮之時，梟雄之將，敢死之兵，或老或死，而存者僅矣。逆亮又以猜忌之威，虔劉其部曲，牽率以南犯者，皆疲弱離心之下駟也。故采石問渡，虞允文以不教之兵折之而有餘。完顏雍雖爲衆所推，實簒弑也。乘機委順，徇衆志以藏身，而幸保其富貴；夫豈能秉鉞一麾，操生死以制人，使冒白刃以馳蕩乎天下者？衆胥曰：逆亮之毒我，而藉爾以圖安也。雍亦曰：吾亦懲亮之佳兵而安爾也。

遑問江左乎？且以海濱穴處之衆，浮寄於中華，衣錦含甘，笙歌燕婉，蕩其犢雛之心。雍方四顧徬徨，無可託以騁雄心而窺江海。則延首以待王之望之來，與宋共謀姑息，無可柰何之情，猶之宋也。講敵國之禮，得四州之地，爲幸多矣，而抑又何求！

是則宋之爲宋，一女直也；女直之爲女直，一宋也。相效以趨於銷鑠，何賢乎？而豈果有不忍斯民之情，使脫干戈以安衽席乎？君爲之名曰：「吾以息民也。」下之貢諛者僉曰：「息民者，大君之仁也。」貿貿之民，偸旦夕之安，爭效其順㊀曰：「吾君與當國者之能息我也。」汝欲息，而有不汝息者旁起而窺之。一息之餘，波流日靡，大不可息之禍，亙百餘年而不息，自其所必致者，奚待禍之已烈而始知哉？乃害已烈，而論者猶不知其兆先於此矣，則甚矣古今之積惑，不可瘳也。故曰：「天下雖安，忘戰必危。」安而忘戰，其危可必；況在危而以忘戰爲安乎？

女直則去其故穴，盡部落以棲苴於客土，耽鹵獲之樂，解驕悍之氣，據廣斥之中原，無江、淮之米粟，其危也如彼。宋則冀、代之士馬不存，河山之險阻已失，撫文弱之江東，居海陬之絕地，其危也又如此。危之不懲，亡將何恃？繫之苞桑，猶恐不固，而繫之春華浮豔之卉艸，奚待有識而後爲之寒心邪？以既衰之女直，而宋且無如之何，則彊於女直者，愈可知矣。以積弱之宋，而女直無如之何，則苟非女直，固將能如之何也。女直一傾，而宋隨以潰，奇渥溫氏談笑而睥睨之，俟其羽翮之成而已。羽翮成而復能以旦夕延哉？

㊀校記「順」作「頌」。

使宋能深入以伐女直，則威伸於北方，而踵起者亦有懼心。宋不能大逞志於女直，而女直之兵不解，則女直日習於戰，而不自弛其備。即使女直能窺宋而犯江、淮，宋亦知警而謀自壯之略，尚不至蒙古之師一臨，而疾入於海以亡。故兀朮之南侵亟，而岳、韓、劉、吳之軍日增其壯。迫之者，激之成也。拓拔氏通好於齊、梁，宴坐雒陽，緣飾文雅，而六鎮寇起，元氏之族以赤。驕之者，陷之溺也。乍然一息，而國既危，民且終不保其生。此有通識者之洞觀，非流俗之所得與知也。

宋論卷十二

光宗

一

孝宗急傳位於其子，何爲者也？春秋方盛，國步未康，廷無心膂之臣，子有愚蒙之質，而遽以天下委之，誠不知其何爲者也。以謂高宗崩，哀慕切，欲執三年之喪，謝絕庶政，日奉几筵，曾是以爲孝，非其飾辭，則愚甚矣。古之宅憂於諒陰者，總百官以聽冢宰，六官之常職無與聞耳。至於宗祏安危，生民生死，大臣進退之大政，則天子固居大位，操大權，而不敢以先君之付畀委之人，而孤致其哭踊。且所聽之宰，抑必綽有餘裕於負荷之親臣。夫豈不欲專致其哀哉？盡道以盡孝，初不相爲妨也。況乎高宗之恩，均於生我者，唯其以天下授己也。則所以慰高宗於冥漠者，亦唯以社稷有主，爲精爽之所憑依。則孝宗之視天下也，如視高宗，亦殫心竭力以奠安天下，而以報高宗者至矣。若夫几筵之侍，必躬必親，則但不息心以燕處，不分志於聲色，罷昏祭之吉禮，停慶賞之覃恩，正自有餘日餘力以伸饋奠。奚必塞耳閉目，一不與物相接，而後可終喪紀哉？故以爲哀之至而不能復居天位者，吾未之能信也。

夫身未耄倦，而遽傳位於子，以自處於一人之上，於古未之前聞，始之者趙主父，繼之拓拔弘而已矣。斯皆蔑禮敗度，以褻大位者也。若高宗之內禪也，則又有說：己未有嗣，而孝宗以久廢之宗支，七世之疏屬，拔之於幼沖，膺元良之休命。高宗年垂六十，內禪時五十有七。爲三代以後人君之所希有，國無可顧命之宗臣，一旦危病至而姦邪乘之，不容不早防其變。且於時女直寒盟，兵爭復起，衰年益倦，抑無以支不固之封疆。知孝宗之可與有爲也，用其方新之氣，以振久弛之人情，則及身之存，授以神器，亦道之權而不失其中也。自非然者，天子者既至尊而無尙矣，積累而上之，又有人焉，以俯而相臨；則天位不尊，而事權相錯，持兩端者得起而售其姦矣。亦唯孝宗之猶堪負荷也，故高宗得優游於琴書花鳥之側，而國事一無所問。則兩宮之歡，無有從中閒之。非此，而理亂安危不能盡釋諸懷抱，小有箴砭，遂授宵人以離閒之隙。基累者必傾，棟隆者且撓，大耋之嗟，焚如之咎，必不能保其終矣。又況光宗者，愚頑之聲音笑貌，千載而下，猶可想見其情形，抑非有楊廣之姦，可矯飾以欺其君父，則其不可以高宗之付己者付光宗，灼然易見。而何造次之頃，遽委神器於浮沈邪？

與子之法，定於適長，誠大常之經矣。然而漢武舍燕王旦而立昭帝，光武舍東海王彊而立明帝，卒以允臧。則變而能通，未爲失也。晉武帝拒衞瓘之諫以立惠帝，賈氏之惡以宣；唐太宗徇長孫之請以立高宗，武氏之禍以烈。則守而不變，未爲得也。夫光宗之視晉惠，差辨菽麥耳，其於唐高，猶在層累之下也。孝宗卽守成憲，而不以意廢置乎？則輔以正人，導以正學，懲其宵小，飭其宮闈，迨及彌留之際，簡德望之大臣，受顧命而總百揆；卽有雷允恭、任守忠之內蠱，無難施竄殛之刑；光宗雖闇，亦何至滅絕天彝，貽宗祏以阽危之勢哉？教之無方也，輔之無人也，俟之不待其時也，昏懦之習不察也，悍妻之煽無聞也。俄而使參國政矣，俄而使卽大位矣。己已處於貴而无位、高而无民之地，乃惡李氏而有廢之之語，囁囁於閒宮，以激其悖逆，豈非教不肖者以冥行乎？菀結而不永其天年，亦自貽之矣。

高宗經營密勿者數十年，裁之以道，審之以宜，舉以授之於己；己乃無所圖維，急遽以授不肖之子，而坐視其敗；孝宗之於孝也，抑末矣。汶汶無擇，與其在位之用人行政，殊不相肖。繇今思之，誠不測其何心？意者嗣位之初，銳意有爲，而功墮不就，故不欲居此位也已久；特以高宗在，而不容釋，甫在苫次，迫欲脫屣，憤恥之餘，激爲鹵莽。誠然，則亦悁悁悻悻，非君子之度矣。在位二十七年，民心未失，國是未亂，自可保遺緒以俟後人之興。功不自我成，而能得守所付畀者，卽其功也。亦何用此卞躁爲也！

二

朱子知漳州，請行經界法，有詔從之。其爲法也，均平詳審，宜可以行之天下而皆準，而卒不能行。至賈似道乃竊其說以病民，宋繇是亡，而法終沮廢。然則言之善者，非行之善，固如斯乎！蓋嘗探其原而論之，天下之理，思而可得也；思而不得，學焉而愈可得也。而有非思與學之所能得者，則治地之政是已。

今試取一法而思之，無形而可使有形，無迹而可使有迹，張之使大，研之使密，委曲經營，卽若有可繪可刊之圖，了然於心目，如是者自信以爲至矣。乃更端思之，又有一成型者，亦未嘗不至也。則執其一以槩見於施行，其不盡然者必多；而執其信諸心者堅，人固弗能辨也。故思者，利與害之交集也，故曰「殆」也。無已，其學乎！所學者，古之人屢言之矣。古人之所言者，亦旣有行之者矣。然而言者非行也。古人之行，非我之行也；我之行，非天下之所行也。五味無定適，五色無定文，五音無定和。律呂在，而師曠之調，師延之靡也。規矩在，而公輸之巧，拙工之撓也。古之人教我以極深研幾之學，而我淺嘗而躁用之，舉天下萬民之情，皆以名相籠而驅入其中，故曰「罔」也。

所以然者，何也？天下之思而可得、學而可知者，理也；思而不能得、學而不能知者，物也。今夫〔物〕名（利）㊀則有涯矣，數則有量矣。乃若其實，則皆有類焉，類之中又有類焉，博而極之，盡巧曆之終身而不能悉舉。大木之葉，其數億萬，求一相肖而無毫髮之差者無有也，而名惡足以限之？必有變焉，變之餘又有變焉，流而覽之，一日夜之閒，而不如其故。晴雨之候，二端而止，擬一必然而無意外之差者無有也，而數惡足以期之？夫物則各有情矣。情者，實也。故曰：「先王以人情爲田。」人情者，非一人之思所能皆慮，非古人之可刻畫今人而使不出於其域者也。乃極其所思，守其所學，以爲天下之不越乎此，求其推行而準焉，不亦難乎！

今夫經界，何爲者邪？以爲清口分之相侵越者乎？則民自有其經界矣，而奚待於上？先世之所遺，鄉鄰之所識，方耕而各有其埒，方穫而各計其獲，歲歲相承，而惡乎亂？若其積漸匿侵，自不能理，鄉鄰不能詰；則以南北殊方、乍來相涖之文吏，唯辭是聽，睹此山川相繆之廣甸，亦惡能以一日之聰明，折羣疑於不言之塊土乎？徒益其爭，而獄訟日繁，智者不爲也。

以爲辨賦役之相詭射者乎？詭射者，人也，非地也。民卽甚姦，不能沒其地而使之無形。而地之

㊀ 據校記改。

有等，等之以三，等之以九，亦至粗之率耳。實則十百其等而不可殫。今且畫地以責賦，豪民自可詭於界之有經，而圖其逸；貧民乃以困於所經之界，而莫避其勞。如之何執一推排之法而可使均邪？故均者，有不均也。以不均均，而民更無所怨矣。

以爲自此而可限民之田，使豪彊之無兼幷乎？此尤割肥人之肉置瘠人之身，瘠者不能受之以肥，而肥者斃矣。兼幷者，非豪民之能鉗束貧民而彊奪之也。賦重而無等，役煩而無藝，有司之威，不可嚮邇，吏胥之姦，不可致詰。於是均一賦也，豪民輸之而輕，弱民輸之而重；均一役也，豪民應之而易，弱民應之而難。於是豪民無所畏於多有田，而利有餘；弱民苦於僅有之田，而害不能去。有司之鞭笞，吏胥之挫辱，迫於焚溺，自樂輸其田於豪民，而若代爲之受病；雖有經界，不能域之也。夫豈必陘其溝洫，夷其隧埒，而後畸有所歸哉？誠使減賦而輕之，節役而逸之，禁長吏之淫刑，懲猾胥里蠹之恫喝，則貧富代謝之不常，而無苦於有田之民。則兼幷者無可乘以恣其無厭之欲，人可有田，而田自均矣。若其不然，恃一旦之峻法，奪彼與此而不恤其安，疲懦之民，且匿走空山而不願受。無已，則假立疆畛，而兼幷者自若，徒資姍笑而已。若夫後世爲經界之說者，則以按剔民之隱田而盡賦之，於是逐畝推求，而無尺寸之土不隸於縣官。嗚呼！是豈仁人君子所忍言乎？

三代之制，有田有萊，萊者非果萊也。有一易，有再易，易者非果易也。留其有餘以勸勤者，使竭力以耕，盡地利而無憂賦稅耳。今彼此相推，而情形盡見，塊泥(殊)〔株〕㊀粟，無能脫也，夫是之

㊀ 據校記改。

謂箕斂也，奚辭哉？夫田爲姦隱不入賦額者，誠有之矣。婢妾臼竈之姦，不足爲富人病也，況仁君之撫四海者乎？抑有地本磽确，而勤民以有餘之力，強加水耕火耨之功，幸歲之穰而薄收者；亦有溪江洲渚，乍涌爲邱，危岸穹崖，將傾未圮，目前之鱗次相仍，他日之沈坍不保者；亦有昔屬一家，今分異主，割留橫亙於山隈水曲而不可分疆埸者；若此之類，難以更僕而數。必欲執一畫定之溝封，使一步之土必有所歸，以悉索而徵及毫末，李悝之盡地力，用此術也。爲君子儒，以仁義贊人君之德政，其忍之乎？是則經界之弊，必流爲賈似道之殃民。仁邪？暴邪？問之天下，問之萬世，必有審此者矣。

夫原本周官，因仍孟子，不可謂非學也。規畫形勢，備盡委曲，不可謂未思也。乃抑思商、周之天下，其於今者何如哉？侯國之境土，提封止於萬井；王畿之鄉遂，采邑分授公卿。長民之吏，自酇鄙之師至於鄉大夫，皆百里以內耳目相習土著之士。爲利爲病，周知無餘，因仍故址，小有補葺而已定。今則四海一王，九州殊壤，窮山紆曲，廣野浩漫。天子無巡省之行，司農總無涯之計，郡邑之長，遷徙無恆。乃欲懸一式以驅民必從，賢智者力必不任，昏暴者幸以圖成。在天，則南北寒燠之異候；在地，則肥瘠高下之異質；在百穀，則疏數穉壯之異種；在疆界，則陂陀欹整之異形；在人民，則彊弱勤惰之異質；在民情，則愿樸詭譎之異情。此之所謂利者，於彼爲病；此之所欲革者，彼之所因。固有見爲甚利，而民視之如荼棘；見爲甚害，而民安之如衽席。學不可知也，思不可得也。言之娓娓，行之汲汲，執之愈堅，所傷愈大。以是爲仁，其蔽也愚，而害且無窮，久矣！

故善治地者，因其地而治之。一鄉之善政，不可以行之一邑；一邑之善政，不可以行之一州；一州之善政，不可以行之四海。約略其凡，無所大損於民，而天下固已大均矣。均之者，非齊之也。設政以驅之齊，民固不齊矣。則必刑以繼之，而後可齊也。政有成型，而刑必濫，申、商之所以為天下賊，唯此而已矣。若夫匹夫以錙銖之利，設詐以逃唯正之供，則唯王者必世後仁之餘，自輸忱以獻，豈元后父母所宜與爭論也哉？以君子競小人之智，以王章察聚斂之謀，以雞鳴夢覺所虛揣之情形，以閉戶讀書所乍窺之經史，束四海兆民而入於圖繢之中。言之誠是也，行則非所敢也。雖然，亡慮也。言此者，未有能行之者也。

三

君拒諫以宣欲，臣嫉賢而獻諛，其於正諫之士，名之曰「沽名」。夫亦念名之所自生乎？名者，義之所顯也，天下後世公是公非之衡也。有名可沽，則名在諫者矣。自處於不可名之慝，而以名授諫者，使可沽焉，其為無道之尤也，奚辭？故沽名者，使人君知有名而不可干者也。君非無名，而沽者無可沽矣。

雖然，人臣以此事君，而國又奚賴哉？君有巨慝，大臣任之；大臣不能言，而後諫臣任之；諫臣不能言，而後羣工下至士民，皆可奮起而言之。若夫羣然競起，合大小臣民言之恐後，則首其議者，蓋亦誠出於不容已。而相踵相附，未問從違，喧爭不已，則其閒以沽名故喋喋相仍者，十有八九矣。於是而激庸主姦臣以不相下，言者且競以削斥為榮，空國以去，置宗祏於姦邪之掌，徒自獎曰：吾忠而獲罪之正人也。則沽名之咎又奚逭邪？且夫君之過，不至於戕天彝，絕人望，猶可浣濯於他日，則相激不下，失猶小也。若夫天倫之敍斁，人禽之界，存於一綫，一陷於惡，而終無可逸；是豈可雷同相競，使處於無可解免之地者哉？

子之事其親也，仁之發也，卽義之恆也。然豈以爲義在當孝而始孝乎？其不孝者，固非謂宜於不孝而孝非義也。故稱說孝道於孝子之前者，皆無當於孝子之心；稱說孝道於不孝之前者，亦無能動不孝之心。無他，可言者，義之當然，而惻怛內動，絪緼不解之忱，固非言之所能及。其或利欲熒之，婦人宵小閒之，奪其心以背其初志，皆藏於隱微，非可以言言者也。故舜之孝也至矣，蔑以尙矣。而其以人倫授契敎民者，曰「敬敷五教，在寬」。上不可以法繩其下，優而游之，乘罅而導之，去其熒之閒之者，以使自顯其初心。則知悔者，若吾訓以漸啓仁愛之天懷；怙惡者，抑不相激以成人倫之大變。寬之用，大矣哉！而能以此導人主以全恩，李長源而外，難其人矣。長源始用之肅宗，繼用之德宗，皆以父處子者也。涕泗長言，密移其情於坐論而不洩，獨任其調停之責，而不待助於羣言。其轉移人主之積(怨)〔忿〕㊀，猶掇輕羽也。乃至於肅宗事父之逆，獨結舌而不言，夫豈忘其爲巨慝而吝於規正哉？力不與張良娣、李輔國爭，則言且不聽，而激成乎不測之釁；則弗如姑與含容，猶使不孝者有所惜，而消不軌之心。長源之志苦矣，而唐亦苟安矣。

嗚呼！人君之忍絕其心，公爲不孝以對天下而無怍者，唯光宗獨耳。豈光宗者，曠古彌今、人貌禽心之無偶者乎？於是而留正之咎，不能逃矣。叩閽牽衣，百僚庶士之喧爭，無與弭之，而委大臣之責

㊀據校記改。

以倒授之。乃使寧宗之立不正，韓侂胄之姦得逞，毒流士類，禍貽邊疆，其害豈淺鮮哉？蓋闃然羣起而爭者，皆有名心，非能以推己之孝成盡己之忠者也。正之所自處者，諫不從則去而已。去者，名之所歸也。君益彰其不孝之名，而己得潔身之名以去。天理民彝，爭存亡於一閒，而心膂大臣，忍以覆載不容之名歸之君父乎？若以去言，則光宗之不足相與爲荃宰，灼然易見者也。知不可相，而不去之於早；其去也，又且行且止，反覆於郊關，以搖衆志；舉動之輕，適足資姦邪之笑，久矣。

夫光宗之惡，非若劉劭之凶威不可嚮邇者也，悍婦胥人，噂沓而成否塞。正爲大臣，上被孝宗之知遇，內有兩宮太后之倚任，誠能忘生死以衞社稷，而救人倫之斁絕，夫不有雷允恭、任守忠之家法乎？楊舜卿、陳源抑非有李輔國、魚朝恩擁兵怙黨之威，得兩宮片紙，竄逐在須臾之閒爾。而正不能。如其不能，則留身密語，涕泣以道之，從容以引之，諱其大惡於外，而俾有可自新之路，李氏雖悍，而光宗易位，不能從中以起，則固未嘗不可銜勒使馴者。而正又不能。如其不能，則姑已。唐肅之逆，猜嫌之甚，南內一遷，幾有主父之危，而朝廷不爲驚擾，國方亂而不害其固存。當是時也，彊敵無壓境之危，宗室無窺覦之釁，大臣無逼篡之謀，草澤無弄兵之變，靜正之朝野，自可蒙安於無事。正乃無故周章，舍大臣之職，分其責於百僚，招引新進喜言之士，下逮太學高談之子，一鳴百和，呼天籲地，以與昏主妒后爭口舌之短長。不勝，則相率而奔，如烈火之焚身，須臾不緩，此何爲者哉？昏悖之主固將曰：「吾不孝之名，大臣已加我矣，羣臣已加我矣，海內士民莫不加我矣，無可謝於後世矣！」卽以身試危機，就兩宮而見幽廢，人且曰非吾之能事吾親也；舉國之人，以大義束我，而使修寢門之節、倚廬之文也。惡不可浣，而惡用浣爲？彼分崩而去者，自少味而反，奚所恤而不任吾之高臥哉？」於斯時也，張皇失據者，若有大禍之在旦夕，而不知其固無妨也。疑愈深，人心愈震，而後易位之策突起，以詫再造之功。揆其所繇，非正使然而孰使然乎？

人而與人爭名，名得而實已虧矣；大臣而與君爭名，名在己而害在國矣。況君子而與至不肖之人爭名，爭其所不待爭，而徒啓其爭，爲愈陋乎？一諫一去，又惡足以增益留正君子之名哉？故以正爲宗社計，非也；宗社尚未有危，危之者，正之倡衆以去國也。以正爲大倫計，尤非也；光宗之不孝，光宗自致之，正莫能救之，寧宗之不孝，背父以立，則正實使之然也。且使盈廷呼號奔散之後，光宗懼而就苫次以執喪，其於不孝之名，十不能減其一二，不孝之實，百不能救其毫末。正乃引以自居曰：「此吾帥衆以爭之力也。」則謂之曰「沽名」，亦非求全之毀矣。

奚以知大臣之能盡其道哉？不倚諫臣以興雷同之議，則體國之誠至矣。奚以知諫臣之能盡其職哉？不引羣臣士庶以興沸騰之口，則直道之行伸矣。若留正諸人者，任氣以趨名，氣盈而易竭；有權而不執，有幾而不審；進退無恆，而召物之輕；生死累懷，而不任其害。宜乎其爲庸主、悍后、奄人所目笑，而不恤其去留者也。

宋論卷十三

寧宗

一

趙忠定不行定策之賞，致韓侂胄、趙彥逾之怨，竄死湖、湘，國乃危亂。或謂金日磾不受擁立之封，丙吉不言護養之勞，此君子之高致，不宜以望小人，薄酬以厭二豎之欲，國庶以靖。嗚呼！是豈足以知忠定之心哉？忠定之言曰：「身爲貴戚之卿，侂胄爲椒房之戚，宜勞於國，不宜膺賞。」此其可以言言者也。乃若中心內蘊，有必不可以策功賞者，則不可以言言者也。

光宗雖云內禪，其實廢也。寧宗背其生父，正其不孝之罪；而急奪其位，且以扶立者爲有大勳勞而報之，天理民彝，其尚有毫髮之存焉者乎？寧宗以是感侂胄而重任之，加以不貲之榮寵。人知光宗之不孝，而不知寧宗之不孝，尤倍於光宗。忠定其忍以此自待，忍以此待其君乎？寧宗之立，忠定處於不得已之勢，無可曲全，而行非常之事。揆其所自，非事勢之必然，留正爲之耳。於斯時也，廷臣空國而逃，太學捲堂而譟，都人失志而驚。乃亦何嘗至此哉？光宗絕父子之恩，誠不足以爲人君，而以視唐玄武之戈，南宮之錮，猶爲末減。以害言之，唐且無宗祏之憂，而況於宋。方其時，外戚無呂、武之謀，支庶無七國、八王之釁；李氏雖逆，而無外援；楊舜卿、陳源雖姦，而無兵柄。徒以舉國張皇，遂若有不能終日之勢，迫忠定以計出於此，而忠定之心滋戚矣。

所冀者，寧宗而有人之心邪？婉順以事父母，而消其嫌隙；抱媿以臨臣民，而勤於補過；塗飾以蓋君父之愆，隆恩以報孝宗之德。則寧宗可無疚於天人，忠定亦自安其夙夜。此之不務，施施然佩扱己者以爲德，奬廢父者以爲功，若奪拱璧於盜賊之手，而勤其勳勞於旂常以告天下。則忠定之生，不如其竄死，宋室之安，不如其瀕危矣。何也？無君有君，而父子之倫必不可滅也。桀無道而湯代以興，猶曰慙德。父爲桀，子爲湯，爲之臣者，居剬正之功以徼榮利，是可無慙，則其違禽獸奚遠哉！褚淵、沈約之所不敢爲，而爲君子者忍之邪？夫忠定不欲以禽獸㊀自處，不敢以禽獸處君，且不忍以禽獸處同事之勞人，厚之至也。顧不能以此言告人者，一出諸口，而寧宗即無以自容也。故曰心滋戚矣。

然則忠定之爲相者，何也？曰：相非賞功之官也。忠定既決策造非常之舉，扶危救弊，唯其任而不可辭也。光宗無釋位之心，李后有驕橫之力，嗣主童昏，姦回充塞，弗獲已而引大任於躬，生死之不謀而又何多讓焉！舍忠定而他求，爲耆舊者則留正爾。時艱則逃之江上，事定則復立廷端，其不足以規正宮闈、讋服羣小也，久矣。正而可任也，亦何至倒行逆施以致有今日哉？其復起也，聊以備員而已矣。然則其朱子乎！忠定則已急引而晉之，與共圖宗祏矣。資序未及而進以漸，其常也，賢者之所可受也。拔之於儔伍，躋之於上位，唯英主之獨斷，非大臣之自我而專之，抑賢者所必不受也。升居館

㊀ 校記此句三「禽獸」都作「禽狄」。

閣，以俟嗣己而興，則亦唯己旣相，而後志可伸也。利有所不徼，害有所不恤，嫌有所不避，怨有所不辭，昭昭然揭日月而行之，何足以議忠定哉！

二

小人蠱君以害善類，所患無辭，而爲之名曰「朋黨」，則以鉗網天下而有餘。漢、唐以降，人亡邦瘁，皆此之繇也。而宋之季世，則尤有異焉，更名之曰「道學」。道學者，非惡聲也。揭以爲名，不足以爲罪。乃知其不類之甚，而又爲之名曰「僞學」。言僞者，非其本心也。其同類之相語以相詗者，固曰道學，不言僞也。以道學爲名而殺士，劉德秀、京鏜、何澹、胡紘等成之，韓侂胄尸之，而實不自此始也。高宗之世，已有請禁程氏學者。迨及孝宗，謝廓然以程氏與王安石並論，請禁以其說取士。自是而後，浸淫以及於侂胄，乃加以削奪竄殛之法。蓋數十年蘊隆必洩之毒，非德秀等突起而遽能然也。

夫人各有心，不相爲謀。諸君子無傷於物，而舉國之狂狺如此。波流所屆，乃至近世，江陵踵其戾氣，奄黨襲其炎威也，又如此。察其所以蠱惑天下而售其惡者，非彊辨有力者莫能也。則爲之倡者誰邪？揆厥所繇，而蘇軾兄弟之惡，惡於向魋久矣。

君子之學，其爲道也，律己雖嚴，不無利用安身之益；涖物雖正，自有和平溫厚之休。小人之傾妒，亦但求異於國事之從違，而無與於退居之誦說。亦何至標以爲名，惑君臣朝野而共相排擯哉？蓋君子之以正人心、端風尚，有所必不爲者。淫聲冶色之必遠也，苞苴賄賂之必拒也，劇飲狂歌之必絕也，詼諧調笑之必不屑也，六博投瓊、流連晝夜之必不容也，緇黃遊客、嬉談面諛之必不受也。凡此者，皆不肖者所耽，而求以自恣者也。徒以一廁士流，而名義相束，君子又從而飭之，苟踰其閑，則進不能獲令譽於當官，退抑不能以先生長者自居於士類。狂心思逞，不敢自遂，引領而望曰：誰能解我之桎梏，以兩得於顯名厚實之通軌哉？而軾兄弟乘此以興矣。

自其父洵以小有才而遊丹鉛之壘，弋韓愈之章程，卽曰吾韓愈也；竊孟子之枝葉，卽曰吾孟子也。軾兄弟益之以氾記之博，飾之以巧慧之才，浮游於六藝，沈湎於異端，倡爲之說曰：「率吾性，卽道也；任吾情，卽性也。」引秦觀、李廌無行之少年爲之羽翼，雜浮屠黃冠近似之巵言爲之談助；左妖童，右遊妓，猖狂於花月之下。而測大易之旨，掠論語之膚，以性命之影迹，治道之偏端，文其耽酒嗜色、佚遊宴樂之私。軒然曰：「此君子之直道而行者也。彼言法言、服法服、行法行者，皆僞也。」僞之名自此而生矣。於是苟簡卑陋之士，以爲是釋我之縛而遊於浩蕩之宇者。欲以之遂，而理卽以之得；利以之享，而名卽以之成；唯人之意欲，而出可爲賢臣，處可爲師儒，人皆仲尼，而世皆樂利。則褰裳以從，若將不及，一呼百集，羣起以(敵)〔攻〕㊀君子如仇讎，斥道學如盜賊，無所憚而不爲矣。

故謝廓然之倡之也，以程氏與安石並論，則其所推戴者可知矣。視伊川如安石者，軾也。廓然曰：「士當信道自守，以六經爲學，以孔、孟爲師。」夫軾亦竊六經而倚孔、孟爲藏身之窟。乃以進狹邪之狎客爲入室之英，逞北里之淫詞爲傳心之典；曰「此誠也，非是則僞也」。抑爲鉤距之深文，謔浪之飛語，搖闇君以逞其戈矛，流濫之極，數百年而不息。軾兄弟之惡，夫豈在共、驩下哉？姑不念其狐媚以

㊀ 據校記改。

誘天下後世之悅己者，乃至裁巾割肉，東坡巾，東坡肉。爭庖人縫人之長，辱人賤行之至此極乎！眉山之學不熄，君子之道不伸，禍訖於人倫，敗貽於家國，禁講說，毀書院，不旋踵而中國淪亡，人胥相食。嗚呼！誰與衞道而除邪慝，火其書以救僅存之人紀者？不然，亦將安所屆哉！

三

孝宗升祔，趙丞相議祧僖、宣二祖，毀其廟，朱子力爭以爲非。繇此觀之，朱子之講祭法也，不用漢儒之說，刻畫周制，禁後王之損益，多矣。

漢儒之言周制，周固未盡然也。說周制者曰：「天子七廟，太祖一也，文、武二世室，三也，自禰至高祖，四世而已。遞祔遞祧，高祖以上，則撤榱桷更新之。」抑考周公定禮之日，武王已升祔矣，上至太王，四世已訖。而云「上祀先公，自組紺以上至於公劉」。則與「壇墠無禱乃止、去墠爲鬼」之說，顯相背戾。故六經之文不言毀廟，周公之遺典，孔、孟之追述，未有異也。言毀廟者，漢儒始之。鄭玄、王肅互相競諍，或七或九，或云藏之祖廟，或云瘞之階閒。洵使其然，後王尚可損益；況其不然，何爲安忍哉？

古之有天下而事其先者，必推其所自出，立太祖之廟，非漫然也。古之天子，自諸侯而陟。其上世以元德顯功，旣啓土受封而有社稷之事矣。則或守侯服，或膺大位，屈伸之閒，其爲君一也。有天下而非驟享其榮，失天下而不終絕其食。則自太祖以後，世守其祀，綿延不絕，情以相引而升，理以相沿而格。而閒其中，斷其續㊀，則四世之祖上承太祖，(所)㊁亦邈闊而不相爲紹。亙塞陵躐，精氣不

㊀ 校記「閒其中，斷其續」作「閒於其中，斷其所續」。　㊁「所」字據校記刪。

聯，其所以事太祖者，亦蒼茫恍忽而不信之以心矣。若曰「繼世之君，雖承大位，而德不足以享無涯之位」，則子孫之事其先，唯所評隲，而生我之德，不足以當一獻之恩，固非人心之所忍自信也。況乎近者非無失德，遠者或有累仁，固未可芟夷先世之休光，置若行路矣。且其言曰：「壇墠有禱則祭，無禱則止。」禱而能庇佑及我者，必其精爽之在希微，固有存焉者也。精爽未亡，待有禱而後諂之，山川土木之神且將厭惡，而況一本相嗣，子孫之於先祖乎？

又其說曰：「誠之所至，祭乃可通。五世以上，生不相及，情不相慕，雖仁人孝子居崇高之位，度其精意不能昭格，無事以虛文爲致孝。」此抑非也。情文之互相生起也，久矣。情生文者文爲輕，文生情者文爲重。思慕篤而祭行焉，情生文者也；思慕易忘，而因昭格之頃，感其洞洞屬屬之心，以思成而不忍斁，文生情者也。故禘所自出之帝，祖其始封之君，思慕不逮，而洋洋如在者，百世如旦夕焉。祭之爲用大矣！而惡可以情所不逮，遂棄其文邪？且夫繼世之君，非必有聿追之忱矣。中材之主，知有禰而不知有祖；其在下愚，則方在殯而情已睽。其抑將並虞祔之祭，問其情之奚若而後行乎？天子之祀，靡所不通，名山大川百神之享，身未履其域，心未諳其實，遙聞以耳，因循以舊，柴、禜、沈、貍，未嘗廢也。奚徒其祖而以遠不相知澹忘若非有也？

三代以降，與子法立，親親之道，尙於尊賢，上以事其先祖，下以傳其子孫，仁至而義行焉，一也。自身以下，傳之子，傳之孫，傳之曾玄以放，神器攸歸，無所限止。徒於其祖，遠而斥之壇墠，橫於四世以上、太祖以下、爲之割絕。何其愛子孫者無已，而敬祖考者易窮？度及此，能勿慘怛於中乎？嗚呼！一代之興，傳至五世七世，祚運已將衰矣，百年內外，且有滅亡之憂。一旦天不佑而人不歸，宗廟鞠爲茂草，子孫夷乎輿皁，陌紙杯漿，無復有過陵園而洒涕者。乃此國步尙康之日，惜錙銖之牲帛，憚一日之駿奔，倡爲以義裁恩之說，登屋椽削，棄主土壤，不待仁人孝子而可爲寒心者矣！

漢儒之叢喙以爭，言祧言毁，奉一若信若疑之周制，割人心不忍背之恩，固君子所撫心推類而惡聞其說者也。漢高之祀，止於太上皇，或其先世之弗傳也；光武之親廟，止於四世，以其承漢之大宗也；抑叔孫通、曹褒保殘守陋，不卽人心，而以天下儉其親也。惡足以爲萬世法哉？四世以上，相承而紹統者，爲祖禰之所自出，則親無與尙矣；保世滋大，以君萬邦，則尊無與尙矣。親至而不可諼，尊至而不可詘，曾不得與井竈之神、貓虎之彪、歷百世而享一朝之報乎？稽之聖訓，未有明文，周道親親，其不然也必矣。

天子有禘，諸侯有祫，大夫士有饋食，庶人有薦，降殺因乎其分，而積累弗絕者，因乎其情。則後世無毁廟，而同堂異室，以儉而可久；順人情，合天理，聖人復起，當無以易也。朱子之欲復斯世於三代，言之詳矣。獨於祧廟之說，因時而立義，誠見其不忍祧也。則後之言禮者，又胡忍以喋喋辯言，導人主以薄恩邪？

四

韓侂胄立「僞學」之禁，以空善類，其必不兩立者，留、趙二相，其次則朱子也。蔡季通隱處論學，未嘗持清議以譏朝政，未嘗作詞章以斥權姦，其於侂胄遠矣。乃朱子雖罷，猶得優游林泉，爲學者師。

而季通獨嬰重罰，竄死遐方，且爲之罪名，「僞」不足以盡之，而斥之曰「妖」。夫眞與僞，難誣者心，而可倒者言也。眞者僞其所僞，僞者僞其所眞，相報以相誣，而名亦可立。今所講者日用彝倫之事，而題之曰「妖」，雖佞人之口給，其能無據而恣其狂詞哉？蓋季通亦有以取之，而朱子於此，亦不能無惑矣。

侂胄之深怨朱子者，以爭殯宮故也。當是時，侂胄勤勞方著，惡蹟未彰，卽欲防其姦而斥遠之，亦無可施其憲典。唯殯宮一議，足以傾動宮府，置諸不赦之罪。王孝先以加諸丁謂而俯首以死海濱者，此而已矣。今朱子之言曰：「不爲宗社血食久遠之計。」侂胄之奪魄寒心，與朱子不並立之勢成矣。朱子旣以此爲侂胄罪，而抑請廣詢術人以求吉地。其所欲詢者誰也？蔡神與以葬師爲世業，季通傳其家學，而參之理數以精其說，推崇邵氏，以與濂、雒相抗；是季通者，儒之淫於小道，而爲術人之領袖者也。殯宮之吉否，朱子未能知之，而季通自謂知之；朱子卽知，而亦以季通之術知之。然則其云術人者，蓋有季通之徒，挾術思售，而季通隱主其取舍也。禮曰：「假於時日卜筮以惑民者殺。」則挾指天畫地之說，以撓仁人孝子之心者，謂之曰「妖」，亦奚不可哉？此季通所以授小人以名，而使戕士類，誠有以致之。故早自知其不免於禍，誠哉其不可免也。

嗚呼！學君子之學，使小人得加以惡名而不能辭，修遯世無悶之德，而情移於吉凶，覆以與凶相觸而危其身。處亂世之末流，正學衰，邪說逞，流俗之好尚易以移人。苟欲立於無過之地，履坦道以守貞者，可褻其身心以殉游食者之言，而自罹於咎哉？

夫道之與術，其大辨嚴矣。道者，得失之衡也；術者，禍福之測也。理者，道之所守也；數者，術之所窺也。大易即數以窮理，而得失審；小術託理以起數，而禍福淫。審於得失者，喻義之君子；淫於禍福者，喻利之小人。故葬也者，藏也。仁人孝子不忍暴其親之形體而藏之也，知慎此而已矣。而喻利之小人，舍死者之安危，就生人之利害，則彝倫斁而天理滅矣。今有人焉，役其父母之手足，飾其父母之色笑，以取富貴，則鮮不以爲禽獸矣。身已死，骨已寒，乃欲持此以求當於茫茫之土而希福焉，則是利其死以徼非望之獲，爲君子者，何忍出於此邪？

且夫以禍福言，而其説之妄，亦易知矣。自古有天下而祚永者，莫周若也。諸侯世其國，大夫士世其祿，傳家之永者，亦莫周若也。考之於禮，有墓大夫以司國君之墓，有墓人以司卿大夫之墓。正始祖之兆域於上，而後世以昭穆序葬於東西，非有擇於形勢也。天子七月，諸侯五月，大夫三月，士踰月。春秋：「雨，不克葬，日昃而葬。」非有擇於時日也。而血食之長，子孫之庶，後世莫能及焉。豈徒後世之士，能以福澤被其尸而施及子孫乎？祈天永命者，德也；保世滋大者，業也。內政修，外侮禦，而宗社必安；君不漁色，后不妒忌，而子孫必衆。推以及乎士庶，厚以傳家，勤以修業，則福澤自遠。舍此不務，而以所生之骨骼，求大塊之榮施，仁者所不容，尤智者所不齒也。

小人之欲售其術也，必詭於道以惑君子。故爲葬師之言者，亦竊理與氣之迹似以藻帨之，而君子坐受其罔。乃亂道者，道之所必窮。故京房之諫邪佞，非不正也，而爲倖臣所困；郭璞之折篡逆，非不義也，而爲權姦所殺。妄言天者，天所不覆；妄言地者，地所不載；侮陰陽者，陰陽之災必及之。房與璞之窮，自窮之也。充其說以浸淫於後世，於是而有委之野而不葬，以羅水火之災者矣；於是有已葬復遷，割析之，焚烈之，以極乎慘毒者矣。導天下以梟獍之惡，而以獲罪於天、卒隕其世者，接踵相繼。夫君子方欲闢異端以閑先聖之道，柰之何尸瑣陋之術，曾不足以望異端之後塵者，公言於朝廷，姑試之君父也！以季通之好學深思也，於以望道也近矣。而其志亂，其學淫，卒以危其身於桎梏。爲君子者，不以一眚喪其大德，可弗愼哉！可弗愼哉！

五

言期於相勝而已邪？則言之非難也。是之勝非，直之勝曲，正之勝邪，操常勝之勢，揆之義而義存，建以爲名而名正，何患乎其不勝哉？故言之也，無所復屈。其或時不能用，覆以得禍，而言傳於天下，天下感之，言傳於後世，後世誦之，其殆貞勝者乎？貞勝則無患其不勝矣。雖然，勝者，勝彼者也。彼非而勝之，則勝者是矣；彼曲而勝之，則勝者直矣；彼邪而勝之，則勝者正矣。是勝者僅以勝彼也，非貞勝也。且夫立兩說而衡其得失，有定者也。就一事而計其初終，有恆者也。然而固無定而無恆也。特以庸主佞臣之所陷溺，而其爲失也，天下交起而憎惡之；已而又有不然者，天下又起而易其所憎惡。故一事之兩端，皆可執之以相勝。然則所以勝者之果爲定論乎？

定論者，勝此而不倚於彼者也。定論者，隨時處中而自求之道皆得也。斯則貞勝者也。故言者以此而扶天下之危而定其傾，皆確乎其有不拔之守；推而行之，皆有不匱之業；不僅以勝彼者取天下後世之感誦，而言皆物也，故曰「君子之言有物」也。物也者，實也。言吾之是，非以折彼之非；言吾之直，非以辨彼之曲；言吾之正，非以爭彼之邪。故曰「訏謨定命，遠猶辰告」。唯其有定，故隨時以告，而猶皆以致遠，斯以爲謨之訏者也。

宋自南渡以後，所爭者和與戰耳。當秦檜之世，言戰者以雪讐復宇爲大義，則以勝檜之邪也有餘。當韓侂胄之世，言和守者，以固本保邦爲本計，則以勝侂胄之邪也有餘。於是而爲君子者，不遺餘力而言之，以是而忤權姦，獲罪罟；而其理之居勝者，煌煌奕奕，莫有能掊之者矣。乃誠如其言，絀秦檜而授之以兵柄，其遂能雪讐復宇邪？抑否也？斥侂胄而授之以國政，其果能固本保邦邪？抑否也？奚以知其未之逮也？其言也，至於勝檜與侂胄而止，而旣勝之後，茫然未有勝之之實也。執檜之說，則可以勝侂胄矣，檜未嘗不以固本保邦求當於君也。執侂胄之說，則可以勝檜矣，侂胄未嘗不以雪讐復宇昌言於衆也。反檜而得侂胄，反侂胄而又得史彌遠。持之皆有故，號之皆有名，而按以其實，則皆義之所不許，名之所不稱。故檜死，和議不終，苟離之師，先侂胄而沮敗。侂胄誅，兵已罷，宋日以坐敝而訖於亡。無他，操議者但目擊當國者之非，遽欲思反。而退求諸己，所以扶危定傾之實政、足以勝彼而大服其心、使無伺我之無成以反相嗤笑者，一無有也。不世之功，豈空言相勝之可坐致乎？侂胄倡北伐之謀，而岳飛之恤典行，秦檜之惡謚定；彌遠修講好之說，而趙汝愚之孤忠顯，道學之嚴禁弛；是宜足以大快人心者，而人心益其危懼。徒相勝者，一洩而無餘，天下亦何恃此淸議哉？

嗚呼！宋自仁宗以後，相勝之習愈趨而下，因以相傾，皆言者之氣矜爲之也。始以君子而求勝乎小人，繼以小人而還傾君子，繼以君子之徒自起相勝，繼以小人之還自相勝而相傾。至於小人之遞起相傾，則竊名義以大相反戾，而宗社生民皆其所不恤。乃其所竊之名義，固卽前之君子所執以勝小人者也。

言何容易哉？言而不自省於心，爲己之所有餘，則是之與非，曲之與直，正之與邪，其相去也不遠。何也？義在外，則皆襲取以助氣之長者也。故君子知爲之難而言之必訒。豈懸一義以爲標準，使天下後世爭誦之，遂足以扶三綱、經百世、無所疚於天人乎？熟慮之於退思，進斷之於密勿，舍之而固有所藏，用之而實有所行。持至是之術，充至直之用，盡至正之經。有弗言也，言之斯可行之。經之緯之，斡之旋之，道備於己，功如其志。則姦邪之異己者不能攻，相傾者不能竊，斯以爲貞勝也矣。

六

唐之中葉，禍亂屢作，而武、宣之世，猶自振起，禦外侮，修內政，有可興之幾焉。宋則南渡以後，孝宗欲有爲而不克，嗣是日羸日苶，以抵於亡。非其主之狂惑如唐僖、懿比也，唯其當國大臣擅執魁柄者，以姦相傾而還以相嗣，秦檜、韓侂胄、史彌遠、賈似道躡迹以相剗，繇辨及膚，而未嘗有一思效於國者閒之也。然而抑有辨焉。春秋之法，原情定罪以爲差等，同一惡而罪殊，同一罪而法殊。欒書、荀偃不與公子歸生均服汙瀦之刑。齊之滅紀，晉之滅虞，不與衞燬滅邢等膺滅同姓之誅。知此，然後可以服小人之心，而元惡無所分咎。抑君子以馭小人，處置有方，足以弭其惡而或收其用。衡有定而權可移，權不可移，則衡弗能爲準也。夫然，則取史彌遠而等之三凶，未可也。且取韓、賈二豎而等之秦檜，抑未可也。

秦檜者，其機深，其力鷙，其情不可測，其願欲日進而無所訖止。故以俘虜之餘，而駕耆舊元臣之上，以一人之力，而折朝野衆論之公，唯所誅艾。藉其有子可授，而天假以年，江左之提封，非宋有也。此大憝元凶，不可以是非槩論者也。韓侂胄、賈似道狹邪之小人耳。託宮闈之寵，乘閒以竊權，心計所營，不出於納賄、漁色、驕蹇、嬉遊之中。上不知有國之瀕危，下不知有身之不保。其挑釁開邊、重斂虐民者，皆非其本志，獻諛之夫爲之從臾，以分徼幸之榮利，彼亦惛焉罔覺，姑且以之爲戲。則抑楊國忠、王黼之儔，而固不如檜之陰慘也。然以之而亡人之國有餘矣。

夫彌遠則固有不然者。其一，擅置君之柄，以私怨黜濟王竑而立理宗，非寧宗意也。然寧宗亦有以致之，而竑亦自有以取之也。仁宗之立英宗也，與韓魏公密謀之，韓公且不敢誦言其名，以須仁宗之獨斷。高宗之立孝宗也，以秦檜之挾權罔上，而不能與聞其事。寧宗則一任之彌遠，而己無所可否，虛懸儲位以聽彌遠之游移。彌遠懷變易之心，然且密屬余天錫、鄭清之以徐察其德性；非若王莽、梁冀貪立童昏，以爲竊國地，固欲遠己之害，而不忘措國之安。等爲支庶，而理宗之靜，固賢於竑之躁也。是可原也。其一，函侂胄之首以媚女直，損國威而弛邊防也。然誅止侂胄，而不及將領，密謀預備，固未忘北顧之憂。非若秦檜之陷殺人宗族，而盡解諸帥之兵，大壞軍政，粉飾治平，延及孝宗而終莫能振也。其一，進李知孝、梁成大於臺省以攻眞、魏。而二公之進，彌遠固推轂焉。及濟邸難行，二公執清議以置彌遠於無可自全之地，而激以反噬，禍福生死決於轉移之頃，自非內省不疚者，未有不決裂以逞，而非堅持一意與君子爲難，無故而空人之國者也。故彌遠者，自利之私與利國之情，交縈於衷，而利國者不如其自利，是以成乎其爲小人。平情以品騭之，其猶在呂夷簡、夏竦之閒。以主昏而得逞，故惡甚於呂、夏；乃以視彼三凶者，不猶愈乎？

君子之道，以人治人者也。如其人以治之，則誅賞之法允；如其人治之而受治，則駕馭之道得。不然，任一往之情，見天下無不可殺之小人，反激而成鼎沸之朝廷，此漢、唐以來亂亡之階也。而奚足尚哉？故使明主秉鑒於上，大臣持正以贊之，而酌罪以明刑，則唯秦檜者，當其履霜而早謹堅冰之戒。自虜來歸，巧行反閒，其膺上刑，不宜在宋齊愈之下。蓋其陰鷙之才，抑之而彼自伸，遠之而彼自近。嚴以制之，而不敵其懷蠆之毒；柔以化之，而適入其網阱之中；則非服上刑，莫之能戢。若侂胄、似道，則世固不乏其人矣。不(投)〔授〕㊀以權，則亦與姜特立、張說均爲佞幸，弗能爲天下戎首也。若彌遠，則檠之使正，導之使順，損其威福，錄其勤勞，邪心不侈，而尺效可收；固弗待於迸逐，而惡不及於宗祏。馭之之術，存乎其人而已矣。

秦檜擅，而趙鼎、張浚不能遏；侂胄專，而趙汝愚、留正不能勝；似道橫，而通國弗能詰；君子之窮也。當彌遠之世，君子未窮，而自趨於窮，亦可惜也夫！亦可惜也夫！

㊀ 據校記改。

宋論卷十四

理宗

一

濟王竑之死，眞、魏二公力訟其寃，責史彌遠之妄殺，匡理宗以全恩，以正彝倫，以扶風化，韙哉其言之也！弗得而訾之矣。雖然，言之善者，善以其時也，二公之言此也，不已晚乎？

潘壬誅，湖州平，濟王之於此也危甚。彌遠積恨而益之以懼，理宗隱憂而厚用其疑。夫誠欲全竑以敎厚道，固當乘其未卽殺竑之時，迪天良以詔理宗，明大義以告彌遠，擇善地、簡守令以護竑，而俾遠於姦人，則竑全而理宗免殘忍之愆。如其不聽，引身而退，無可如何而聊以自靖，君子之道，如斯而已。竑旣殺矣，復其王封，厚其祭葬，立嗣以世奉其祀，皆名也。塗飾之以掩前慝，非果能小補於彝倫也。而竑之受誣旣白，則彌遠擅殺宗親之罪不可逭。彌遠之罪不赦，則必追論其廢立之惡，以爲潘壬昭雪。追論廢立之非，則理宗不可無所受命，聽彌遠之扳己，而遂爲天下君。引其端者，必竟其緒，以此而望之庸主與不令之臣，其將能乎？

夫潘壬之起，其禍亦酷矣。使李全如壬之約，舉兵內嚮，則與何進之召董卓也奚殊？宋之宗社，不一旦而糜爛也，幾何哉？天下方岌岌焉，而我咎既往以起風波。言則善矣，抑將何以保其終也？夫以竑先之以避匿，繼之以入告而討壬，謂其無心爭立而終可無他者，非也。李嗣源爲亂兵劫以同反，嗣源跳出，會師以討反者，亦未嘗遽與同謀，不思自拔。而其後竟如之何也？竑之始，亦與壬有勿傷太后及官家之約矣。李全不至，閧然起者皆太湖漁人，知事不成，而後改圖入告，以勢爲從違，非以義爲逆順。竑可弗殺，而豈必其不可殺乎？

若夫廢立之故，寧宗汶汶而委之彌遠，當其時亦未有昌言爲竑定策者。且竑之不足以爲人子，即不足以爲人君，西山亦既知之矣。均之爲宗支也，以族屬言，則更有親焉者；以長幼言，則更有長焉者。知其不可，而更易之於未册立之前，非奪適亂宗，道法之不可易者也。均可繼，而擇之也唯其人。理宗無君人之才，而猶有君人之度。竑以庶支入嗣，拒西山之諫，而以口舌筆鋒睨彌遠而欲致之死，其爲躁人也奚辭？躁人而能不喪其匕鬯者，未之前聞。孝宗之鋭志恢復，爲皇子時，非無其志。秦檜乘權，而緘默以處；岳飛入見，交相信愛，抑視其死而不爭。乃至李林甫之姦，迫脅肅宗，憂生不保，形容槁悴，妃孕而欲墮之；然不敢斥林甫之姦，以恤投鼠之器。爲人子者，道固然也。梁昭明小有同異，而懷鬱以死；戾太子致恨江充，而身膺國刑。竑曾不察，而忿戾形於聲色，且以未受誓命之國儲，延眄宫車之晏駕，以逞志於君父之大臣，見廢固其宜也。潘壬，亂人耳。名曰義舉，何義哉？匹夫不逞，挾賊與戎，竑弗能遠，則其死也，較之子糾，尤爲自取。其視涪陵廢錮，背約幽冥，推刃同氣者，不愈逕庭乎？君子於此，姑置之可也。彌遠病國之姦，欲爲國而斥遠之也，不患無名。乃挾此爲名，伸竑以抑彌遠，則彌遠無所逃其死，理宗亦不可居人上。已論伸而國惡彰。將孔子爲司寇，掌國刑，亦必追季氏逐君之惡，俾定公不安其位，而後變魯以至道哉？言不可以無擇，情不可以不平。奉一義以赫赫炎炎，而致人於無可容之地，豈非君子之過與？

二

自史彌遠矯韓侂冑之姦，解道學之禁，褒崇儒先，而請謚、請贈、請封、請錄子孫、請授山長，有請必得，迄於蒙古渡江，旦夕垂亡之日而不輟，儒者之榮也。嗚呼！以此爲榮，而教衰行薄，使後世以儒爲羶，而儒爲天下賤，胥此啓之也。夫君子之道異於異端者，非徒以其言，以其行也。非徒以其行，以其心也。心異端之所欲，行異端之所尚，以表章儒者之言，而冀以動天下之利於爲儒，則欲天下之弗賤之也，不可得已。

古之治教統於一，君師皆天子之事也。天子建極以爲立教之本，而分授於司徒、師保、司成，皆設官以任教，非因其能教而寵之以官。人習於善，士習於學，學成而習於教，各盡其職分之所當爲，無假於寵，而抑豈人爵之所能寵哉？周衰教弛，而孔子不用於天下，乃以其道與學者修明之，不得已而行天子之事，以紹帝王之統。故上不待命於宗周，下不假權於魯、衞。其沒也，哀公以下大夫之禮誄之曰尼父而無謚，子思自列於士而無世官。非七十子之不能請，而哀公缺於尊賢也。君子之道，行則以治邦國，不行則以教子弟。以治邦國，則受天位而治天職；以教子弟，則盡人道以正人倫。其尤重者，莫大於義利之分。受天位者，利之所歸，而實義之所允，極乎崇高而非有所讓。盡人道者，義之所愼，而必利之所遠，世雖我貴，而必有所不居。崇廉恥，謹取舍，導天下以遠於榮利，俾人知雖在衡茅，而分天降下民寵綏以善之重任，斯孔子所以德逾堯、舜而允配乎天也。孔子沒，七十子之徒，學散而教淫，於是有異端者興，若田駢、惠施之流，道不足以勝天下之賢智，乃假借時君之推尚，以誘人之師己。故齊王欲以萬鍾養弟子，而孟子斥爲壟斷之賤夫，退而著書以開來學。其視世主之尊禮，如塵垢之在體，而浣濯之唯恐不夙。存義利之大閑，而後不辱君子之道，嚴哉！舜、蹠之分，其不容相涉久矣。

老子之學，流而爲神仙，其說妖，其術鄙，非得勢不行也。故文成、五利之於漢，寇謙之之於拓拔氏，趙歸眞、柳泌之於唐，王老志、林靈素之於宋，錫以師號，加以官爵，沒而祀之，而後天下之趨黃冠也如騖。浮屠之學，流入中國，其說纖，其術悖，非得勢不行也。故佛圖澄之於石虎，鳩摩羅什之於苻堅，寶誌之於梁，智顗之於隋，乃至禪學興而五宗世繼，擅名山之利者，必倚詔命，錫以金紫，寵以師號，沒而賜以塔廟，加以美諡，而後天下之趨緇流也如騖。柰之何爲君子儒者，一出登朝，急陳其所師者推爲教主，請於衰世之庸君姦相，徼一命以爲輝光，與緇黃爭美利，而得不謂之辱人賤行乎？

夫君子之道，弘傳奕世，非徒以迹美而名高也。使後起之君相，知之眞，行之力，學其所學，以飭正其身；行其所行，以治平其天下；則曠百世以相承，而君子之志得矣。如其不能，而徒尙以名，則雖同堂而處，百拜以求，登之於公輔，而視之無異於褐夫；祿之以萬鍾，而視之無殊於草芥。則身沒以後，片語之褒，一官之命，以莛叩鐘，漠乎其不相應也。爲之徒者，弗能推此志以尊其師。而營營汲汲，伏伺於輦轂，奔走於權門，迨其得之，乃以驕語於儕伍。身辱者，自取之也；辱其所師以辱道，不已甚乎！

夫爲此者之志，大可見矣。志之未壹也，業之未崇也，大義弗能服躬也，微言弗能得意也。委瑣因仍以相授受者，非浸淫於異教，則自比於蒙師。所恃以自旌於里塾，曰吾理學之正傳，推所淵源，而天子尊之矣，天下其何弗吾尙也？非是，則豐屋之下，三歲而不覿一人，其爲儒也亦鮮味矣。燿枯木之餘燄，續白日之光輝，故朱子沒而嗣其傳者無一人也，是可爲長太息者也！理宗之爲理也末矣。則朱門之儒爲山長者，愈不足道矣。宜其借光於史彌遠、賈似道之竈煬也。

三

會女直以滅契丹，會蒙古以滅女直，旋以自滅，若合符券。懸明鑑於眉睫而不能知，理宗君臣之愚不可瘳，通古今天下未有不笑之者也。雖然，設身以處之，理宗之應此也亦難矣。

會女直以滅契丹，非女直之爲之也。女直無藉援於宋之情，亦無遽思呑宋之志。童貫聽趙良嗣閒道以往約，而後啓不戢之戎心。使宋閉關以固守，則女直不能測宋之短長以思淩奪。且宋之於契丹也，無君父之讐，則援而存之以爲外蔽，亦一策也。不此之慮，而自挑之，其咎無可委也。會蒙古以滅女直，則宋未有往迎之心，而王檝自來，其勢殊矣。蒙古之蹂女直也，聞之則震，當之則靡，左馳右突，無不逞之願欲。其將渡河而殄絕之，豈待宋之夾攻而後可取必？然且閒道命使，求之於宋者，其志可知矣。女直已歸其股掌，而涎垂及宋，殆以是探其情實，使遲回於爲訢爲拒之兩途，而自呈其善敗。故曰宋之應此亦難矣。

藉不許其約而拒之與？則必有拒之之辭矣。有其辭，抑必有其踐之之實矣。拒之而不以其理，則辭先詘；如其辭之不詘，而無以踐之，則爲挑釁之媒，而固苶然不敢盡其辭。

將應之曰：「金，吾與國也，世與通好，盟不可寒。今窮而南依於我，固不忍乘其危而規以爲利。」如是以爲辭，而我詘矣。君父囚死於彼，宗祏傾覆於彼，陵寢發掘於彼，而以迫脅要盟之約爲信，抑將誰欺？明恃女直爲外護，以緩須臾之禍，而陽託不忍乘危以誇志義；怯懦之情不可揜，而使其謀我之志益堅，則辭先詘，而勢亦隨之以詘矣。惟其不可，故史嵩之亦無可如何，寧蹈童貫敗亡之軌而不容已於夾攻之約。昏庸之臣主，勢所不能自免也。

誠欲拒之而善其辭，必將應之曰：「金，吾世讐也，往者我有不令之臣，聽其詐誘，資之兵力以滅遼，謂舉燕、雲以歸我；遼命既劉，猝起敗盟，乘我不備而傾我宗祏，吾之不與共戴天久矣。徒以挫折之後，國本未固，姑許之和，以息吾民而用之。今者生聚於數十年之餘，正思悉率師武臣力以洒前恥，而天假於彼，驅之渡河，使送死於汴、蔡。今河北之地，彼且漸收之以入版圖，河南爲吾陵寢之土，我固將起而收之，俘守緒而獻之祖廟。定河北者，在彼有餘力而可不須我也；河南者，固在我運籌之中，而抑可不重煩於彼。吾視吾力以進，各以所得爲疆域；待之金孽盡殄，封畛相聯，然後遣使修好，講睦鄰之盛事。今方各有中原之事，未遑將幣，信使之來，欽挹嘉問，敬聞命矣。」如是以荅之，則我義既伸，彼姦亦摘。辭不詘矣，而實不足以踐之，狡焉思逞之猾虜，豈可以虛聲讋服者哉？志不定，膽不充，固吶焉不能出諸口也。

雖然，宋於此時，誠欲踐此言，抑豈無可恃之（甚）〔具〕㊀哉？童貫之夾攻契丹也，與劉延慶輩茸闒之將，率坐食之軍，小入則小敗，大入則大潰，殘遼且競起而笑之。禍已成，勢已傾，所仰望以支危亡者，又种師道之衰老無能者也。及理宗之世而勢屢變矣，岳、韓、劉、吳之威，挫於秦檜，而成閔、邵弘淵、王權、張子蓋習於選愞，故韓侂胄蹶起而旋仆。乃（至）〔自〕㊁侂胄之樂進武人而重獎之也，於是而有虔矯之才亦爲之磨厲。孟宗政、趙方、孟珙、余玠、彭大雅之流起，而兵猶足爲兵，將猶足爲將，戰猶有以戰，守猶有以守，勝猶非其徼幸，敗猶足以自持。左支右拒於淮、襄、楚、蜀之閒，不但以半制殘金，而且以抗衡蒙古。垂至於將亡之際，而西川之爭，旋陷旋復，襄、樊之守，愈困愈堅。呂文煥、劉整反面倒戈，而馳突無前，率先阿朮、伯顏以進。如使君非至闇，相匪甚姦，則盡東南之力，以撲滅分崩之女眞而收汴、雒，固其可奏之功。以視昔之聞聲而慄、望影而奔者，彊弱之相差亦遠矣。誠奉直詞以莟蒙古，奚患言之不踐，徒資敵笑乎？

君國者，理宗也；秉成者，史嵩之也；繼之者，賈似道也。通蒙古亦亡，拒蒙古亦亡，無往而不亡，則雖欲善爲辭以應之，而固無可應。不得已而姑許之，明懸一童貫、王黼之昭鑒，爲異日敗亡之符券，而有所不能避，固其必然矣。通而計之，酌時勢而度之，固有可不亡之道。而要非徒拒蒙古會師之約，可以空言爲宋救也。空言者，氣矜而不以實者也。

四

嘗論之曰：浮屠氏以生死爲大事。生死者，一屈一伸之數，天之化，人無得而與焉，知命者不立乎

㊀、㊁ 據校記改。

巖牆之下而可矣，惡足以當大事哉？君子之大事，在仕與隱。仕隱者，君子之生死也。方仕而隱，伸而必屈也，而唯己自屈，物不能屈焉。方隱而仕，伸其所屈也，而唯己自伸，物不能伸焉。有可以仕，有不可不仕；有可以隱，有不可不隱。持之以大貞而存其義，酌之以時宜而知其幾。生以之生，死以之死，生不虛而死不妄。不輕以身試天下，不輕以天下試其身。終身守之，俄頃決之，皆存乎一心。故曰仕隱者，君子之生死也。

君子之道，仕者其義也，隱者其常也，知仕則知隱矣。故君子之仕，其道非一，而要皆以可於心者爲可於道，則一也。天下待以定，民待以安，君待以正，道誠在己，時不可違，此其不可不仕者也。魯兩生之德，不足以勝之，而高自驕語，無謂也。其次，則天下已治安矣，出而無以大異於出也，而君以誠求，賢以彙升，治以贊襄而益盛，則義在必仕而時順之，雖可以隱弗隱也。周黨、嚴光、魏野、林逋之欲自逸者，非也。其次，則治與亂介，而國是未定；賢與姦雜，而流品未淸；君子急將伯之呼，小人深側目之妒，可弗仕也。而自牖之納可納，同聲之應不鮮，志誠貞而憂患誠不能以中輟，則出入於風波之中，而猶可不爲之葸退，固志士之自命者然也。其下，則君昏而不察，相姦而不容，懷悲憤以愍顚隮，忤權臣而爭邪正，於是斥之、罷之、竄之、逐之，乃至誣以罪罟，羅以朋黨，而伏尸於都市，此誠不可仕矣。而業已在位，無可避之鈇鉞，則逢、比之遺烈，未嘗不可追，而勿爲挾全軀保妻子之謀，以引身佚處。仕與死相因，死不可畏，仕亦不可爲之中沮矣。

嗚呼！小人之殺君子，君子弗避焉者，假以君之威靈，誣以國之刑典，旣分義之不可逃；而其死也，昭昭然揭日月以正告於天下，則奚必死之愈於生哉？凡小人之賊賢以亂國者，類出於此。唯理宗之世，史嵩之當國，其殺人獨異於是。忌之也愈甚，而讐之也愈隱。議論弗爭也，祿位弗奪也，醻酢如相忘也，宴笑如相好也，投酖於杯酒盂羹之中，倉卒以死，而片語不能自伸。天子莫能測其械，盈廷莫能訟其寃。若此者，猶與之共立於朝以相抵牾，是抱蝮以寢而采堇以茹也。則誠所謂巖牆者矣。焉有君子而隕其生於杯酒盂羹者乎？需遲顧眄，不勇退於崇朝，不亦惑乎？

不可死，則不可仕。不可仕而不謀隱，可不死而不貴生，死有輕於鴻毛，徐元杰、劉漢弼、杜範當之矣。乃於時環顧在廷，無有引身而去者，則當時之人才亦大可見矣，尚望其能扶人之社稷之亡而致之存哉？嗚呼！不可仕而猶可隱，以覘進不可仕、退不可隱者，又奚若邪？嵩之殺士之日，去宋之亡猶三十餘年，則知命貴生以不自辱，固有餘地以置此身。若嵩之者，不與爭權而毒亦釋矣。過此而愈難矣。謝皋羽、龔聖予、鄭憶翁、汪水雲諸子者，仕旣無君，隱亦無土，欲求一曲之水，一卷之山，散髮行吟，與中原遺黎較晴雨，采橡梠而不可得，然後君子之道果窮。如之何可隱不隱，而以死殉饕紱也哉！

五

不仁者不可與言，不可與言而言，失言。不仁之尤，冒不孝之惡，爲淸議所攻，猶多其口說以相拒，惡至斯而極矣。如是，而可執名義以與之爭得失哉？尸大臣之位，徼起復之命，以招言者之攻擊，自史嵩之始，而李賢、張居正、楊嗣昌仍之。徐元杰抗論以強抑之而死於毒，至不仁者爲蛇蠍以螫人，無足怪也。然則羅彝正、鄒爾瞻、黃幼元之昌言名義，娓娓而不窮，不已贅乎！夫子之斥宰予也，曰：「女安，則爲之。」弗與爭也。但言安，而其天良之剿絕，不可復容於覆載。君子一字而烈於鈇鉞，自此以外，無足與不仁者辨矣。

先王之使人子終喪而後從政，豈以禁制之哉？以仁人孝子之道相期，深愍而慰安之，意良厚也。以爲子之所致於親者已窮矣，但此三年之內，可薄效其哭踊奠送之忱，創鉅痛深，有毀瘠滅性之憂，不忍復以國事相勞而重困之也。是上之所以待之者，方舉而登之君子之堂；而顧自滅裂之以陷於禽獸㊀之阱，則惻隱之心亡，而羞惡之心亦絕矣。夫至於羞惡之心絕，則莠言自口，誰捫其舌，而立身揚名、移孝作忠之說，皆唯其口給以與人相齧蹄，復何所忌，而尚可與之正言乎？

且夫庸主之徇其邪心，而必欲逆衆論以起復之也，豈果謂此一人者不可旦夕不立於廷哉？藉其觸嚴寒、犯炎暑、五日不汗以死，而社稷遂無所託邪？蓋不仁者之得此於庸主，亦非易易也。或側媚宮闈以傾主志，或結交宦寺以窺主心，或援引邪朋以稱其才，或簧鼓吏民以頌其功。當父母尚存之日，早億其且死，而爲不可去之情形，脅上以禍福，留未了之殘局，待己以始終。汶汶者遂入其囮而堅信之，曰：是誠不可使旦夕去我者也。夫然，則其爲此也亦勞矣。而起復在位之日，靦顏以居百僚之上，氣必有所沮，事必有所掣，終不能昂首伸眉，若前此之得志而驕。

夫終喪之日短，而仕進之日長，亦何吝此三年之姑退，以需異日之復興。然而決忍於禽獸之爲，亦有繇已。持大權，居大位，與聞國之大計，而進退綽然，可因時以任己志者，唯君子能也。否則居心以

㊀ 校記「獸」作「狄」。

坦，制行以恪，無險陂刻覈之政，可寡過以免於彈射者也，且進之而夕可退矣，夕退之而旦又可進矣。任事數十年，而決去一朝，可矣；投閒已久，而復起一朝，可矣。若夫不仁者，褊妒以妨賢，其積怨者深也；飾姦以罔上，其匿情者多也；擅權以遠衆，其欲相代以興者夥也。所恃以箝盈廷之口、揜不軌之情者，唯魁柄在握，日得與宮廷相接納，而欲指摘之者不得其要領耳。非無同惡之淫朋，而兩姦相暱者，必隱而相傾。則一離乎其位，大則禍亟隨之，小亦不能以更進。故史嵩之一退，而徐元杰果大反其所爲。不得已而以酖毒殺正士，以自全也。不然，嵩之誤國之辜，其不爲丁謂、章惇之竄死也幾何哉？

知小人之情出於此，則知其滅絕天彝之繇，實爲國家之大蠹。直揭其所以求容之隱，勿但以求君子者責之於仁孝，姦無所容，而惡亦戢矣。賓賓然取仁人孝子孺慕之哀，天經地義人禽同異之理，與之相折，使得逞違心之邪說，蒙面以相詰，復惡從而禁之？斬虵者，不責其大之吞小也，防其毒也；毆梟者，不責其子之食母也，惡其妖也。爲毒爲妖，足以當一死矣。是故諸君子之以仁孝攻史、李、張、楊也，褻道而失言，不如其已之也。

六

刑具之有木棓、竹根、箍頭、拶指、絞踝、立枷、匣牀諸酷具，被之者求死不得，自唐武氏後，無用此以毒民者。宋之末年，有司始復用之。流及於今，法司郡邑下至丞尉，皆以逞其暴怒，而血肉橫飛，不但北寺緹帥爲然也。嗚呼！宋以此故，腥聞於上天，亟剿其命，不得已授赤子於異（姓）〔類〕㊀，而冀使

㊀ 據校記改。

息虐，亦慘矣哉！宋之先世以寬仁立國，故其得天下也不正，而保世滋大，受天之祜，不期後之酷烈至此也！揆其所繇，自光宗以後，君皆昏孱，委國於權姦；吏以賄升，恣行其汙暴。雖理宗製「疾痛猶己」之刑箴，降「延及無辜」之禁令，而不爲之式遏。祖宗矜恤之至意，炳於日星，數小人殄滅之而有餘。小人之害亦烈矣！

雖然，端本清源，以究其害之所自興，則不但自小人始也。大臣之不法，小臣之不廉，若唐之有韋保衡、路巖，宋先世之有蔡京、秦檜，惡豈減於史、賈哉？而有司不爲之加暴。故知淫刑之害，不但自小人始也。

異端之言治，與王者之道相背戾者，黃、老也，申、韓也。黃、老之弊，掊禮樂，擊刑政，解紐決防，以與天下相委隨，使其民宕佚而不得遊於仁義之圃。然而師之爲政者，唯漢文、景，而天下亦以小康。其尤弊者，晉人反曹魏之苛核，蕩盡廉隅，以召永嘉之禍。乃王導、謝安不懲其弊而仍之以寬，卒以定江左二百餘年五姓之祚，雖有苻堅、拓拔宏之彊，莫之能毀。蓋亦庶幾有勝殘去殺之風焉。

若申、韓，則其賊仁義也烈矣。師之者，嬴政也，曹操也，武曌也，楊堅也，其亡也忽焉。畫一天下而齊之以威，民不畏死，以死威之，而民之不畏也益滋。則惟慘毒生心，樂人之痛徹心脾，而自矜其能也。以君子愼修畏咎之道責小人，小人固不能喩；以小人愚惰頑惡之禁禁君子，君子亦所不防。以閨房醉飽之愆，督人於名義，而終陷於汙；以博弈嬉遊之失，束人於昏夜，而重困其情。於是薄懲之而不知戒也，則怒激於心，忿然曰：「此驕悍之民，恃其罪之不至於死，而必不我從；則必使之慘徹肌膚，求死不得，而後吾法可行焉。」」其爲說亦近似乎治人之術也。而宋之爲君子者，以其律己之嚴，責愚賤之不若，隱中其邪。顧且曰：「先王之勑法明刑，以正風俗、起教化者，必是而後不與黃、老之解散綱維者等。」於是有狡悍不輸情實之姦民，屢懲不知悛改之罷民，觸其憤懣，而以酷吏虐民之刑具施之；痛苦亦其所宜也，瘐死亦其自取也，乃更渙然釋其悁疾之心，曰：「吾有以矯惡俗而(沮)〔正〕㊀之矣。」

夫惟爲君子者，不以刑爲不得已之事而利用之，則虐風乘之以扇，而酷吏益以此市威福而導天下以樂禍之情。懦民見豪民之罹此，則快矣；愚民見黠民之罹此，則快矣；貧民見富民之罹此，則快矣；無藉之民，見自矜之民罹此，則抑快矣。民愚而相胥以快也，乃反栩栩然自慰曰：「吾之所爲，大快人心也。」嗚呼！人與人爲倫，而幸彼之裂肌肉、折筋骨以爲快，導天下以趨於殘忍，快之快之，而快人者行將自及，抑且有所當悲閔而快焉者，浸淫及於父子兄弟〔之〕㊁不知。爲政者，期於紓一時愚賤之忿疾而使之快，其率天下以賊仁也，不已甚乎！毒具已陳，亂法不禁，則且使貪墨者用之以責苞苴，懷毒者用之以報睚眦；則且使飲食之人用之以責廚傳，淫酗之夫用之以逞酒狂。避道不遑，而尸陳於市廛；雞犬不收，而血流於婦稚。爲君子者，雖欲挽之而莫能，孰知其自己先之哉？

帝王之不得已而用刑也，惡之大者，罪極於死，不使之求死而不得也。其次，流之也有地，釋之也有時。其次，杖之笞之也有數，荊竹之長短大小也有度。所以養君子之怒，使有所止而不過，意甚深也。無所止，而怒雖以理，抑且以覆蔽其惻隱之心，而傷天地之和。審是，則黃、老之不尙刑者，愈於申、韓

㊀ 據校記改。　㊁「之」字據校記增。

遠矣。夫君子之惡惡已甚，而啓淫刑之具，豈自以爲申、韓哉？而一怒之不止，或且爲申、韓之所不爲。故甚爲宋之君子惜，而尤爲宋以後之愚民悲也。虔劉已亟，更投命於異類，有王者起，其尙念之哉！㊀

七

世降道衰，有士氣之說焉。誰爲倡之？相率以趨而不知戒。於天下無裨也，於風俗無善也，反激以啓禍於士，或死或辱，而辱且甚於死。故以士氣鳴者，士之荑稗也，嘉穀以荒矣。夫士，有志、有行、有守，修此三者，而士道立焉。以志帥氣，則氣正；以氣動志，則志驕；以行舒氣，則氣達；以氣鼓行，則行躁；以守植氣，則氣剛；以氣爲守，則守窒。養氣者，不守其約，而亟以加物，是助長也。激天下之禍，導風俗之澆，而還以自罹於死辱；斯其爲氣也，習氣而已矣。

且夫氣者，人各有之，具於當體之中，以聽心之所使，而不相爲貸。不相爲貸者，己之氣，不以人之動之而增；人之氣，亦非己氣之溢出以相鼓動而可伸者也。所謂士氣者，合衆人之氣以爲氣。嗚呼！豈有合衆氣以爲氣而得其理者哉？今使合老少、羸壯、饑飽、勞佚之數十百人，以鬨然與人相搏，其不爲敵所撓敗者鮮矣。故氣者，用獨者也。使士也以天下爲志，以道義爲行，以輕生死、忘貧賤爲守；於以憂君父之危，傷彝倫之斁，恤生民之苦，憤忠賢之黜，而上犯其君、下觸權姦之大臣以求直；則一與一相當，捐頂踵以爭得失，雖起草茅（於）〔干〕㊁九閽，越其畔矣，而氣固盈也。乃憂其獨之不足以勝，貸於衆以襲義而矜其（君）〔羣〕㊂，是先餒也。於己不足，而資鬨然之氣以興，夫豈有九死不回之義

㊀「愚民悲也」以下十九字，刻本闕，據校記補。　㊁、㊂據校記改。

哉？以爲名高，以爲勢盛，惟名與勢，初無定在，而彊有力者得乘權以居勝地。於是死與辱及其身，而益彼之惡，以爲天下害，斯豈足爲士氣之浩然者乎？

宋之多有此也，不審者以爲士氣之昌也，不知其氣之已枵也。當李伯紀之見廢，而學宮之士閧然一起矣；逮史嵩之之復起，閧然再起矣；徐元杰、劉漢弼以毒死，而蔡德潤等閧然三起矣；丁大全之逐董槐，而陳宜中等閧然四起矣。凡其所言，皆憂國疾讒、飭彝倫、正風化者也。理以御氣，而氣固可伸；乃以理御氣，而氣配理，亦從乎人之獨心而已。己正而邪者屈，己直而枉者伏。乃凡此羣競而起者，揣其志，果皆憂國如家，足以勝諸姦之誣上行私者乎？稽其行，果皆孝於而親，信於而友，足以勝諸姦之汙辱風化者乎？度其守，果皆可貧可賤，可窮可死，而一介必嚴，足以勝諸姦之貪叨無厭者乎？倡之者，或庶幾焉。而聞風而起，見影而馳，如騖如奔，逐行隨隊者之不可保，十且八九也。諸姦且目笑而視之，如飛鳥之集林；庸主亦厭聽之，如羣蛙之喧夜。則弋獲國士之名，自詡清流之黨，浸令任之，固不足以拯阽危之禍，國家亦何賴有此士哉？政之不綱也，君之不德也，姦之不戢而禍至之無日也，無能拯救。而徒大聲以號之，怨詛下逮於編氓，穢迹彰聞於彊敵，羣情搖動，而墮其親上死長之情。則國勢之衰，風俗之薄，實自此貽之矣。輯輯翩翩，游談之習勝，物極必反，裁必逮身。迨至蒙古入杭，羣毆北徙，瘃足墮指，啼饑僦食於原野；曾無一人焉，捐此螻蛄之生，就孔子之堂，擇乾淨士以爲死所。則鄉之浮氣坌興，山搖川決者，今安往邪？

先王之造士也，賓之於飲，序之於射，節之以禮，和之以樂。其尊之也，乞之而後言；其觀之也，旅而後語。分之於黨塾、州序，以靜其志；升之於司馬，而卽試以功。其以立國體也，卽以敦士行也。馴其氣而使安也，卽以專其氣而使昌也。使之求諸己而無待於物也，卽以公諸天下而允協於衆也。故雖有亂世暴君、姦人逆黨，而不能加以非道之刑戮。戰國之士氣張，而來嬴政之坑；東漢之士氣競，而致奄人之害；南宋之士氣躑，而召蒙古之辱。誠以先王之育士者待士，士亦誠以先王之育士者自育，豈至此哉？詩云：「鳶飛戾天，魚躍于淵。」各安於其所，而作人之化成。魚亂於下，鳥亂於上，則網罟興焉。氣機之發，無中止之勢，何輕言氣哉！

八

恃險，亡道也；棄險，尤必亡之道也。恃險而亡，非險使之亡也。任非其人，行非其政，民怨而非其民，兵窳而非其兵，積金粟而糜之，非其金粟，險無與守，均於無險，恃險之亡，亦棄險亡之也。易曰：「王公設險以守其國。」是故守國者，不可以不知險。知險者，明乎險與非險之數，非一山之峗嵲，一水之波濤，足以爲險也。有可據之險，而居高積厚，以下應乎廣衍之神皋，如手足處末而衞其頭目，夫是之謂眞險。善攻者期於爭此，善守者亦守此而已矣。

江東自孫氏以來，東晉、南宋因之以立國者皆百餘年。長淮、大江爲其障蔽，「天塹」之號，繇此而興。而以實求之，險固不在是也。曹魏臨濡須而退，石勒至壽春而返，苻堅渡淝水而奔，拓拔飲江水而止，周世宗破滁陽而罷，完顏亮窺采石而潰，則旣已全有長淮而分江之險。乃至兀朮直搗建康，立馬金山，東陷四明，南馳豫章，終以寢不安席，遽求北走。蓋一葦之可杭，無重關之足扼，江東之險，不在此悠悠之帶水明矣。

險不在此，則其立國而不可拔者，固有在也。昭烈有漢中，而曹仁乃卻；劉弘鎮襄、漢，而琅邪乃興；桓温縛李勢，而氐、羌不敢內犯；張浚督荆、襄，二吳爭秦、鞏，而女直息其南窺。其亡也：秦滅巴蜀，而捍關破，鄢郢舉，走楚於吳，而楚以熸；魏滅蜀漢，迫西陵，王濬因以興師東指，而孫氏以亡；宇文氏滅蕭紀，下蕭巋，而隋人南渡之師長驅無忌；宋俘孟昶，下高季興，而南唐之滅易於摧枯。以是驗之，江東之險在楚，楚之險在江與漢之上流。恃大江者非所恃，棄上流者棄其所依。得失之樞，未有爽焉者也。

蓋吳、越，委也；江、漢之上流，源也。以攻者言，從源而輸於委，順也；不得其源而求諸委，逆也。應援之相踵，芻糧之相濟，甲仗車牛之相輔，順以及之，而軍無中匱之憂。順而下攻，易也；逆而上退，難也。知進之易於攻，而退之難於卻，則人有致死之心。此橫江而渡者之無成功，而憑高以下者之得勝算也。以守者言，擊其頭而手足應，制其手足而頭不能援。江與漢之上流，芻糧之所給也，材勇之所生也。故吳、越雖已糜爛，而巴、蜀、湘、粤，可阻險以爭衡；上游已就沈淪，則吳、會、越、閩，先魂奪而坐斃。蘇峻據石頭，而陶侃、温嶠率江、湘之義旅，拚取之如籠鳥；侯景陷臺城，而王僧辯、陳霸先以脆弱之粤人，綢舉之如游鯈。險在千里之外，而機應於桴鼓之捷，古今轍迹，無有不同焉者。

然則宋當理宗之世，豈其必亡哉？棄險以自亡，而賈似道之罪，不可勝誅。非但其納款（拖雷）〔忽必烈〕㊀而背之以召寇也。以賄賂望閫帥，以柔媚掌兵權，以伉直爲仇讐，以愛憎爲刑賞；於是余玠死而川蜀之危不支，劉整叛而川蜀之亡以必，呂文煥之援絶而陽邏之渡不可復遏。迨及臨安已破，江南瓦解，揚州之守猶巋然而存。江、淮之塹，不足以固江東，勢所不趨，非存亡之紐明矣。故知險者，知天下之大險也，非一山一水在眉睫之閒，見爲可恃，以使人驕玩者也。以南爲守，而失漢中、巴、蜀，以孤江、湘；以北爲守，而失朔方、雲中，以危河朔。北倚南之資糧，而徐、泗無銜尾之運；南恃北之捍蔽，而相、魏無屯練之兵；雖英主不能以撫中夏，況中材而際運會之屯者乎？故險者，非可恃也，尤非可棄也；此千秋之永鑒也。

㊀ 劉毓崧校勘記：宋理宗開慶景定之間，忽必烈督兵攻鄂，時其父拖雷之歿已久。「拖雷」當作「忽必烈」。

宋論卷十五

度宗

一

宋迨理宗之末造，其亡必矣。然使嗣立之主，憤恥自彊，固結衆志，即如劉繼元之乘城堅守，屢攻而不下，猶有待也。抑不能然，跳身而出，收潰散之卒，勉以忠義，如苻登之誓死以搏姚萇，身雖死，國雖亡，猶足爲中原存生人之氣。而偸一日之安富，懷擁立之私恩，委國以授之權姦，至於降席稽顙，恬不知怍，而後趙氏之宗祊瓦解灰飛，莫之能挽。嗚呼！迹其爲君，蓋周赧、晉惠之流，得死牖閒，猶爲幸矣。

晉惠之立也，議者猶咎武帝之託非其人。以分則適，以年則長，嗣國之常經在焉，苟非通識，莫能易也。而度宗異是。理宗無子，謀立之於吳潛，潛曰：「臣無彌遠之才，忠王無陛下之福。」夫豈言之無擇而鹵𪄾若斯哉？度宗之不任爲君而足以亡宋者，臣民具知之矣。出自庶支，名位未正，非有不可廢者存也。選於太祖之裔孫，豈無愈者，而必此是與；則理宗晚多內寵，宦寺內熒，姦臣外擁，度宗以柔選無骨，貌似仁孝，胥小以此惑上，幸其得立，而居門生天子之功也。故吳潛以爲不可者，正似道之所深可。一立乎位，而屈膝無慚，江萬里莫能掖止，果以遂小人之願欲，其所以得立者可知已。河山虛擲，廟社邱墟，豈似道之所置諸懷抱者乎？則甚矣理宗之愚以召亡也。

夫選賢以建元良，謀之大臣，以致慎也。而決之於獨斷者，大臣不敢尸焉。故與聞定策以相翼戴，雖優以恩禮，而必不可懷之以爲私恩。非是，則權柄下移，而禍必中於家國。故昭子不賞豎牛，而叔孫氏以安。漢文之於周勃，漢宣之於霍光，雖曰寡恩，亦宰制綱維之大義，不可徇矣。天子者，極乎尊而無上者也。有提之擕之以致之上者，則德可市，功可居，而更臨其上。故小人樂以其身任廢立之大權，而貪立非才，以唯己之志欲。亂之所繇生，莫可救藥，必然之券也。

且夫拔起而登天位，遺大投艱於眇躬，亦甚難矣。況在彊寇壓境之日，其難尤倍。錦衣玉食處堂之嬉，亦奚足爲惠而懷之？即令膺祚以及子孫，抑亦宗廟之靈，先君之義，天下臣民之所推戴，豈賚我〔以〕㊀立者之可鬻販以爲厚德哉？自寧宗委廢立於彌遠，而理宗感之以爲恩；彌遠以享厚利，姦人垂涎而思效之，無足怪者。吳潛曰「臣無彌遠之才」。非無其才也，無其市天位以擅大權之姦謀也。夫彌遠避禍之情，深於邀福。雖懷私以廢濟王，猶知密訪理宗之器識以冀得人。故理宗雖闇，早歲之設施，猶有可觀者。其隙既開，其流愈下，似道乃利建此行尸坐肉之童昏，匍伏以聽己；於是而一絲九鼎之殘疆，唯其所棄擲，而莫敢誰何。要其禍之所自生，則寧宗始之，理宗成之，非旦夕之（效）〔故〕㊁也。夫以韓魏公之公忠，而兩朝定策，引退不遑，豈可望之史、賈之流者乎？孝宗嗣而斐寅亮、張燾之賞不

㊀「以」字據校記增。　㊁據校記改。

行。小人懷惠，而天下隨傾，亦烈矣！㊀故王珪之言曰：「陛下有富貴傳子孫，皆先帝之恩。」君子甚惡其言。以有天下享崇高之奉，而感之以爲恩，此鄉里小生得一舉而感舉主者，尊之爲師，戴之如父，寒乞之情也。然而不亡者，未之有也。

恭宗　端宗　祥興帝

一

文信國之言曰：「父母病，知不可起，無不下藥之理。」悲哉！身履其時，爲其事，同其無成，而後知其言之切也。今夫父母之病，當其未篤，則无妄之藥，不敢輕試；無所補而或有所傷，寧勿藥也。故春秋傳曰：「於許世子止，見孝子之至。」言孝子之情，不敢不愼也。迨及革矣，望其愈而終不可愈，冀其生而不可得生。於斯時也，苟有以療之者，不以藥之珍而患貧也，不以炮製之難而憚勞也，不以迂而罔濟而忽之也，不以緩而弗及而輟之也，不以前之屢試無功而中沮也，不以後之追悔太過而懷疑也。其求之也，瞿瞿乎其若貪也；其營之也，惘惘乎其若愚也。夫豈不知有命自天之不可強哉？欲已之，而心不我許，抑竭力殫心以爲其所能爲而已矣。然而或爲之謀者，謳雞刲豕，以媚山獵妖狐之神而乞命，則孝子弗爲。其弗爲也，非有所吝也，不敢以辱吾親，不忍以辱吾親也。

㊀劉毓崧校勘記云：上下文皆言賈似道誇張定策之功，所謂小人卽指似道。蓋以孝宗比例度宗，而以婁寅亮、張燾針對似道。繹其詞意，「不行」之下，「小人」之上，當有數句轉折，傳寫者脫去耳。

夫忠臣於君國之危亡，致命以與天爭興廢，亦如是焉而已。當德祐時，蒙古兵壓臨安，亡在旦夕，求所以存宋者終無術矣。誠不忍國亡而無能爲救，則嬰城死守，君臣畢命以殉社稷，可也。奉君出走，收餘燼以借一，不勝，則委骨於原隰，可也。死不我値，求先君之遺裔，聯草澤之英雄，有一日之生，盡一日之瘁，則信國他日者亦屢用之矣。乃倉卒之下，聽女主乞活之謀，銜稱臣納貢之命，徼封豕長蛇之恩，以爲屬國於江介。愛君而非所以愛，存國而固不可存，信國之忠，洵忠而過矣。

曾元請及旦以易簀，而曾子斥之曰：「細人之愛人也以姑息。」姑息云者，姑貸須臾之安，以求活鮒於霑濡，婦寺之忠孝也。以堂堂十五葉中國之天子，匍伏丐尺土於他族㊀，生不如死，存不如亡，久矣。信國自處以君子，而以細人之道愛其君乎？且夫爲降附稱臣之說，其愚甚矣。卽令蒙古之許之與！蕭巋臣於宇文，以保一州，而旋以滅亡；錢俶臣於宋，以免征伐，而終於納土。朝菌之晦朔，奚有於國祚之短長？況乎徐鉉之辨言，徒供姍笑；徽、欽之歸命，祇取俘囚。已入虎吻，而猶覗其勿吞，詞愈哀，志愈辱，其亡愈可傷矣！信國之爲此也，搖惑於婦人之柔靡，震動於通國之狂迷，欲以曲遂其成仁取義之心，而擇之不精，執之不固，故曰忠而過也。

或曰：句踐之請命於吳也，自請爲臣，妻請爲妾，而卒以沼吳。信國之志，其在斯乎！而奚爲不可？

曰：巽以行權者，惟其理也；屈而能伸者，惟其勢也。吳之與越，以爵土言，皆諸侯也；以五服言，皆

㊀ 校記「他族」作「犬羊」。

蠻夷也；以先世言，一爲泰伯之裔，一爲大禹之胄也。春秋之世，友邦相伐，力不敵而請降者多矣。受其降者，不得而臣之，已而復與於會盟，仍友邦也。上有守府之天子，其以彊大相役屬，同是冠帶之倫，而義可以相服者也。故句踐卽不沼吳，而終不爲吳之臣妾。宋之於蒙古，豈其比哉？㊀宋之亡，亡於屈而已。澶淵一屈矣，東京再屈矣，秦檜請和而三屈矣。至於此，而屈至於無可屈。以哀鳴望瓦全，弗救於亡，而徒爲萬世羞。時異而勢異，勢異而理亦異。句踐之所爲，非宋所得假以揜其恥也。故楊后之命可以不受，而後信國之忠，純白而無疵。擇義以行仁，去其姑息者而得矣。

二

漢、唐之亡，皆自亡也。宋亡，則舉黃帝、堯、舜以來道法相傳㊁之天下而亡之也。是豈徒徽、欽以降之多敗德，蔡、秦、賈、史之挾姦私，遂至於斯哉？其所繇來者漸矣。

古之言治者，曰「覲文匿武」。匿云者，非其銷之之謂也，藏之也固，用之也密，不待覲而自成其用之謂也。故書曰：「迪惟有夏，乃有室大競。」競之不大，棟折榱崩，欲支之也難矣！其競之也，非必若漢武、隋煬窮兵遠塞而以自疲也。一室之棟，一二而已，欂、櫨、榱、桷，相倚以安，而不任競之力。故用之專者，物莫能勝；守之壹者，寇莫能侵。率萬人以相搏，而其相敵也，一與一相當，而羣無所用。自遼海以西，迄於夏、朔；自賀蘭以南，垂於洮、岷；其外之逐水草、工騎射、好戰樂殺、以睥睨中士者，地猶是

㊀ 校記「宋之於蒙古，豈其比哉？」作「區區沙漠之豺豕，得勢以驕，而汗顏稽顙之餘，尚可以君一國哉？」

㊁ 校記「道法相傳」下有「人禽紀別」四字。

地，人猶是族，自古迄今，豈有異哉？

三代之治，千有餘歲，天子不以爲憂，其制之之道，無所考矣。自春秋以及戰國，中國自相爭戰，而燕、趙獨以二國之力，控制北陲。秦人外應關東，而以餘力獨捍西圉，東不貸力於齊，南不藉援於韓、魏。江、淮以南，則尤耳不聞朔漠之有〔天〕驕〔虜〕㊀也。及秦滅燕、代，併六合，率天下之力以防胡，而匈奴始大。漢竭力以禦之，而終莫之能抑。至於靈、獻之世，中國復分，而劉虞、公孫瓚、袁紹，不聞有北塞之憂。曹操起而撫之，鮮卑、匈奴皆內徙焉。蜀、吳不相聞也。晉兼三國，而五胡競起。垂及於唐，突厥、奚、契丹相仍內擾。及安、史之亂，河北叛臣各據數州之士以抗天子，而薊、雲之烽燧不聞者百年。繇此言之，合天下以求競而不競，控數州以匿武，而競莫加焉。則中國所以衞此覲文之區者，大略可知矣。

東漢之彊，不敵西漢，而無北顧之憂者，有黎陽之屯在也。天寶以後，內亂方興，不敵開元以前，而無山後之警者，有魏博之牙兵在也。外重漁陽、上郡、雲中之守，而黎陽承其後；外建盧龍、定難、振武之節，而魏博輔其威。以其地任其人，以其人守其地。金粟自贍也，士馬自簡也，險隘自固也，甲仗自營也。無巡邊之大使以督其簿責，無遙制之廷臣以掣其進止，雖寡而衆矣，雖弱而彊矣。故曰「天子有道，守在四夷」。言四裔之邊臣各自守，而不待天子之守之也。率帥海內以守非所自守之地，則漫不關情而自怠；奔走遠人以戰非所習戰之方，則其力先竭而必積。然而庸主具臣之謀，固必出於此者，事

㊀「天驕」據校記改爲「驕虜」。

已迫，則不容不疲中國以爭；難未形，則唯恐將帥之倚兵而侵上也。

嗚呼！宋之所以裂天維、傾地紀、亂人羣、貽無窮之禍者，此而已矣。其得天下也不正，而厚疑攘臂之仍；其制天下也無權，而深懷尾大之忌。前之以趙普之佞，逢其君猜妒之私；繼之以畢士安之庸，徇愚氓姑息之逸。於是關南、河北數千里闃其無人。迨及勍敵介馬而馳，乃敺南方不教之兵，震驚海內，而與相枝距。未戰而耳目先迷於嚮往，一潰而奔保其鄉曲。無可匿也，斯亦無能競也。而自軒轅迄夏后以力挽天綱者，糜散於百年之內。嗚呼！天不可問，誰爲爲之而令至此極乎？嚮令宋當削平僭僞之日，宿重兵於河北，擇人以任之，君釋其猜嫌，衆寬其指摘，臨三關以扼契丹；卽不能席捲燕、雲，而契丹已亡，女直不能內蹂。亦何至棄中州爲完顏歸死之穴，而召蒙古以臨淮、泗哉？

人本自競，無待吾之競之也，不挫之而亦足以競矣。均此同生並育於聲名文物之地，以相爲主輔，而視若芒刺之在背。威之弗能也，信之弗固也，宰之弗法也。棄其人，曠其土，以榱支宇，而棟之折也已久。孰令宋之失道若斯其愚邪？天地之氣，五百餘年而必復。周亡而天下一，宋興而割據絕。後有起者，鑒於斯以立國，庶有待乎！平其情，公其志，立其義以奠其維。斯則繼軒轅、大禹而允爲天地之肖子也夫！